一條命值多少

人命的價值誰能決定

THE PRICE OF LIFE

IN SEARCH OF WHAT WE'RE WORTH AND WHO DECIDES

JENNY KLEEMAN
珍妮·克利曼 著　韓翔中 譯

獻給我的父母大衛（David）和瑪努（Manou）

［目次］

序言 007

第一部　奪取生命的代價

第一章　僱個殺手：一萬五千一百八十英鎊 016

第二章　世上最貴的武器：一百萬、一百五十萬或四千億美金 041

第三章　普通謀殺：三百二十一萬七千七百四十英鎊 070

第二部　失去生命的代價

第四章　人壽保險：二十萬英鎊 100

第五章　英國刑事命案補償：一萬一千英鎊 125

第三部　創造生命的代價
第六章　生物學家長：一萬三千七百五十英鎊，男同性戀則是二十萬美金 …… 160
第四部　拯救生命的代價
第七章　矽谷慈善：兩千至三千美金 …… 190
第八章　英國國民保健服務：兩萬至三萬英鎊 …… 220
第九章　新冠封城：每年十八萬英鎊 …… 246
第五部　人的價格
第十章　人質平均贖金：三十六萬八千九百零一美金 …… 272
第十一章　奴隸：四百美金起跳 …… 301

第六部　人體的價格
第十二章　遺體（不含運費）：五千美金……330
後記……357
謝辭……363
註釋……366

序言

每個人身上都帶著幾組數字，它們會隨著你的生命歷程而出現變化，變化取決於你是怎樣的人、還有你的人生發生了什麼事。你總有一天會離開這個世界，但這些數字會繼續保留，有時在人死後多年仍然存在。這些數字會決定你這個人「值多少」，以及你的命值不值得救。

我們一般比較喜歡設想生命無價，或者有錢也不能買命，但這並不表示人類的生命完全無法用金錢計算。拯救生命、創造生命、奪取生命或賠償生命的代價，其實天天都在被人計算並且使用著，這些人有慈善家、法官、警察局長、公司企業、慈善團體、保險精算師、醫療服務提供者、政策制訂者，以及罪犯。他們各有各的計算公式，計算出大相逕庭的數字，但在他們之間存在著兩個共通處：第一，他們都用不受感情左右的邏輯，去量化那些本應無法計算的事物；第二，他們通常希望計算出來的數字，盡量不要讓人們知道。

如果你堅持人命絕對不可以用金錢計算，生命本無價，計算人命價格的人冷酷又噁心，請你現在再思考一遍吧！因為，那些計算人命價格的人，並不會有你心中的那些顧慮。我們敏感的神經，對於他們執行自己的業務或工作，完全沒有構成妨礙。試著去了解這些人是誰，他們認為一條命值多少，又是怎麼計算出來的，難道對我們不會比較有幫助嗎？

現今人類生命的價格牌通常是隱形的，只在日常生活各項決定之中浮現，而不是像古羅馬奴隸市場那樣大剌剌地把人標價。每當任何拯救生命的做法被判定為太過昂貴，諸如尖端醫療開發的產品、原廠召回有問題的汽車、為漂白水加上新設計的防兒童開啟瓶蓋、給「鐵達尼號」（Titanic）配備更多救生艇、保留公路路肩而不要畫成新車道等，我們認為一條命值多少錢的限度就會顯現出來。在權衡避免人命傷亡的成本時，死亡是被當作可接受的因素納入考量。我們願意有所付出以拯救一條性命，但當我們開始感到不樂意付出更多來拯救一條性命時，那就是我們認為一條命值多少的事實，終於顯現出來的時刻。

這種計算可能會讓人在道德上感到反感、乃至噁心，但在這個資源有限的世界中，人總是得在某處停下來，不能無止盡這樣下去。假如我們願意花費無窮的資源來拯救某一條性命，那其他人就會因為缺乏糧食或醫藥而死去。如果你真的「珍重」（value）生命，那生命就不能是「無價的／沒有價格的」（priceless）。問題在於你是怎麼決定在那個地方停下來，決定人命就值這樣子呢？這是一個非常值得辯論的問題，相關的爭議也歷久不衰。

經濟學者擅長成本與效益的分析，以及會令人感到不舒服的權衡計算。經濟學家長年以來都在將人命換算成金錢，自從二十世紀中葉以來，技術官僚處理政治的做法——也就是將科學方法應用於社會問題——開始成為歐美地區的主流，成本效益分析（cost-benefit analysis）也成為涉及人命生死問題的決策基本考量。這種思維是，倘若我們將理性量化方法應用於道德抉擇與政策制定，就可以得出客觀公正的正確選擇以及對所有人來說最好的做法，避免受到私情或政治因素左右。透過數字，我們便可以找出正確的道路。

來到二十一世紀，論及人類經驗的衡量與比較問題，「質」（quantities）與「量」（qualities）其實同等重要，但有時候「量」會比「質」更重要。人類愈來愈依靠數據資料提供我們客觀的答案，即便我們處理的是最棘手且令人糾結的道德問題，包括哪些犯罪要起訴、哪些 YouTube 影片要下架、哪些人最需要世界富翁的金錢救濟等等問題，有愈來愈多的判斷被人類交給公式和演算法決定。如今你的生活總有數字或分數常相隨。作為一個人，你的價值卻被簡化為按讚數、觀看次數與追蹤人數；你的幸福健康被化約為你一天要走幾步路，以及智慧型手表顯示你的睡眠時間有幾小時。比起人的感覺，數字更容易處理、也更方便解讀。量化數字可以讓人輕輕鬆鬆進行比較，也很簡單就能換算成金錢。

萬事萬物都被量化的現象，就在不知不覺中進入我們的生活。如今我們的人生竟然有很大一部分，是被極少數人開發與計算出的理論和方法所支配著，但我們卻沒有意識到這件事、缺乏自覺在選擇這件事、也沒有投票支持這件事。各種指標的數量愈來愈多，但各項指標之間的差異依然存在，而這些差異是人（還）不能加以量化的。假如你發布的貼文，瀏覽數其實來自討厭你的人、不支持你的人呢？假如大多數追蹤你帳號的人，其實是以恨你為樂的酸民，追蹤的原因是為了找更多理由來酸你呢？我們現在也逐漸意識到過度相信量化數據的危險：數字未必是客觀中立的；計算法可能是在支持設計公式者的心態和動機。

我本身並不是數字人，我不是經濟學家，也不是精算師或統計學家，而且本書裡頭幾乎沒有數學。所以，請你就把這本書當作非數字人的價格指南吧。我的職業工作內容是和人們交談，聆聽他們的故事。雖然我無法對於自己和他們的互動完全保持冷靜，但我開始意識到，要了解今天的人類、以及今日人類面臨的不公不義，我們就必須去探究，自己這條命的價值是怎樣被人決定的。我將會帶著你一同進入好幾個不同的世界，看看這些數字之所以出現的根源。

我的這場數字冒險，開始於新冠肺炎（Covid-19）大流行前夕的二〇一九年十一月，當時我在靈感的驅使下，飛到大西洋彼端，調查世上最富有的慈善家們怎麼認定拯救一條性命的價格是多少。對於當時的我來說，任何企圖計算拯救一條人命值得花多少錢的做法，就像是用鐵石心腸在行善，簡直不可思議。結果，新冠疫情爆發之後，在短短幾個月間，地球上所有國家都在進行人命價格的成本效益分析，每一個人都在提出這個同樣令人感到不舒服的問題：為了拯救人命，我們應該犧牲經濟到什麼地步？讓某些人做出巨大犧牲換取其他人不死，真的是正確的做法嗎？某些人的命，是不是比別人的命更值錢呢？我下定決心要試圖回答這些問題，為此，我決定開啟一段冒險，深入那片既黑暗又光明的領域，抵達之處往往讓人感到荒唐、有時卻又出奇地有趣。

這本書訴說了為人命訂出十二種價格的故事，但說到底這是一本和人們有關的書，畢竟我實際遇到的是「人」、不是「數字」。我會觀察訂出這些價格標籤的人們，他們為什麼這樣做以及怎麼做；我還會觀察被這樣子訂出性命價格的人，他們的感受是什麼。每一張價格標籤，都是不同的道德困境切入點。金錢是阿堵物，談錢往往是骯髒事，假如你是在英國這種環境長大的話，特別會有這種感受。反觀美國人談起錢來就自在多了，這也就是為什麼我要查出這些數字，前後要飛去美國好幾趟。

這十二種數字的差異極大。有時候，你的年齡、國籍、種族、性別或性別取向，會對你這條命值多少造成很大的影響；有時候性命的價格卻是人人平等，平等到會令人深感殘酷。至於付錢的人是誰呢？是納稅人、是企業、是富豪的慈善基金會、還是保險公司？掏錢者的口袋有多深，這件事的重要性其實等同於被拯救、被奪走、被創造、被出售的性命。

我們首先探索的是，找人奪取生命的價錢、以及死亡賠償的金額；這個課題是屬於罪犯、政府和保險業的活動範疇。接著看的是創造生命的價格：成為生物學家長或父母的代價——無論當事者是有意抑或無心。再來是拯救生命的代價，這是經濟學家和道德哲學家感到最自在的領域。然後我們會探究現實中真的在對人進行標價的行為，因為無論我們怎樣告訴自己，買賣活人的情況確確實實存在。最後，我們將以死者遺體的價格作為結尾。

對人命標價的情況，絕對不是只有我列出的這十二種金額，這本書並不是一份全面的價格清單。我選擇這些確切的數字，是因為它們之間的對比性反映出：人命在不同的環境或條件下會被如何估價。這些金額本身也只是某種特定時空的暫時價格，畢竟大多數事物的價錢都會因為通貨膨脹或市場力量，出現漲跌起伏的波動。所以，真正的重點不是數字的本身，而是這些數字之間的差異，可以讓我們體察「什麼東西」重要，以及「誰」重要。

這些關於人命價格的數字將會揭露那些隱藏的、有時令人感到不安的真相，反映出人們真正重視的是「什麼」以及「什麼人」。這些數字將會暴露出社會的分歧、偏見、剝削和不公平。有些數字很殘酷地對所有人都一視同仁，有些數字很殘酷地將人分類分等，其實都很殘酷。這些數字會呈現政府、社會與人們道德觀的極限何在。對這些數字的追查，引領我抛出那些讓自己侷促不安的問題，並且向受苦的人們——他們承受著遠遠超過我所能承受的痛苦——揭開那些不公不義的事情。

在這樣痴迷於數字的世界當中，事物的「質」有可能迷失、甚至消失無蹤，但我下定決心要將人類經驗重新納入方程式當中。我們面對最困難的道德問題時，竟期望讓數字給我們答案，這是不是人類的自我打擊呢？或者，在這個全球性災難風險日益提高的世界裡，數字才是最快速、最公平、最務實的決策辦法呢？

這些人命價格能告訴我們的，是人類的價值而不是貨幣的價值，而那又是什麼價值呢？當我們開始為人命訂價之後，人類究竟得到了什麼，以及失去了什麼？

第一部

奪取生命的代價

第一章

僱個殺手：一萬五千一百八十英鎊★

★折合新臺幣六十四萬六千九百七十二元*

二〇〇五年，才三十歲出頭的鮑伯．英尼斯（Bob Innes）腦中充滿創業的科技點子，當時他擁有靠著買賣得來的三十個左右的網域名稱，希望有朝一日能買低賣高賺進大把鈔票。英尼斯曾在北卡羅萊納州聖羅莎（Santa Rosa）的一間商業貿易學校裡頭修課，學習如何測試出網路的漏洞。畢業之後，他和三個朋友計畫開設一家電腦資訊安全的諮詢公司。

英尼斯和創業夥伴們某日下午在玩漆彈遊戲時，一邊彼此腦力激盪，討論這家新公司要使用什麼域名。英尼斯靈光一閃，就像是突然被漆彈打到背一般，「請找點擊數專家／租個殺手」（RentAHitman）如何呀？「Rent」代表「請僱用我們」，而「Hit」有「流量」、「分析」、「網路漏洞」等多重意思。他甚至想好了廣告標語：「請找漏洞專家：點一下就解決你的問題」

（Rent-a-Hitman–your point and click solution）。運氣不錯，這個網域名稱還沒有人使用，於是他買下了「rentahitman.com」。

可是這個點子到這裡就擱淺了。團隊裡的兩位朋友畢業之後在德州找到工作，創辦公司的計畫也就因此胎死腹中。於是，「rentahitman.com」這個網域，也成為英尼斯兜售的網域名之一，只要有人出五十美金，他就願意割愛。英尼斯做了簡單的首頁，頁面上有個卡通人物拿著一面牌子，上頭寫著：「網域出售——請聯繫@rentahitman.com」，然後他就忘記這件事了。

等到他想起要查看自己創建的那個電子信箱時，已經是兩三年後的事。點開一看，收件匣裡面大約有來自全球各地的三百封郵件，內容大多是類似的緊急問題：你們有在我的國家「營業」嗎？你們有沒有「資產提取」（asset extraction，譯按：資產提取有「剷除目標」的暗示）的服務？你們有在「徵人」嗎？

英尼斯不知道該拿這些訊息怎麼辦，他完全沒有回信，但他對於居然會有這麼多人不怕麻煩，抄下卡通人物舉牌上的電子郵件地址然後寫信來詢問僱傭殺人的事情，感到非常訝異，也從

＊編按：換算新臺幣的匯率以二〇二五年三月十三日為準（1 英鎊兌 42.62 新臺幣；1 美元兌 32.9208 新臺幣）。本書內文忠於原著，配合主述案例而以英鎊及美金為主，僅在標題輔以換算新臺幣供參閱。

此對這些訊息產生了興趣，開始定期查看收信匣。

結果就在二〇一〇年，一封英國女子寄來的信吸引了英尼斯的注意。女子自稱海倫（Helen），她說自己因故滯留於加拿大，對於「騙取她的遺產」的三個家人非常憎恨。海倫異常執著，她早上九點發了第一封郵件，下午四點又發了一封，標題都是〈緊急〉（URGENT），裡面詳列了她想要除掉的三人的姓名與地址。

英尼斯覺得自己有必要和這名女子接觸，這次他必須回覆。所以他回信寫了兩個簡單的問題：「您目前還需要我們的服務嗎？」以及「您希望我替您聯繫『外勤人員』（field operative）嗎？」如果信件寄送失敗，或者海倫沒有回覆，那這件事就到此為止了。

海倫居然又回信了，她說她確實需要「租個殺手網」的服務。海倫提供了全名、手機號碼、目前住宿的加拿大旅社地址、以及某銀行保險箱中的資金訊息。英尼斯花了一整晚查詢「Google地球」、「找地圖」（MapQuest）、線上選民名冊等等管道，確認海倫的故事是否屬實，結果居然是真的，那三個目標人物的地址真的就在英格蘭柯茲窩（Cotswolds）。於是，英尼斯將自己的調查結果列印出來，隔天早上交給自己的一位警官朋友，該警官又通知加拿大警方，讓加拿大警方對這位海倫進行安全訪查。

「她確實在她說的那個地方。她使用的是真名。加拿大當局查詢後發現海倫是英國的通緝犯，犯下的罪行足以引渡。於是她在加拿大監獄待了一百二十六天之後被遣返英國。」英尼斯這麼對我說，一邊說一邊搖頭，依然感到難以置信：「當時我才意識到，這個只花了我九塊二美金的網站，成功防止了三個人被謀殺。」

英尼斯的人生從那天開始出現巨大的改變，他化名假冒為殺手「吉多・法內利」（Guido Fanelli），而他的「華麗網站」前前後後讓警方發動一百多起調查，總共超過五十人遭到逮捕。英尼斯對此似乎樂在其中，我們通信安排這次訪談的過程中，我在信中都叫他鮑伯，但他在回信中的署名始終是吉多。

我們是透過 Face Time 交談的，英尼斯人在加州的瓦卡維爾（Vacaville），利用午休時間將車停在路邊和我視訊。他咧嘴笑道：「我現在的真實工作是害蟲防治，所以你可以說我確實擁有『殺生執照』（license to kill）。」

假如現在有個天真到離譜的人想要僱個殺手，那麼「租個殺手網 rentahitman.com」目前擁有他所需要的一切：有非常詳細的「服務」申請表、顧客評價、團體優惠、高齡者優惠。不僅如此，網站上甚至有商品頁，可以在此買到二十美金的紀念T恤。如今「租個殺手網」首頁上面寫著幾個大字：「有問題需要解決嗎？暗網不安全，我們最安全！」

網站上寫的當然全是胡謅，但英尼斯告訴我，自從他全面建立這個網站以來的十二年間，他總共收到了近一千個真實的僱傭殺人詢問。他說：「像我今天早上就收到一封要找殺手的申請信，晚點回家之後我會再查看內容。現在我每個禮拜大約花十五到二十小時做這些事。」

來自世界各地的申請單，委託人男女皆有、各個年齡層都有。甚至有小孩子要找殺手，殺死在學校霸凌他的人或是老師。他目前正在處理的案子，是「一個不滿兒子剛剛出櫃的父親，想要他的兒子死」，英尼斯已經把這起案件通知美國聯邦調查局（FBI）了。

與對方談到僱用殺手的費用問題時，他總是非常謹慎。英尼斯鄭重其事地表示：「他們提起這樣要花多少錢的時候，我總表示這是你要和外勤人員商量的事。我最多只想當檢方最佳證人，我可不想變成共犯啊。」他再次搖頭道：「根據先前的幾個案例，委託者跟祕密幹員最後真的有敲定金額，最常見的數字是五千美金，訂金五百美金。真的是太廉價了。」

每次只要有與「租個殺手網」有關的逮捕行動出現，那件事就會登上新聞。只需稍微用心在網路上搜尋一下，很快就會發現吉多就是鮑伯，甚至你只要仔細觀察一下網頁，就會知道這肯定是個假網站。

我詢問英尼斯：「你會不會擔心自己其實只是給那些最愚蠢的潛在客戶設圈套？」

「沒有錯，會因為這個網站被逮捕的人，確實是腦袋簡單容易上當的那種人，」英尼斯承認道：「可是，如果這些人確實在搜尋網站，還花時間接受網站 cookies 跟填寫網路表格，而且還繼續要求外勤人員與他們聯絡，我就會跟他們互動到底。因為我如果不處理他們的殺人委託並且著手處理的話，他們還是會去找別人。」

我能明白英尼斯的想法，雖然他本身沒有涉入奪取生命的價格這件事，但他的經歷顯示，願意花錢買凶殺人的人，多到令人吃驚，更何況英尼斯接觸到的，還只是最容易上當的那類人。我想，就在我們談話的時候，必定還有很多人正在尋找殺手，筆記型電腦螢幕照得他們的臉詭異地發亮。

英尼斯跟我說，自從他開始查看這個電子郵件信箱，他看人的方式再也回不到從前。「我真的為此感到心神不寧，怎麼會有人想對別人做這種事呢？真是恐怖，這些人就在我們周圍呢。現在我手上就有個案子，目標地址就在我居住的城市，我上禮拜還開車經過那個地方好幾次呢！」他眼睛瞪得大大地說道：「我讀過很多買凶殺人的要求，內容非常陰暗。我從四、五年前開始上教堂，只是為了讓我的人生平衡一點。」然而，英尼斯卻在此等黑暗中看見自己的使命。「每個人都有他的人生目的。我猜我的人生目的，就是幫助那些也許從來不知道自己需要這種幫助的人們吧。」

假如你想要尋找真正的殺手，別用google、也別用暗網，那些會廣告宣傳殺手服務的傢伙，不是詐騙集團、就是聯邦調查局幹員，準備給你設下圈套。正牌的殺手是透過犯罪網絡與私人關係行動；你真的想要聯絡上一個殺手，你需要認識真正有門路的人。

為了調查奪取生命的價格，我曾經和前警官、刑案記者、前獄長等人談過，他們全都宣稱自己有相關管道。我曾給英國負責管理監獄和罪犯的單位（National Offender Management Service）寫過數不清的信件，請求他們提供一些窮凶極惡的英國殺人犯的囚犯編號給我，這樣我就能寫信給對方詢問殺人訂價的遊戲規則。這些人或單位要嘛表示幫不上忙、要嘛根本就沒有回覆。但就在某天晚上十點二十二分，我的電話忽然響了起來，那是約翰・艾利特（John Alite）從紐約的來電。

控制紐約市組織犯罪的黑手黨（Mafia）「五大家族」惡名昭彰，甘比諾家族（Gambino dynasty）就是其中之一。老約翰・高蒂（John Gotti）及兒子小約翰・高蒂（Gotti Jr）掌控甘比諾家族期間，艾利特為甘比諾家族擔任殺手前後長達三十年。艾利特有阿爾巴尼亞血統，這意味著他至多只能當個黑手黨之友，因為只有義大利人才可以成為黑手黨核心成員（made men）。艾利特從少年時代就開始為黑手黨效力，直到二〇〇三年他收到聯邦調查局準備抓他的消息，於是決定外逃。後來，一路追捕艾利特的國際刑警組織（Interpol）在巴西科帕卡巴納（Copacabana）將他逮捕歸案，以謀殺、綁架、敲詐勒索等罪名起訴他。艾利特在條件惡劣的巴西監獄蹲了兩年之後，於二〇〇六年被押解飛回美國。在聽說小高蒂與許多老同夥密告他的罪行之後，艾利特與檢方達成協議，他協商認罪，並且以作證黑手黨成員犯罪換取從輕發落。最後，艾利特被判處十年有期徒刑。

現年五十九歲的艾利特已經金盆洗手，成為激勵人心的講師、作家、以及鼓勵青年的工作者。艾利特甚至主持過幾個podcast（播客）節目，有「黑手黨真相」（Mafia Truths）、「艾利特秀」（The Alite Show）、「3M：我的黑手黨故事」（The Mob, The Mafia and The Man），這也是他為什麼樂意與我聊聊的原因：他知道我有上過喬伊・羅根（Joe Rogan）的 podcast 節目，希望我能介紹他們認識。哈，結果真正有門路的人竟然是我自己！

幾週之後，我來到曼哈頓上東城和中城東區交界處的「A咖牛排館」（Club A Steakhouse）。我有提早到，但到的時候艾利特已經在樓上等候了。艾利特穿著設計師品牌的淺色西裝，胸前口袋塞著黑色與乳白色相間的絲綢手帕，黑色襯衫最上面幾顆扣子沒扣起來，剛好露出脖子上褪色的刺青，還有閃閃發光的金牌墜飾。他的頭髮雖有些許斑白，但看起來並不像是年近花甲之人，他的肩膀又寬又厚，應該是長期健身的成果。艾利特向我展開笑容，露出一口應該花了大錢整理過的牙齒，示意我坐到他身邊的紅色天鵝絨座位上。我本來下定決心不要去美化艾利特或他代表的那個世界，不過他約我見面的這個地方是他常常出沒的地盤，這裡真的就像是美國黑幫電影《四海好傢伙》（Goodfellas）的場景，而他赴約的那副穿著簡直就是大螢幕中走出來的人物。

圖 1　與艾利特共進晚餐。

艾利特為我們兩人點了牛排和「骯髒馬丁尼」，他喜歡五分熟的菲力牛排。牛排館老闆布魯諾（Bruno）也是阿爾巴尼亞人，招待艾利特的態度就像是在侍奉國王。艾利特說他過去有時候會在這裡「做生意」，布魯諾會弄來有線電話供他在餐桌邊使用。

「我應該是從一九七八年左右開始跟暴力打交道的。」艾利特講的好像他是個藝術家，正在跟人訴說自己怎樣找到創作的媒材。艾利特年輕時在紐約皇后區（Queens）一家熟食店打工，這家熟食店同時暗中在搞運動賭博下注的業務，他就是在這個時候被黑手黨招募入夥的。「我本來是個好小孩，後來我開始幫黑幫成員盧凱塞（Lucchese）收錢，他要我收錢時稍稍用點暴力手段，事情就這麼開始了。」艾利特在學校裡頭是個出色的棒球選手，還獲得了坦帕大學（University of Tampa）提供的棒球獎學金，但是他想成為職業選手的夢想，卻因為受傷而破滅。他耍球棒的技術高超，而這居然成為他「轉換跑道」變成幫派成員的一大優勢。

「在黑幫世界裡，你做的一切都圍繞著金錢。重點不是人的個性，我喜歡誰、不喜歡誰都不重要，一切都跟錢有關。所以，當我要去傷害某人的時候，總是因為某人沒有付高利貸、某人積欠工會費、或者要向某人的生意收保護費，」艾利特一邊吃著鐵板上滋滋作響的牛排、一邊這麼解釋道：「不管我當時的大哥是誰，我從來不會問問題，大哥要你做什麼，做就是了。」

艾利特說他曾經因為少到只有一千美元的債務問題殺人，但做這件事跟欠債的總金額其實無關，而是為了要樹立黑幫的威信。他解釋道：「《孫子兵法》和馬基維利（Machiavelli）都有說明，想要統治，就必須利用恐懼來統治，而人們恐懼的就是暴力。如果我是使用暴力的那個人，我就是掌控局面的人。」到現在，穿著乳白色西裝、隨身攜帶絲綢手帕的艾利特，顯然還是在塑造那樣的形象。「道上的人尊敬兩件事情，第一是賺錢的能力，第二是取人性命的能力。假如這兩件事情你都擅長，那你就是真正能發號施令的老大。」

厚切牛排端了上來，外殼焦脆，內裡鮮嫩多汁，著實美味。艾利特沒點薯條，也沒碰麵包籃子，他點的是奶油菠菜，因為他正在控制腰圍。

我開口問道：「你殺過幾個人？」話一出口，我瞬間感覺非常荒謬而且超現實。骯髒馬丁尼的第一股酒勁已經在我的血管裡作用，真是難以置信，我竟然會坐在這個地方，和一個殺人犯共進牛排晚餐。

艾利特擺擺手道：「我在法庭上的回答是，我不是電腦，我不知道殺人還得記錄人數。」艾利特在法庭上認的罪，包括兩起謀殺、四起共謀謀殺、八起槍擊。現在他親口告訴我，被他開過槍的人大約有四十個，但是他沒去記錄最後有幾個人死掉了，而且，他還用過開槍以外的方式殺人。「我第一次殺人，用的是球棒，那傢伙變成植物人，只能靠生命維持系統活著。檢方明明知道這件事，但我不知道他們為什麼沒有用這件事起訴我謀殺。」總之，他認為真的被自己殺死的人大約有十多個，凶器有槍枝、也有球棒。

黑幫老大從來沒要求艾利特拿出任務完成的證據。他說，小高蒂有時候喜歡自己去犯罪現場瞧瞧，但那主要是出自某種變態的好奇心。「我做了他們『不能』做的事情，他們不只覺得印象深刻，甚至有種著迷。我覺得他們不知是出於什麼理由，想要感覺自己親自參與了這件事。」

接下來艾利特開始談起小高蒂，我沒法子阻止他不去談這些事。這兩人之間沒有半點情感或義氣可言，小高蒂被起訴勒索、販毒、陰謀謀殺等罪名時，艾利特成為汙點證人，但陪審團在五年之間四度無法達成判決決議，法官於是在二〇〇九年宣布審判無效。每逢有人向小高蒂問起艾利特，小高蒂說這個混帳就是個告密者，是個誇張自己黑道經歷賺錢的編故事作家。但艾利特指出，「時間線說明了一切」：當年艾利特還關在巴西監獄裡頭的時候，依舊保持忠心與沉默，是小高蒂先向聯邦調查局揭發他的。他解釋這些經過的時候如數家珍，似乎認定我對這些黑手黨大佬的名號都非常熟悉。艾利特已經很習慣被深陷於或著迷於那個世界的人們圍繞著，我只能試著盡量吸收，並且在適當的時機點點頭。

艾利特在道上的綽號是「計算機」（The Calculator），他解釋道：「我很擅長算數。」艾利特甚至通過股票經紀人執照考試（Series 7），可是自己從少年時代以來的犯罪紀錄，意味著他不可能在華爾街（Wall Street）的路上走得順利。他的商業頭腦和敏銳度，結果讓他變成了一個特別有效率的殺手。他說道：「白癡都有能力殺害別人——智能是種關鍵素質，而道上兄弟沒有幾個是聰明人。」

艾利特又給自己點了一杯骯髒馬丁尼。我向他問起殺手奪命費用的問題，他解釋道：「執行任務不會有直接的費用，但你執行任務之後，會得到『機會』。假如有家夜店準備要開張，大家都想分一杯羹，你就會有優先權。你愈擅長完成任務，獲得的機會就會愈大。」

艾利特有很多不需要工作的工作，也就是只消坐領薪水和福利，此外不用做任何事。他在三個州裡頭擁有夜店生意，在六個州裡頭擁有停車場和代客泊車事業，此外，他還擁有宴會餐廳、糖果店、玻璃公司，以及各式各樣的房地產投資。「我完成要辦的事之後，那些事業的老闆就會接到電話，有人會在電話裡頭通知他們，約翰要過去你那邊，把你的事業租約合同交給他，或者跟他做個買賣，讓他把你的事業買下來。」

我決心要把數字弄清楚，所以我開口問他，這些機會總共讓他賺進了多少錢？

他身子後傾靠到椅背上，開口說道：「這樣子計算好了。我的停車場生意賣了一千七百六十萬美金。我曾經擁有過四家夜店，後來沒了，最後賣掉的這間，每年能賺三百到四百萬。我在七十三號國道的紐澤西州沃里斯（Voorhees）路段曾經有筆不動產，後來沒了，現在大概值一千萬。我在曼哈頓曾經有幾間房產，值好幾百萬。我在紐澤西普林斯頓（Princeton）曾經也有一些不動產。這些後來全都沒了，或者我搶在政府沒收之前賤賣了。我賺過幾百萬幾千萬美金，但花了好幾百萬請律師，我企圖把錢藏起來的時候，曾經將一百萬美金送到巴西某個人手上，但那傢伙後來居然和小高蒂勾結把我弄進監獄，最後那筆錢也沒要回來。我不知道耶，這樣我總共賺了多少呢，大約有一億美金吧？」

如果艾利特說的是真話，那就暗示著殺一個人可以為他賺進幾百萬美元。問題是艾利特從來沒有為殺人開過價，他沒將那些人的性命放在眼裡，也沒管那些人的命值多少錢。

「從我三歲開始，我父親就要把我訓練成一個鬥士，要戰鬥、要成功、不要被欺負。我爸是從阿爾巴尼亞來的，那是個環境惡劣的、第三世界的共產國家。他要我堅強，要我變成男子漢。從很小的時候開始，我就學會對血腥暴力的事情冷眼相待，因為我就是在血腥暴力中長大的。我看過恐怖的事、做過恐怖的事，但我從來不受困擾，沒有什麼感覺。對那時候的我來說，這就像是打卡上班一樣，唉！」艾利特啜飲一大口馬丁尼，沉下聲音說道：「問題是，當你停手以後，糾纏就來了。你在人生中所做的一切會有後果，就和其他的事一樣，最後是會有報應的，最終你還是必須付出代價，現在的我就是這個樣子。」

我問：「你付出了什麼代價？」

「輾轉反側，睡不好覺，會想起受害者的家屬。我表現得看起來狀態很好，但我其實有些心理問題。我患有創傷後壓力症候群（PTSD），我想任何看過那麼多流血和殺戮的人，一定會有這種……這不是正常人能應付的問題。」艾利特曾經去聯繫過被他殺死的人的家屬，和受害者的孩子見面，和他們一同哭泣，至少他是這麼告訴我的。他說：「我其實還是同一個人，別誤會了，我還是隨時有辦法取人性命，但我不想再這麼幹了。」

艾利特現在是靠著回憶自己的犯罪人生賺錢。這場晚餐上，他跟我說了一連串黑幫分子的名字、各種地名和數字，我知道這麼做是為了讓我印象深刻，但我並不是黑手黨迷，結果這些訊息大多左耳進、右耳出。有些數字也對不太上，他說他前後總共在獄中蹲了十八年，然後被判十年的刑期他服了八年半，但事實上他是在二〇〇六年被引渡，之後於二〇一三年獲釋，時間對不上。當然，會輕信一個前黑幫分子說的話也嫌太天真了，可是艾利特的思路清楚、態度親切大方，會讓人覺得他確實坦誠、甚至是貼心。在我們共進晚餐的當下，我完全無法覺得坐在我旁邊的這位男士其實殺過人。他也許是個洗心革面的更生人、抑或是個工於心計的生意人，又或許以上兩者皆是吧。

即便艾利特表示他犯下的罪孽給自己帶來沉重的心理負擔，但他之所以面對這一切的原因其實不是內疚，而是背叛！他曾經忠心耿耿，決意放棄自己擁有的一切，只為了堅守他對甘比諾家族的承諾。他拋妻棄子，逃亡海外，然後在巴西監獄受盡折磨，引渡回國之後面臨死刑判決。他說，他已經準備好為甘比諾家族受死。

「結果呢，甘比諾家族的核心成員居然一個接一個反過來咬我。我身在第三世界的監獄裡面飽受折磨，那些傢伙卻拿我當籌碼跟聯邦調查局談條件。所以我說：『好！忠心我給了，我拋下孩子、拋棄家庭，結果看看我得到什麼。』我是阿爾巴尼亞人，那些人幹不了的暴力骯髒事，我幹。結果出問題的時候，他們居然將槍口對著我。我的人生只是那個世界的一場騙局，我相信的規則和道義，結果居然是根本不存在的狗屁。」

艾利特說最後是監獄生活改變了他，他在獄中受洗為基督徒，決定此後要陪伴三個兒子和一個女兒，當個稱職的父親。假釋期間，他開始和前調查局幹員和警長們一起去和內城區的孩子們講話，警告他們人生走上歪路的危險。艾利特在過程中發現自己有發表演講激勵人心的才能，而且覺得這件事很有意義。他說：「這件事情我做到現在已經做了十年，我用心要拯救每個孩子。」艾利特告訴孩子們，想要有刺激腎上腺素的快感，要用健康的方式。他說道：「你可以和朋友去溜冰、去打球、甚至上擂台去打拳擊。找個新嗜好吧，你真的想要刺激的話，可以去跳傘。但跳傘不適合我，我怕高怕得要死。」

艾利特對我微笑著。

艾利特現在是爺爺了，他的大兒子已經三十二歲，但目前正在監獄裡頭。艾利特說大兒子被捕是因為攜帶槍枝在車子裡頭睡覺，而他隨身帶槍是怕自己老爹從前的敵人不知從哪冒出來。

我問道：「你公開談論這些事情，不怕會出事嗎？」

他再度露出燦爛的笑容。

「『一點點』也不怕。你知道為什麼嗎？第一，人生自古誰無死。第二，黑幫世界裡頭的大多數人，其實只是騙子。現在的黑道幾乎都是老爸傳給兒子的家族生意，那些人是太子黨、是靠爸族的小毛頭。我以前幹的是殺手，如果有人要搞我，那我依然會是從前的我，我不會怕任何人。」

我們其實沒有點甜品，但布魯諾還是送上免費甜點，而且一口氣給了泡芙塔、巧克力蛋糕、提拉米蘇三種讓我們共享，艾利特似乎忘記自己在控制飲食。布魯諾為我們兩個拍了照，將照片印出來貼在一張卡片上送給我，當作紀念品。我感覺自己剛剛好像是坐了一趟主題樂園的遊樂設施。

「約翰，」我問道：「你覺得人們是不是把黑幫浪漫化了呢？」

「喔，百分之百是的。我是在現實中的街頭世界過著刀口舔血的生活，那真的很危險，我見過不少血，也見過不少眼淚。人們喜歡幻想這些東西的原因，是因為他們不曾親眼見過。他們沒有真正看過死人，沒看過人死前嚥下最後一口氣的樣子。這些東西在電視上是看不到的，要是這些人是現場看見我拿棒球棍砸人的頭，把人打死的同時鮮血也噴得自己全身都是，我不認為他們還會繼續熱衷於把黑幫浪漫化。」

「你不是在網站上賣親筆簽名的球棒嗎？」我說：「賣這個蠻賺錢的吧？」

「是賺了不少沒錯，」他又擺了擺手說道：「是這樣的，我一輩子都是個生意人，人家都叫我『計算機』，我知道該怎麼推銷自己。有些人買球棒是因為我以前很會打棒球，有些人買球棒是因為以前我拿球棒揍人。無論他們買我親筆簽名球棒的原因是什麼，那是他們的想法，我也不可能改變，但我是個生意人，而且我相信資本主義。我想要正當賺錢，而我不再做犯罪的事情了，這就是我現在賺錢的方式。」

我本來打算付這頓晚餐的錢，但艾利特不准，這讓我有些不自在，但他堅決要付帳，顯然這件事我是不能跟他爭的。他擔心我坐地鐵回旅館的安全，叫我一定要叫車。他陪我在牛排館外頭等待，直到我叫的 Uber 抵達，他俯身到駕駛的車窗，叮囑司機要好好照顧我。我們互道再見並且和對方握手，他的手掌異常柔軟。

艾利特或許沒有為殺人開價，但有些黑手黨殺手是有價目表的。義大利夜店保鑣兼殺手喬卡洛·歐西尼（Giancarlo Orsini）當年為了爭取減刑，向羅馬的檢察官告發自己的黑手黨老大。歐西尼說，他於二〇一三年七月在室內曬黑沙龍外頭對六十一歲美容師希亞·普利耶塞（Cinzia Pugliese）開槍，打斷對方的腿，黑手黨給了他三千五百歐元（約三千英鎊）；同年九月，他槍殺古柯鹼毒販迪梅奧（Di Meo），獲得一萬七千歐元（約一萬四千五百英鎊）；同年十月，開槍殺害當時正在小貨車裡的高利貸業者賽斯托·科維尼（Sesto Corvini），他與一名同夥瓜分兩萬五千歐元（約兩萬一千英鎊）。歐西尼會戴上安全帽和太陽眼鏡，騎摩托車找到目標，然後精準地開五槍，開五槍是他的招牌標誌。歐西尼當時曾說：「我有兩個我，一半的我總從遠處冷冷觀看這一切，另一半的我希望自己依然是個人。」[1]

我之所以知道歐希尼和他的殺人價碼，是因為義大利媒體曾經報導過他的故事。沒有任何政府當局會公布有關買凶殺人案件的資料，誰殺了誰以及得到什麼報酬。犯罪學家企圖了解僱傭殺人背後的經濟問題，只能依靠殺手被捕受審之後，法庭文件與新聞報導揭露的細節。就像是鮑伯・英尼斯的網站只會逮到意圖僱用殺手者當中比較低端的人，我們社會大眾對於殺手的認識，都只是根據被逮住的傢伙而來、而不是逍遙法外的那些人。

「我的研究確實也承認，某種程度上，我是在研究失敗的殺手案例，」大衛・威爾森教授（David Wilson）告訴我：「也許我看到的，只是那些比較不厲害、犯案不夠成功的殺手，如果是這樣，他們的收費應該是比較低的。至於那些殺手界的高手，顯然我永遠沒機會見到他們，因為他們沒有被逮、他們做案天衣無縫。」威爾森是犯罪學榮譽教授，也是伯明罕城市大學（Birmingham City University）應用犯罪學研究中心的創所主任，他也算是個謀殺案的專家名人，對英國刑案節目有興趣的觀眾一定認得他那張下巴寬厚的肅穆臉龐。威爾森關於謀殺案的著作已經超過十本，其中包括《殺人犯與我的人生》（*My Life With Murderers*）一書，這本書是他的回憶錄，敘述他如何從一位典獄長變成最頂尖的犯罪學專家；威爾森還是電視節目主持人，主持ＢＢＣ（英國廣播公司）蘇格蘭台播出的《大衛威爾森的犯罪檔案》（David Wilson's Crime Files）；那天他打電話給我是一大清早，因為當時他人正在蘇格蘭丹地（Dundee），與《無聲的證言》（Silent Witness）女演員艾蜜莉雅・福斯（Emilia Fox）一同拍攝另一季的 Channel 4（第四頻道）電視台犯罪節目《追尋殺手的蹤跡》（In the Footsteps of Killers）。

威爾森寫過幾篇關於殺手的學術論文，我們現在要談的是〈英國殺手：一九七四－二〇一三年〉（The British Hitman 1974-2013），[2]這是一份專注於僱傭殺人費用的研究，是買凶奪命價格這個課題的極少數研究之一。

威爾森的研究團隊查閱了前後共三十九年的報紙檔案庫資料，編輯出一份關於英格蘭、蘇格蘭、威爾斯地區二十七件謀殺案的清單，涉入的犯案者共有三十五人（人數多於案件數是因為有的案件是多人犯案）。團隊還查閱法院紀錄，並且與犯人、前科犯、刑事司法系統現任與前任雇員進行身分不公開的訪談，企圖對於每一件謀殺案了解到最透澈的地步。結果研究團隊發現，英國殺手多為男性，平均年齡是三十八歲，受害者平均年齡為三十六歲，殺人的平均費用是一萬五千一百八十英鎊。威爾森有些沙啞地說道：「這大概只是買一輛二手小型家庭用車的價錢。」

在我們更深入探究之前，需要進行一些說明：這份研究的樣本數量很少，這些殺人案件發生在幾十年之間，但資料卻沒有根據通貨膨脹率調整，而且他們所知各案件的買凶費用，其實從兩百英鎊至十萬英鎊不等。「我們得知的各案件金額差異很大，但這件事其實掩蓋了一個事實，那就是委託殺人要花的錢其實一般人都花得起。只要你有意買凶殺人，錢竟然不是個問題。」用威爾森的話來講，人們可能出於「最平庸的那些原因」而買凶，好比生意糾紛、婚姻破裂、爭奪監護權等等，他說：「這真是熟悉且尋常到令人沮喪。」

除了這篇研究之外，唯一一份深入探究僱凶殺人的學術研究，是由澳洲犯罪研究中心（Australian Institute of Criminology）在二〇〇三年發表，其研究是涵蓋一九八九至二〇〇二年的一百六十三起僱凶謀殺案分析，[3]並發現買凶的平均費用是一萬六千五百澳幣（約九千七百英鎊）。研究者發現，全澳洲的謀殺案有百分之二屬於僱凶殺人，僱凶殺人案當中又有百分之二十牽涉戀愛糾紛，此情再次證明，買凶殺人這種事會出現在我們周圍的可能性，遠遠高出我們的想像。買凶殺人是平凡之人出於庸俗理由、或為了相對少量的金錢，而會犯下的罪行。威爾森表示：「這件事情真正嚇人之處，就是買凶殺人需要的費用，一般人其實也付得起。」

威爾森教授研究過的案例中，桑特桑切斯・蓋爾（Santre Sanchez Gayle）是年紀最輕、要價最低的殺手。蓋爾殺人時只有十五歲，二〇一〇年三月他在東倫敦克拉普頓（Clapton）殺死二十六歲的古麗斯坦・蘇巴西（Gulistan Subasi），最終只得到兩百英鎊，雖然根據警方說法，委託人原本承諾的是會給兩千英鎊。當時古麗斯坦是從土耳其飛到英國爭取九歲兒子的監護權，此期間待在親戚家；蓋爾獲得的委託是，在古麗斯坦帶著兒子返回土耳其之前把她幹掉。蓋爾的殺人手法極為嚴密，當時警方深信他們面對的是個老練的殺手；蓋爾最後之所以落網，原因其實是他向朋友吹噓自己幹的事。根據拍到謀殺發生的監視器錄影內容，蓋爾按響門鈴之後便靜靜等待，古麗斯坦一開門，他便舉起短管散彈槍近距離槍殺了對方。當時調查此案的資深警官表示：「當我們看見監視器錄影，[4]我們全都認為這是個職業殺手。他完全沒有猶豫，沒有表現出一絲緊張，完全不像是個十五歲的少年。」蓋爾最終在二〇一一年被判處最短二十年以上的徒刑。

「蓋爾把那兩百英鎊拿去買了一頂盜版的Gucci（古馳）帽，」威爾森告訴我：「這件事的重點根本不在於錢；蓋爾接受這次殺人委託，是想要建立自己在黑幫中的地位，也就是在『肯薩綠地男孩幫』（Kensal Green Boys）裡頭的名聲。」所以，這件事的重點不是殺人能獲得多少錢，而是蓋爾想要證明自己敢殺人，以此證明自己的能力。不過，威爾森依舊表示，蓋爾的案例就很多方面來說屬於例外，大部分接受買凶殺人委託的人還是為了錢沒有錯。

威爾森的研究團隊提出一套理論，將殺手分成四種類型：「新手級」（novice）、「業餘級」（dilettante）、「出道級」（journeymen）、「大師級」（master）。「新手級」殺手未必手法拙劣、甚至可能像職業殺手般幹練，但因為他們缺乏經驗，所以費用通常很廉價。「業餘級」殺手通常沒有什麼一技之長，是因為被賭債等債務逼到走投無路，選擇鋌而走險。威爾森解釋道：「這種人是真的會跑去酒吧裡頭到處問人：『給我五千英鎊，要我幹什麼都行。』然後酒吧裡面的某人表示：『我有個認識的人，他正在找人辦某某事。』」「出道級」的殺手要價通常也不貴，這些人是坐過牢的罪犯，在牢裡以使用暴力出名。威爾森續道：「假如你敢在淋浴間拿刀捅人，只為了換幾張電話卡或半盒司菸草，那麼在你出獄以後，自然就會有人找你幹類似的事。」

真正收費昂貴且做案手法高明的「大師級」殺手，反而是犯罪學界難以觸及的謎團。大師級殺手在全國乃至國際犯罪網絡當中站穩腳跟；他們神不知鬼不覺地來到現場，任務完成之後便消失無蹤，匿跡在外與專業做案都會增加暗殺的成本。不過，大師級殺手的價碼也會隨著供需而起伏。威爾森以一副就事論事的態度說道：「當年北愛爾蘭的局勢逐漸恢復和平時，很多擁槍且善於用槍的人進入殺手市場，導致市場飽和，費用也就隨之下降。那些人接生意的憑藉是自己可怕的『愛爾蘭共和軍』（ＩＲＡ）名氣。不過，現在比較有口碑的，則是俄國人或阿爾及利亞人。」和好萊塢電影類似，你可以根據哪個時代最有名的大壞蛋是誰，去判斷那個時代大師級殺手的出身背景。

電影、電視、小說、廣播或 Podcast 犯罪節目當中有所美化的，就是這種大師級殺手。鮑伯・英尼斯、約翰・艾利特，甚至某種程度也包括威爾森教授，都利用了眾人對殺手的集體想像。但事實上，絕大部分的買凶殺人案，都不是大師級殺手下的手，而是收費比較廉價的那些人。威爾森說：「那種人比較常見，你得先去加入相當複雜的犯罪網絡，才有可能找到能夠成功做案的大師級殺手。這就導致知道門路的人，數量是很有限的。」

奪取生命的價格，決不能代表被害者的價值，但它確實揭開了殺人者的處境：做案者不顧一切要錢或渴求機會，他們對使用暴力不當一回事，以冷漠疏離的態度看待死亡。此外，奪取生命的價格也揭露了委託殺人者的情況：委託者想要致人於死地的意志之高，還有自己不想親自動手的意念之強。

就在威爾森掛斷電話去錄製電視節目之前，他叫我去聯絡伯明罕城市大學犯罪學高級講師穆罕默德．拉曼博士（Mohammed Rahman）。拉曼曾與威爾森合作進行買凶殺人案研究，他說我可以問問拉曼有沒有二〇一四年以後的研究成果出爐。比起威爾森，拉曼目前似乎更沉浸於其研究對象的世界中，這讓我對於能與他談話感到非常振奮；也許這也是為什麼，我花了好幾個禮拜時間，才終於打通他的電話。

在我好不容易聯繫上拉曼之後，他告訴我：「殺手之所以為殺手，開槍目的是殺人，不是把人打傷或打殘。你付錢給某人，是因為你認為他使命必達。所以買凶殺人這件事，可以說是保持距離以及找到可靠殺手兩項因素的結合。」

拉曼的研究重點是重大的組織型犯罪、幫派與暴力事件，可是就在我聆聽他描述研究對象時，我意識到他使用的詞彙跟人們用來描述士兵的用詞是差不多的。原來是這樣子啊，有軍隊其實就等於有職業殺手。士兵跟殺手的區別，僅僅在於國家是否認可你靠殺人賺錢的行為。拉曼解釋道：「僱凶殺人是種刑事執法的極端型態，這種情況下的殺手可以說是在執行另類正義。」

我立即就想起艾利特，那位在父親的訓練之下動用暴力而無動於衷，打殺多年之後患有創傷後壓力症候群的前黑手黨打手兼殺手。其實和所有殺手一樣，艾利特實際上就是個私人武裝人員、準軍事人員，被派去執行高蒂父子和甘比諾家族的另類正義規則。就像艾利特跟我說過的：「我的人生只是那個世界的一場騙局，我相信的規則和道義結果是根本不存在的狗屁。」一旦艾利特發現所謂「規則」是多麼容易被肆意改變，他就發現自己這樣遵從規則的行為根本是愚蠢。

拉曼告訴我，自那份二〇一四年的研究成果發表以來，有所變化的其實不是奪走人命的價錢，而是支付費用的方式。因為在這個迅速去現金化的世界裡，將大疊鈔票裝進手提包或旅行箱的時代已經快結束了，使用現金太引人注目，而且現金愈來愈難花、愈來愈少人用。從前艾利特接下的那類殺人生意，現在也愈來愈難以隱藏行跡，因為幾乎所有的交易都會留下紀錄；拉曼說，有意僱傭殺人的委託者，都非常注意不要留下任何數位資料痕跡。

假如現金支付的吸引力減少，奪取生命的價格或許也會下降，殺手做案要的可能不再是現金、而是勾銷或抵消債務。如此一來，那些受僱去殺人者，可能會愈來愈多是走投無路或負債累累之人。假如此情成真，屆時奪取生命所需的價錢可能會比以往更廉價，因為這些殺手願意以殺人換取的，只是自己的自由之身而已。

第二章

世上最貴的武器：一百萬、一百五十萬或四千億美金

★折合新臺幣三千二百九十七萬、四千九百四十六萬、一兆三萬一千八百九十二億元

我正站在一座金屬平台上，幾公尺之下是間長達一千六百公尺的工廠，我往下俯瞰，有橘色的機器手臂、黃色的梯子、藍色的金屬工作檯、推車、鷹架、舷梯，圍繞在氧化銅顏色的巨大飛機機身旁。在我上方懸掛著數以百計的鹵素燈，發出強烈光芒照亮這片巨大的空間，我不禁有些頭昏目眩。我覺得自己好像是在俯瞰六十座奧運游泳池，裡頭裝的是尚在拼裝的樂高玩具。

我正站在全工廠中唯一一處允許照相的地方，被派來幫我拍照的洛克希德馬丁公司（Lockheed Martin）攝影師對我喊道：「笑一個！」

可是我卻擠不出想笑的感覺。這個地方龐大到難以置信，複雜繁忙到不可思議，我整個人都被這樣的氣氛給淹沒了。而且，在這個地方笑一個，其實有點詭異。洛克希德馬丁是全世界最大

圖 2　在洛克希德馬丁 F-35 工廠（洛克希德馬丁公司提供）。

的國防工業承包商，[1] 在這條生產線上製造的機械，是用來殺人的機器。

F－35「閃電二型」（Lightning II）不只是一架噴射機而已，它是一套武器系統。根據洛克希德馬丁公司的說法，它是「全世界致命力、存活力、通訊力最強的戰鬥機」，而它同時也是歷來造價最高、最昂貴的戰鬥機。今天正在我面前裝配的幾架F－35，價值超過三十億美金。

攝影師又喊了：「笑一個！」所以我笑了，露出一個過於用力、有些困惑且憨傻的笑容。

我說：「我到現在都還不敢相信這裡的規模居然這麼大。」

「嗯，」攝影師一邊檢查照片一邊說道：「這裡可是德克薩斯州呢。」

這裡真的好大！這裡是位於沃思堡（Fort

Worth）的洛克希德馬丁航空廠，也就是美國空軍四號廠，總共占地六百七十九英畝，是由許多巨大機庫與看不到盡頭的通道連結起來的複合性設施。我的F－35戰鬥機生產線參觀之旅，是搭乘高爾夫球車進行的，也許這是因為要參觀的路線太長、也許這是要防止我太靠近世界上造價最昂貴的殺人機器、又也許是為了避免我四處亂晃無意間聽到商業或軍事機密。

凱文．麥考密克（Kevin McCormick）擔任我的司機兼導遊，他負責的業務是F－35的「顧客參與活動」。麥考密克身穿海軍藍西裝配金色領帶、手指上有幾枚徽章戒指、整齊的側分髮型，再掛上一副會讓我想到小甜甜布蘭妮（Britney Spears）的膚色頭戴式麥克風。麥考密克熱愛自己的工作且熟悉業務範疇，他拿著一隻雷射筆揮舞得像星際大戰光劍般，同時說出一連串縮寫詞和專業術語。

我們兩人的對話差不多就像是這樣子：

我：「那些穿白色衣服的人是做什麼的呀？」

凱文：「航空電子技術員在裝配電路板並進行系統檢查時會穿著白色工作服以求盡量減少靜電放電。」

他丟出來的詞彙有一大堆我都沒聽過，不過裡頭倒是夾雜了一些我能立刻辨識出來的大數字：來自全球一千九百個供應商提供的三萬三千種零件；生產線一週七天持續運作，從簽訂合同到遞上飛機鑰匙共需三十六個月。奇怪的是，在我身在此處的兩個小時之中，我始終沒有聽到我想要知道的那個數字，也就是F－35的價格。我千里迢迢飛來德州，是想要知道有史以來最昂貴武器系統的奪命價格，但每當我問起當前價格、歷來價格變化、不同型號價格差異等問題時，得到的答案都是：這些數字屆時便會提供給你。

不過有些價格事實上已經公開了，也就是美國軍方支付的金額。根據美國國防部文件顯示，二〇二一財政年度每架F－35的平均造價為一・一億美金。[2]然而，根據二〇二一年美國政府問責署（US Government Accountability Office）的發現，[3]美國政府計畫在二〇三六年之前購買兩千五百架F－35，總金額為四千億美金，如此一來平均每架F－35要價一・五億美金。以上說的只是購買時的花費，這些飛機的運作與維護事宜總共還要再花費一・二五兆美元。這間工廠造出來的最大物件，就是帳單呀！

對我來講，這裡唯一不會大到誇張又看到頭暈的東西就是F－35本身了，因為它是戰鬥機，所以體型必須小巧，能夠隱匿行跡而不被發現，能夠靈巧行動而贏下戰機纏鬥。不過，對我這個非常沒有眼力的人來說，它看起來並沒有我本來想像得那麼奇幻。一架F－35要價一・五億美金，我本來以為自己會看見一件精湛的藝術品、或者是來自未來的神奇機器，就像是湯姆・克魯斯（Tom Cruise）在《捍衛戰士：獨行俠》（*Top Gun: Maverick*）片頭駕駛那架科幻原型機。不過眼前生產線上的F－35，在我看起來就是典型戰鬥機的樣子。流線型的噴射戰鬥機，裝備很棒，但好像就只是這樣而已。

然而，F－35「閃電二型」其實擁有許多超出表面所見的厲害之處，事實上，它的獨特賣點正是我們「看不到」的東西。洛克希德馬丁公司表示，F－35的潛行、超音速與監視能力，讓它近乎無所不知的同時又能保持隱形，就像麥考密克說的：「壞蛋都還不知道你在哪裡，他就已經死翹翹了。」F－35近乎無所不能，它能投放核彈、發射導彈、空戰纏鬥，還能從事偵察任務，「飛行的萬用瑞士刀」正是它的綽號，如果你需要戰鬥機，F－35可以滿足你一切需求：一架在手，希望無窮。

根據使用的軍種不同，F－35共有三種型號：F－35A是為空軍製造的，設計為在機場跑道上起落；F－35B是海軍陸戰隊的版本，是這場表演中最耀眼的角色，它擁有噴射機的飛行表現、又能像直升機一樣垂直起降，它還能往後飛、可以急停、還能像飛碟那樣懸浮空中；F－35C是海軍版本，設計為要在航空母艦上起降，它的機翼可以摺疊，方便降落後由航空母艦運送。三款F－35皆搭載機關槍、先進的中程空對空導彈、紅外線導引飛彈、還有空對地的雷射導引炸彈。

不過，今天的我是不會看到任何F－35射擊子彈、投放炸彈、摺疊機翼、高速急停、垂直起降的場面，我甚至不能接近駕駛艙，因為我全程都只能待在高爾夫球車上，與麥考密克一起沿著工廠的中央通道緩緩前進。不過我告訴自己，能親眼看見洛克希德馬丁航空廠，已經算是很幸運了。我必須獲得美國國防部的批准，他們才能允許我進入，而且其實他們本來根本沒必要理會我。

生產線上的每架飛機旁邊都有一塊螢幕，顯示它的型號、序列編號、已施工時間、完成度、完工要交付哪座基地、屆時駕駛該飛機的單位、訂購國的國旗。麥考密克停下高爾夫球車，映入我們眼簾的是編號 BK-31#977，這是一架完成度百分之七十九・四的F－35B，螢幕上顯示的是英國國旗。

我能夠感覺到，麥考密克望面對這架飛機的我會出現一股愛國情緒、或產生親切或擁有它的感覺。可是我其實真的沒什麼感覺，也許我應該有感覺才是，畢竟我有納稅，買這架飛機的錢裡面也有我的一份。英國納稅人總共花了二十二億英鎊購買一批F－35，[4]目前已購買四十八架，還有另外二十六架正在規劃當中。[5]麥考密克用雷射筆指著位於駕駛艙後面的一套系統，那就是能讓F－35B施展垂直起降絕技的裝置，B型也因為這樣看起來比A型或C型更壯碩，好像它的肩膀肌肉特別強壯一樣。麥考密克點頭讚嘆道：「就像是美式足球線衛的脖子。」

洛克希德馬丁的官方網站掛保證，F－35能夠「強化國家安全、增進全球合作、帶動經濟成長」，目前澳洲、比利時、丹麥、義大利、荷蘭、瑞士、波蘭、挪威、韓國、以色列等十六個國家，都走上這條追求安全、成長與全球合作的道路，也就是花費千百億美金購買這種致命的武器。F－35製造計畫首先於一九九〇年代提出，在二〇〇一年正式獲得批准，該計畫的一大賣點就是以同樣的機體設計提供陸軍、海軍、空軍使用的機型，大大節省此款戰鬥機的成本。美國國防部原先計畫簽訂價值兩千三百三十億美元的合約，購買兩千八百五十二架F－35，讓F－35的價格降到每架稍高於八千萬美金。[6]這些戰機原本預定要在二〇一〇年之前就完工並投入使用。

可是，生產延誤與成本飆升的問題迅速失控，出問題的裝置有以3D掃描飛行員頭部製作且能顯示虛擬實境的高科技客製化飛行頭盔以及彈射座椅，還有網路安全系統（這架「隱形」戰鬥機一度在傳輸數據時就會暴露自身位置）。每次出問題，相關消息就會登上全球新聞版面，導致F－35的名聲愈來愈糟。好不容易等到F－35終於出廠投入戰鬥，已經是二〇一八年的事情了。[7]豈料這個時代的敵人，竟然已經變成恐怖主義分子和民兵，那是一九九〇年代構想這款戰機時作夢都想不到的敵人。為了將這麼多種功能放進一部全能機器當中，以「多合一」為目標的代價就是梧鼠五技而窮，樣樣精通卻樣樣疏鬆。萬用瑞士刀不就有這樣的問題嗎？瑞士刀可以開罐頭，但假如可以選擇的話，大多數人應該寧願使用簡易的開罐器吧。

美國、英國、義大利、荷蘭、澳洲、挪威、丹麥、加拿大這八個國際計畫合作夥伴，已經預先支付千百億美金參與開發與製造過程，光是英國就投入了二十五億英鎊。[8]既然頭都洗一半了，大錢都花下去了，這些國家決定要堅持到底。如今，F－35終於在阿富汗、伊拉克等中東地區投入戰鬥，洛克希德馬丁公司於是想要將這段難產的漫長過程拋諸腦後。自從二〇一八年F－35正式布署以來，幾乎沒有傳出什麼負面評價，而且行銷部門宣稱，隨著售出的單位量與日俱增，生產成本與售價也隨著降低。所以，國際銷售的重要性也變得愈來愈重要。正當我們徘徊在編號BK-33這架機體旁邊時，我突然意識到這就是他們為什麼同意我來參觀的原因了，因為我是英國人，他們需要讓英國人愛上這款先前多受詬病的戰機，以求英國繼續下訂單。

高爾夫球車緩緩駛出主廠，進入另一個龐大的空間，充斥耀眼的照明設備，就像是一間巨大的手術房。這裡是進行最終步驟的地方，F－35的淺綠色基底漆已經被打磨掉，塗上底層塗料，然後機器手臂會再為飛機噴上一層麥考密克所謂的「低可偵測性塗層」，就像是披上一件隱形斗篷。這就是F－35可以隱匿行蹤的關鍵，也就是幾乎不會反射雷達電磁波的飛機表面：沒有天線或感測器、武器系統藏於機身內部、機體鈑件接縫處不是直線而是鋸齒狀。噴上最後的面漆之後，完工的F－35是炮銅黑灰色，成品看起來像是一體成形製造的。

麥考密克在一架有袋鼠標誌的F－35A停下高爾夫球車。「你看，澳洲的F－35A上面有隻袋鼠。澳洲還是你們大英國協成員吧，不是嗎？」他很誠懇地問道，彷彿在我們眼前的是一輛我堂哥的新車。

一輛小巴士正在等著載我們前往飛行線，那是F－35生產線的最終站。我們沿著看不見盡頭的飛機滑行道行駛，經過一個又一個機庫，每座機庫裡頭都有一架F－35。正常狀況下，每架F－35會在這邊待上四十五天，經歷一系列最終測試，然後洛克希德馬丁公司的飛行員至少會進行兩次試飛。接下來美國政府就會派人來將戰機開走，或者送往軍方、或者送去給其他國家。

不過現在是非常狀況，今天全飛行廠的每座機庫裡頭都有F－35，原因是近來發現幾乎每一架造好的F－35裡頭，都使用了被禁止的中國製合金造的一塊磁鐵。美國五角大廈（The Pentagon，即美國國防部）目前已暫時停止交機，直到洛克希德馬丁公司弄清楚供應鏈問題，把這塊中國異種從他們的招牌戰機中揪出來。麥考密克聳聳肩，意思是這件事沒什麼大不了，不過顯然飛行場目前停機空間不足，現在正有三十架F－35、也就是四十五億美金的軍力困在這裡，只能靜靜等待。

麥考密克對小巴士司機說：「我們慢慢開過去看一下那邊的英國B型機。」這就是我參觀之旅最終高潮：英國的第三十架F－35，擁有槍灰色隱身塗層與橄欖球線衛般的粗壯頸子，編號BK-30，這架全世界最強悍的戰鬥機，已經準備好要施展航空奇技，只不過目前還不能開走就是了。

洛克希德馬丁公關部副主任喬伊・拉馬卡（Joe LaMarca）用他濃濃的德州口音說道：「作為一個為美國空軍服役二十一年的老兵，我要實話實說，我們在這裡做的事情是在拯救生命。這件事關乎威懾，我們在此的任務就是，威懾他人不要輕易使用任何形式的軍事力量。如果你不得不動武，你會希望能使用最好的武器，那麼最好的武器就在這裡。」

我們坐在一張巨大會議桌的一側，旁邊有一面白板，對面則是占據一整面牆壁的大螢幕。和我們坐在一塊兒的，還有洛克希德馬丁全球發展部歐洲北區（Global Pursuits, Northern Europe）負責人塔拉・勞絲（Tara Lause）。我剛剛詢問拉馬卡，F－35為什麼如此昂貴，而我這個問題似乎開啟了一扇大門。

「這是一項非常複雜的計畫，過往從未有先例可循。我們對於如何維護這架飛機，學到了很多教訓，所有武器系統最大的成本就是維護這一項。而且你要談的是一架壽命可以長達四十年的戰機，甚至它的壽命可能超過四十年，這取決於飛行的時間。」

拉馬卡回答：「我的意思是它的壽命甚至可以超過四十年。」

勞絲插進來表示：「我覺得用小時來衡量的話會更簡單……」

拉瑪卡點頭道：「是的，因為戰機的壽命取決於飛行的時數。但是我們已經測試這架戰機測試到超過三段生命週期了。」

我問道：「一段生命週期有多久呢？」

「我們會提供給你具體的數字，」拉馬卡向我保證道：「我們會將戰機放入測試室，並且測量它的情況。我們會對它施加壓力，比它在真實環境中會受到的壓力更強，然後測試它所有的構造和功能，目前我們已經測量到三段生命週期了。這真的是很出色的數字。」

假如我就是不知道一段生命週期是什麼東西，你說要我怎樣覺得驚豔呢？公關團隊給了我好多數字：截至目前為止已交付八百四十架Ｆ－35給十六個國家，目前已下訂的數量超過三千架，今年預計可以出廠一百三十五架，這座工廠每年可以交機一百七十五架。可是一旦涉及最基本的具體細節時，他們就沒有現成數字可以給我了，諸如每架戰機的成本、壽命、燃料消耗、一段生命週期的維護成本等。

「這就是你購買Ｆ－35這種等級的戰機時會獲得的東西，」拉馬卡繼續發言道：「你會獲得三段生命週期以及為它升級的能力，對得起這架戰機的價值。」他還說，因為「規模經濟」的關係，未來Ｆ－35只會愈來愈便宜。各國購買的Ｆ－35愈多，對大家來說就會愈好。「當我們在全球銷售這款戰機時，我們會自問，我們該怎樣創造工作機會呢？光是這一間工廠，就有一萬六千多人在此工作。你認為他們會住在哪裡？他們會去哪邊購物？他們會去哪裡買車？他們會去哪邊買食物呢？這樣你就會想到，這對於地方經濟帶來的影響有多大。」拉馬卡再度為我揭露必須告訴我的數字：提供三萬三千種零件的一千九百個供應商，會僱用幾千人甚至幾萬人。「你可以看看製造飛機引擎的普惠公司（Pratt & Whitney），就是非常好的例子。」

勞絲插話道：「還有勞斯萊斯（Rolls Royce）。」

「沒錯，勞斯萊斯！」拉馬卡點頭表達贊同道：「還有英國航太系統公司（BAE Systems）。」

噢，我懂了。英國企業也要仰賴這個計畫，這些企業成千上萬的員工，以及員工們的家庭、社區和地方經濟，也都賴以為生。所以，像我這樣的英國人，也很需要這項計畫圓滿成功，就像洛克希德馬丁需要它圓滿成功一樣。

「人們會說，哇，這玩意兒怎麼那麼貴？」拉馬卡啜了一口咖啡，繼續說道：「人們會說，這戰機貴成這樣，錢一定都被洛克希德馬丁賺走了等等……那我的回答就是我剛剛說的那樣子。」拉馬卡搖頭發笑表達不以為然之意，續道：「事情的運作方式不是這樣子的。我們造這架戰機當然有獲利，我們可是一家企業呢。但是，我們是將獲得的利潤繼續投入業務當中。」

勞絲補充道：「我們是進行投資。」

「沒錯，我們是投資於研究和開發。我們又不是把錢拿去每個禮拜辦派對。」

對於一家武器製造商採取這樣高度防備的態度，也許我不該覺得驚訝才是。不過，我在洛克希德馬丁公司遇到的每一個人，都對於自己的工作感到發自內心的驕傲，他們看到那些關於

F－35的負面新聞，肯定覺得很難受吧。

當我問起相關的負面新聞時，拉馬卡回答道：「這些批評是我十三年前被聘用的一項原因。這一路上出現不少挑戰，出了一些我們沒有預期到的事情：可能是零件問題、可能是製造問題、可能是供應鏈的問題。這番歷程是一段陡峭的學習曲線，但我們現在已經走到了學習曲線的山巔，我們學到很多，如今終於得心應手，走上正軌，我們的引擎都在轟轟運轉當中。」

一瞬間，拉馬卡關於巔峰、軌道、引擎的比喻讓我很是心動。但是原本態度隨和、熱情而友善的拉馬卡，此時卻驟然切換了一個頻道。

「有些人的人生事業就是批評政府、批評大企業、批評工業複合體（industrial complex）。我不知道你是不是這樣的批評者，但我會向你提出一個挑戰：請你了解事實之後再撰寫故事，」拉馬卡的聲音帶有一股無形的壓力：「我有上過新聞課程，當時我獲得的教導是，新聞應當有公平而且平衡的報導，消息來源不應該只有一個，有兩三個以上的來源最好，並且要驗證消息的真實性，是吧？所以，如果你是個好記者，而且也是這麼做的，我相信、而且我有自信，你寫出來的故事應該會說：沒錯，這些戰機花了很多錢，但它們之所以花費這麼多錢確實有很好的理由。」

拋下這個挑戰之後，拉馬卡將剩餘的簡報工作交給勞絲。「我講得太多啦，」拉馬卡這麼對我說道，他將名片遞給我，並露出一個大大的笑容：「只要不是涉及機密的問題，我們很樂意回答你，我們能跟你說的都會跟你說。」

目前聽起來，他們什麼都有跟我說，除了價格以外。

拉馬卡離席之後，勞絲似乎有點鬆了一口氣。勞絲在此工作了二十年，起初是以編寫F－35安全系統代碼開始這段職業生涯。確實，她自然散發出一股認真的氣質，不過她柔和的聲音顯然壓不過拉馬卡的嗓門。

勞絲向我說明了洛克希德馬丁公司不同部門的業務領域，當她談到臭鼬工廠（Skunk Works）這座開發最尖端科技的神祕加州「未來工廠」時，眼睛閃閃發光。

「我們正在測試那些最新穎且讓人驚喜的功能，」勞絲熱情地說道：「有趣的事情是，F－35將會服役到二〇七〇年，也就是說，未來的F－35飛行員目前還沒出生、甚至連他們的爸媽都還沒出生呢。我們必須不斷預測未來五十年科技發展的走向是什麼，臭鼬工廠的重要性就在於這裡。」

「這件事不是很困難嗎？」我問道：「我們現在談的是二十年前設計的飛機耶，你怎麼能夠確定F－35到二〇七〇年時還是很好用呢？」

勞絲眨了眨眼說道：「你要盡量提早預測科技的發展，但是預測的時間超過十年的話，那就真的很難掌握了，什麼事情都有可能發生。所以，我們通常會將注意力放在未來十年的這段時間。」

所以啊，他們怎麼能夠保證F－35這項投資，能在未來五十年之間帶來回報呢？這件事情怎麼可能預測得了。到時候F－35或許還是可以飛上天沒錯，但是有鑑於人工智慧（AI）、自動化科技的進步，還有所謂「敵人」的定義隨時在轉變，那個時候的F－35也許已經變成廢物也說不定。誰會知道二〇七〇年時侵害我們安全的會是誰、或者會是什麼東西呢？

我說道：「所以你其實不能確定囉？」我這句話的口氣介於肯定與詢問之間。

勞絲短暫閉上眼並點點頭道：「我們不知道未來的戰場會是什麼樣子，但我非常肯定，對戰機的需求在未來很長一段時間內依然會存在。你的工具箱裡面當然得有各式各樣的工具，而在可預見的未來當中，你始終會需要一把螺絲起子。」

這大概就是萬用瑞士刀存在的理由吧。至少，勞絲表現出超越搞公關的態度，對於直接的問題給出了細膩的回答。F－35也許真的是終極的有人戰機，但這也表示它可能就是最後一代有人駕駛的戰機。超越它的東西會是什麼呢？它什麼時候會過時呢？這聽起來就像是場巨大的賭博啊，下注F－35在二〇七〇年之前不會落伍，下注會有足夠訂單使生產成本降低。

接著，勞絲跟我談了那頂高科技飛行頭盔，這頂頭盔可以從飛機各處感測器接收資料，並且以虛擬實境顯示於駕駛員眼前。「飛行員只需要轉頭，就可以看見目前有關威脅的一切狀況，」

勞絲道：「各架F－35共享圖像，假如我是飛在幾百英里外的一架F－35，我可以即時將我觀察到的資訊，傳給其他飛行員反應或使用。」

我不太喜歡這種感覺。我曾經主持過現場廣播節目，結果製作人在錯誤的時機透過我的耳機跟我說話，讓我嚴重分心；當然了，主持廣播節目的過程被製作人打擾，跟駕駛戰機被敵軍射擊的同時要接收幾百英里外的資訊映入眼簾，實在不能相提並論，而且我想飛行員肯定比我堅強許多吧。

我有讀到相關資料說這頂高科技頭盔一頂要價五十萬美金，但勞絲無法確認這個數字，也無法告訴我這是不是已經包含在戰機的價格中。

「我知道你關注的是價格問題，」勞絲說道：「不知道你有沒有聽說過米切爾研究中心（Mitchell Institute）研究每單位效益之成本（costs per effect）的報告？[9]這份報告談的就是該如何衡量飛機系統的成本問題。過去還有一些不同的衡量方法，比如說每小時飛行的成本等等……」

「太好了。請你全部告訴我。」

「沒問題，」勞絲笑著說道，但卻沒有真的告訴我價格。她續道：「我們需要對於怎麼衡量成本這件事進行全面考量。米切爾研究中心認為，假如我們的目標是要攻擊某國家的敵軍基地，那麼就必須將達成此目標過程中所做的每件事情納入價值鏈（value chain）去衡量。這才是你想要知道的真實成本比較。」

不出意料，米切爾研究中心的報告書認為，根據上述標準，F－35的性能價格比例奇佳。但是，所有人都可以去說自己希望被用什麼方式衡量呀，而且那當然是能夠證明自己最好一面的方式。我想要探索的指標是人命的價格、生命的代價，為了做到這件事，我需要弄清楚每奪走一條性命或拯救一條性命，花費了多少錢。可是，他們卻完全不能、或不願意告知我價格。我的感覺是，他們好像覺得，只要能在這座巨大的設施裡頭繼續拖時間打太極拳，用一連串嚇死人的數字糊弄我，我終究會死心，然後我的目光就會集中在F－35有多棒多重要這件事情上。門都沒有！

不過，勞絲依然堅定地向我提供其他的數字，這一次她給我的是就業方面的資料：好幾百家英國企業都參與了戰機生產計畫；製造F－35至少讓英國增加了兩萬個工作，美國則因此直接或間接增加了二十九萬八千個工作機會。勞絲說F－35計畫每年產值達到六百五十億美元以上，「該計畫的持續成功有益於所有參與者，訂單愈多，產業的狀況就愈好。」

以沃思堡這座城市為例，當地每二十個工作就有一個是依靠洛克希德馬丁公司的F－35戰機而出現。*這是勞絲大半輩子的心血，她人生有二十多年都投入在這項事業上，必須成功是她的

＊洛克希德馬丁公司自稱為沃思堡創造的間接工作機會有五萬六千個之多，當地人口大約是九十五萬。

決心。我想我接下來的措辭，最好是三思而後言。

「這絕對是非常重要的事業，你說明得非常清楚，」我說：「有那麼多國家花了那麼多錢在上面，你認為這個計畫是不是已經龐大到不容有失敗的餘地呢？」

勞絲微笑道：「我們不會讓它失敗的。我不會說它龐大到不容失敗，我不會這樣措辭；我會說，每一方都全心全意投入這項計畫使它成功，所以只有成功這條路可行。而且，它也已經證明了它並沒有失敗。」

失敗與否可能取決於觀者的角度，見仁見智；某些大數據確實表明F－35計畫不算是成功。五角大廈負責測試與評估的部門在二〇二一年記錄了八百七十一項可能影響F－35戰鬥準備的軟體與硬體問題。[10]《美國國防新聞週刊》（*Defense News*）在二〇一九年報導了十三項可能危及F－35飛行員安全的問題，其中包括駕駛艙壓力上升過快導致飛行員耳朵和鼻竇「極度」疼痛，還有戰機隱形塗層在超音速飛行時起泡等。[11]

不過勞絲確實講得對：F－35戰機自從二〇一八年開始投入戰鬥（洛克希德馬丁的資料顯示有八次實戰紀錄），而且持續有買家下訂，證明這架戰機並沒有失敗，或至少證明它不是貴而無用的「白大象」（white elephant）。無論前述的幾百種問題究竟是什麼，這些問題並沒有導致

F－35無法投入戰鬥。

要弄清楚全世界最昂貴的武器系統奪去一條性命的代價是多少錢，我需要知道戰機任務中有多少人被殺？這些人構成的威脅是什麼？除掉這些人使這個世界更安全多少？可是，要得知與戰機任務相關的人事時地物，這恐怕比我向洛克希德馬丁索取價格表還要困難。即便軍方真的有紀錄，它也不會公開其軍事任務奪走了幾條性命。

以下就是我所能找到的資訊了。最早將F－35投入戰鬥者為以色列空軍，他們曾在二〇一八年五月對中東地區某目標發動攻擊。這項情報之所以會公諸於世，是因為以色列空軍少將阿米坎．諾金（Amikam Norkin）吹噓過這件事。「我們的F－35已經飛遍全中東地區，進行過兩次攻擊行動，地點是兩處不同的前線。」諾金在以色列舉辦的二十國空軍首長會議中這麼說道：「你們知道以色列剛靠〈玩具〉（Toy）這首歌拿下歐洲歌唱大賽冠軍嗎？呵，F－35可不是玩具呢。」

再來是五角大廈發布的新聞稿，宣告美國海軍陸戰隊於二〇一八年九月在阿富汗布署了F－35B「來支援地面的掃除行動」。[12]F－35A首次投入行動是二〇一九年四月，攻擊目標為伊拉克境內的伊斯蘭國（ＩＳＩＳ）地道網絡。[13]英國皇家空軍六一七中隊「破壞者中隊」（Dambusters），在二〇一九年五月首次進行英國的F－35B飛行任務，任務為期三週，參與在伊拉克與敘利亞的反伊斯蘭國行動；後來，皇家空軍又於二〇二一年再次派遣F－35B在伊拉克與敘利亞出任務。再來是二〇二一年三月，以色列空軍擊落了靠近以色列空域的兩架伊朗無人機。[14]以上六次行動，有關當局完全沒有提到傷亡，但這絕對不表示沒人喪生。

至今F－35表現最突出的戰鬥發生在二〇一九年九月，由美國主導的「堅決行動」（Operation Inherent Resolve，OIR）陣營，對伊拉克境內卡努沙洲島（Qanus Island）上的疑似伊斯蘭國據點投下三十六噸炸彈。堅決行動當局公布了空拍影片，[15]F－35進行轟炸的那幅景象既恐怖又引人入迷：那片沙洲島接連發生爆炸，就像是琥珀色的櫻花爭相綻放。伊拉克反恐局（Iraqi counter-terrorism service）告訴記者，該任務造成約二十五名伊斯蘭國戰士喪生。[16]事過三年，我向堅決行動的新聞室發了信件，詢問他們是否能確認那場攻擊的死亡人數，結果石沉大海，而且堅決行動當局針對那次任務發布的新聞稿，竟然離奇地在我寄信詢問的數天之後從網路上消失了。

到最後，我唯一能夠確定的F－35的致死事件，是四十一歲日本飛行員細尾敏織少校在訓練中墜機喪生，他駕駛的F－35A以時速六百九十英里的速度墜入太平洋。[17]

以上這一切呈現了，要弄清楚世界最昂貴的武器系統奪取一條人命的價格，即便只是大約的數字，都是近乎不可能的任務。這套武器系統的精確價格不得而知，它奪取的人命數量也無從得知。考量F－35建造計畫的龐大成本，它奪取生命的代價可能會是好幾十億美金，這應當是人類史上最高的奪命價格了。

「就像是坐進一輛新車，有一股新車的味道。按鈕手感非常清脆。沒有灰塵、沒有昆蟲殘骸。它真是美麗。」

我在洛克希德馬丁的最後一項行程，是和「賽蓮」（Siren）莫妮莎・包爾海瑟（Monessa Bahlzhiser）在董事會會議室裡一起用餐。「賽蓮」為美國空軍服役十二年，曾經出任務到伊拉克與敘利亞對抗伊斯蘭國，之後成為洛克希德馬丁公司的內部十五位飛行員之一。她的工作是試飛F－35成品，駕駛戰機第一次升空，進行超音速飛行，最大化攻角（angle of attack），達到九倍G力（地表重力感受的九倍），測試戰機的能力極限。她告訴我：「這是世界上最好的工作之一！」

我無法想像還有比這件事更可怕的工作：那可是從來沒升空過的戰機耶，即便只當乘客，我都會嚇個半死。但賽蓮這副從容不迫的氣質，顯示她是個鎮定自若遇事不慌的高手。她四十歲，本人看起來比實際年齡更年輕，身材高挑，穿著卡其色飛行員服，綁起緊緊的馬尾，笑容可掬。當然囉，她還戴著經典的飛行員雷朋太陽眼鏡（Ray-Bans）。她將餐盤放到桌上，取下太陽眼鏡擺在一旁，並且和我坐在一塊兒用餐，享用烤雞和米飯。

圖 3　與「賽蓮」莫妮莎・包爾海瑟合照（洛克希德馬丁公司提供）。

之所以獲得「海妖賽蓮／警報器」這個綽號，是因為當年包爾海瑟還是年輕軍官時，經常因為爆米花而觸發火災警報器。賽蓮笑著說道：「我喜歡這個綽號。通常是這樣子的，如果你曾經參與實戰並且使用過武器，你就可以保留自己的稱號。」這番話的言下之意再清楚不過了：賽蓮是個會做爆米花的開心果，但假使有必要，她隨時能做好殺生的準備。

賽蓮道：「目前我的F－35飛行時數大約有八十小時，我才剛剛開始理解這架噴射戰機的能力。」這架戰機的關鍵能力來自不可思議的高科技，首先就是那頂神奇的飛行頭盔。這頂頭盔不僅不會使她分心，賽蓮還說：「它提供了我從未有過的情境感知。」這架戰機非常容易駕駛，所以飛行員可以將注意力放在感測器上。「你可以放開飛機操縱桿，然後去操作按鈕，戰機還是能維持在原先的位置。」

接著，賽蓮向我說明，洛克希德馬丁在F－16戰機首創的自動避免撞擊地面系統，現在每一架F－35都有配置。如果飛行員因為G力或其他因素昏厥，系統判定三秒鐘內戰機就要墜毀地面的話，戰機就會自動運作。她的手忽然從桌上往上一揮，說道：「這套系統在F－16上已經拯救了十二名飛行員的性命。我有一個朋友就是這樣死裡逃生的。」

他們不能以為事情能夠兩全其美：他們不能一方面表示自動化程度愈高愈能夠拯救生命，另一方面又保證這架有人駕駛的戰鬥機可以持續使用到二〇七〇年。假如F－35已經聰明到可以讓飛行員放開操縱桿去操作投放炸彈或發射彈藥的按鈕，那麼未來戰機聰明到可以自動投放炸彈或發射彈藥，不就是不久之後的事情嗎？賽蓮現在稱道的東西，可能會是未來使她失業的原因呢：假如戰機的目標就是奪取敵人的性命並拯救飛行員的生命，那麼最安全的飛機便是沒有駕駛員的飛機，最安全的飛機就是無人機。

「像你這樣子的飛行員，未來會是怎樣呢？」我問道：「你不覺得我們很快就會讓機器來做這些事情嗎？」

賽蓮微笑道：「我確實有個人偏見，但我認為飛行員在駕駛艙中的思考是永遠不可能被取代的。你可以加以模仿，但是總會有極少數的狀況是只有飛行員才有辦法反應與處理，無論當事者有沒有類似的實際經驗。比如說你發現你被敵方瞄準了，現在你必須弄清楚是誰在瞄準你。機器人怎麼可能立即確認，瞄準你的敵方所在處有沒有平民呢？我曾經在實戰中遇過這樣的情況，而我當時必須作出困難的決定，我投下炸彈，即便知道有平民可能會受傷，但我的判斷是，要麼他們會被我的炸彈傷到、要麼他們會被恐怖分子射殺。」

可是，人力的判斷又未必正確無誤。美國空軍至少對阿富汗人的婚宴場合發動三次以上的攻擊（有一次發生在二〇〇二年[18]、兩次在二〇〇八年[19]），導致一百多位無辜平民死亡。我說的還只是婚禮而已呢；光是阿富汗的戰事就有好幾萬平民被殺，而這些傷亡最終都被歸類為——如喬治・歐威爾式（Orwellian）的用詞——「附帶損害」（collateral damage）。假設人的判斷力永遠不會出錯好了，那也可以讓人們擔任無人機的操控員呀。來到這個無人機的時代，人們不再有坐進駕駛艙的必要性，這麼一來，政府要如何為飛行員的傷亡提出正當理由呢？

我問道：「做出那樣的決定是什麼感覺。」

「你真的必須信任自己受的訓練、信任自己，」賽蓮點點頭答道：「這就是為什麼戰鬥機飛行員是我們這種人。我們這種人有點粗魯，有些怪異。」

離開美國空軍四號廠的途中，洛克希德馬丁公關團隊向我保證，會寄送電子郵件告知我F－35的價格表。但是，我人都已經飛回英國了，還是沒收到任何消息。我後來又陸陸續續傳了六次訊息，每次對方都向我保證很快就會將數字傳給我。直到沃思堡之旅都已經結束兩個月了，我依然在等待。

結果，我尋尋覓覓的答案所在，居然離家不遠。事實上，我是在倫敦家中對著筆記型電腦螢幕，使用微軟視訊軟體（Microsoft Teams）與另一位英國人談話時，得到了答案。

英國空軍准將伊恩．湯森德（Ian ‘Cab’ Townsend），既是空軍作戰能力交付部門（Air Capability Delivery Combat Air）的副參謀長、也是F－35計畫高階負責人（Senior Responsible Owner）。湯森德掛著親切的笑容說道：「很拗口的職稱對吧，請容我用白話解釋一下。簡單來講，我就是管支票簿的人，資金由我管理，購買F－35的錢是從我這邊支付的。」湯森德是英國F－35計畫的領導人暨管理人，如果英國真的有人知道買F－35究竟花了多少錢，那一定非他莫屬了。英國國防部被我死纏爛打好幾個禮拜之後，終於同意讓我和湯森德會面。

「目前一架F－35B的花費大約是1億美金，」湯森德非常爽快地告訴我：「最早的那批可能每架要1.5億，但我們逐漸在降低成本。造飛機就是這樣，一開始比較貴，後來會慢慢變便宜，這是符合我們預期的變化。」

一項一項數字接踵而來。飛行一小時的成本多少？三萬三千美金。維護成本多少？每飛行一小時的維護成本約一萬美金。我怎麼問，他怎麼答，我不禁覺得自己有點蠢，居然為了詢問這些問題特地飛到美國德州去。

我向湯森德訴說了我的沃思堡之旅，包括參觀工廠的情況、以及拉馬卡和勞絲說F－35可以使用四五十年的訊息。他自信滿滿地回應道：「我非常確定他們說的沒有錯。」他向我解釋，過去那些最棒的戰機，比如獵鷹戰機（Harrier）、龍捲風戰機（Tornado）、F－16還有B－52轟炸機等等，全部都能服役好幾十年。他問道：「你對電視喜劇《只有傻瓜和馬》（*Only Fools and Horses*）還熟悉嗎？」

「我知道這個節目。」我回答道，同時想像著一部關於倫敦佩卡姆區（Peckham）攤販的喜劇，對我了解F－35能有什麼幫助。

「不知道你有沒有聽過『特里格掃把』（Trigger's broom）的故事？劇中有一幕是特里格得意洋洋地表示，他的掃把已經用了二十五年。他說這二十五年間，他換過五次掃把柄、換過十次掃把頭。所以，這其實已經不是同一支掃把了。」

我懂了。全世界最昂貴的武器系統，就像是特里格的掃把，或者說就像是「忒修斯之船」（Ship of Theseus）*。

據湯森德說明，戰機大約每四五年就會有一次重大升級，確保其能力保持在最尖端。「我十分確信F－35絕對能夠服役到我們公開發布的預期除役年限，也就是二〇六九年。英國政府也是全然將這套空戰系統視為一套五十年的計畫在執行。」

湯森德是退役的戰鬥機飛行員，與賽蓮一樣，他無法想像連戰鬥機也變成無人駕駛。（是呀，雖然有愈來愈多證據顯示AI人工智能可以取代我的記者工作，我自己也還是很難想像由機器人擔任記者和報導作家的未來。）對湯森德來說，F－35的強大力量在於它具有完全避免戰機纏鬥的能力。「擁有如此出色的航空系統，會促使敵方去評估挑釁北約（NATO）或挑戰F－35戰機合作戰鬥能力的後果，因為敵方所要面對的風險確實大大增加。」此外，F－35對於英國經濟其實也很重要，每製造並賣出一架F－35，就有百分之十五的金額會落到英國的口袋裡。

* 哲學式問題：忒修斯之船在航行過程中不斷修理，當每個部分都替換過之後，後來那艘船和當初那艘船還算是同一艘船嗎？

確實，飛行員必須果敢、自信、有主見，湯森德對於花在F－35上頭的錢是否值得，沒有一丁點質疑。「想想在五十年的時間，這項投資會帶來的回報，諸如透過英國的供應鏈、英國與美國等國家的影響力，所帶來的軍事性回報。我真的認為F－35計畫為我們帶來的積極效益非常巨大。」

❈ ❈ ❈

拉馬卡當初很有自信地認為，我離開德州之際必定會同意，F－35確實很貴，但無論它的實際價格是多少，貴確實有它貴的理由。拉馬卡沒有想錯，我同意這個說法。可是，我也同時認為，F－35真的是極其浪費。即便F－35如此多才多藝，足以取代其餘所有的戰機，即便F－35持續證明它非常有用，而且可以用到二〇七〇年，製造這架戰機本身就是刻意在忽視未來五十年間人類要面臨最大敵人。

F－35使用的是JP－5和JP－8型軍用噴射燃料，位居全世界碳排放量最高的燃料排行榜前幾名。一架F－35在短短五分鐘之內飛行所產生二氧化碳，是英國普通汽車一整年的排放量。[20]光是美國軍方一年使用的噴射燃料，其排放量等同六百萬輛美國小客車。在這個正處於氣候災難邊緣的世界裡，F－35本身反而可能變成我們的敵人呢。

許多下訂F－35的國家已經承諾要在二〇五〇年之前將溫室氣體排放量盡力減少到趨近於

零，其中有些國家已經意識到其中的自相矛盾了：英國國防部在二〇二〇年宣布他們正在研發可永續的燃料，期待有朝一日能將其用為戰機燃料。湯森德說，英國軍方的目標是將百分之七十的訓練改為使用飛行模擬器，而不再是實機升空燃燒燃料。可是，即使F－35真的可以改用太陽能甚至以食用油為燃料，它終究沒有辦法阻止海平面上升、不能在森林火災中拯救人命、無法在颱風來時運送救災人員。花費在這些戰爭機器上面的錢，為什麼不拿去投入防範洪水、再生能源、植樹造林、碳捕集（carbon capture）等等可以幫助人類面對最大生存危機的措施呢？或許那麼做，便無法創造出那麼多全球就業機會吧。

一套就業計畫！或許這才是真正的問題核心所在吧。這就是不太認真投入福利的國家，所設計出來的某種福利計畫。軍事支出是一種將公款重新投入經濟的方式，與此同時創造出令人生畏的強大科技形象，威懾敵人不要輕舉妄動。既能有威懾作用、又能創造工作機會，這兩者都可以拯救生命。不過，假如這就是F－35存在的意義，不免讓人覺得這像是一種不計成本與代價的解決方案，並沒有考慮其他做法是否能達到更好效果、拯救更多生命，就輕易砸下大錢。

在沃思堡之旅中拉馬卡和勞絲丟給我的龐大數字，讓我相信F－35計畫是個錯誤、但卻是個龐大到已經無法矯正的錯誤。洛克希德馬丁公司最大的革新創舉，其實是將許多國家拉進來成為夥伴，使它們箭在弦上，不得不發。

第三章

普通謀殺：三百二十一萬七千七百四十英鎊

★折合新臺幣一億三千七百一十四萬零七十九元★

每個禮拜的例行公事都是一樣的。每逢週四，潔西卡．普朗莫（Jessica Plummer）會將白色襯衫浸泡起來，等到週五時洗衣、晾乾、熨燙，這樣她的孩子們週一早晨上學時就有乾淨整齊的衣服可以穿了。

那天是二〇一五年一月三十日禮拜五晚上，當時穿著睡衣的潔西卡正在位於北倫敦芬斯伯里公園區（Finsbury Par）的家中，一邊燙衣服、一邊和朋友通電話聊天。此時外頭忽然有人敲門，但感覺不太尋常，敲門聲音非常大而且持續不斷。潔西卡本來以為那是她家的老二，十七歲的沙昆（Shaquan），於是她向門外喊著，叫兒子自己用鑰匙開門。可是敲門聲不但沒有停止，顯然門外的人還是翻信箱蓋、敲門、按門鈴三管齊下。

潔西卡於是跟朋友說她晚點再回電，掛掉電話走到客廳窗戶旁，拉起薄紗窗簾，透過窗戶望向街道。她看見的是閃耀的藍光。

兩名警察站在門外，並且向她出示了證件。

其中的男警官問道：「你是沙昆．山米－普朗莫（Shaquan Sammy-Plummer）的母親嗎？」

潔西卡報以肯定的回答。

女警官說：「請你帶上外套和包包。我們需要請你跟我們到醫院一趟。」

潔西卡問道：「我兒子他人還好嗎？」

對方的答覆卻是：「我們還不清楚。」

潔西卡頓時雙腿發軟，女警官協助她站起來，辛苦地走上兩段樓梯到臥室去。潔西卡在換衣服時，她失禁了，女警再次施以援手。女警問她家裡還有沒有人，潔西卡喊來小兒子十五歲的安德烈（Andre）。警察向坐在樓梯上的安德烈解釋，他們現在要帶媽媽去醫院看哥哥。安德烈說：「我不要去醫院。」潔西卡叫安德烈打電話給他的爸爸傑羅姆（Jerome），叫他到醫院碰頭。

藍燈閃爍的警車在夜裡疾馳，潔西卡十指緊緊交叉對天禱告：「神啊，求求祢保佑他平安無事，神啊！」就連警察開口關心她，她都沒有心力停下禱告去回應他們。她的雙手握得如此緊繃，甚至沒有辦法分開手接起電話。短短十五分鐘的路程，感覺就像是沒有盡頭的煎熬。潔西卡祈求道：「神啊，求求祢，讓我能及時趕到。」

警車終於抵達白教堂區（Whitechapel）的皇家倫敦醫院（Royal London Hospital），潔西卡看到急診室雙開門外站了一群警察，她禁不住抓緊自己的衣服。女警將潔西卡領進一個房間，她焦急地在裡頭來回踱步，同時不停哀求著。傑羅姆稍後也抵達這裡，並且詢問女警官到底發生了什麼事，可是女警表示目前無法告訴他們任何消息。後來房間裡面只剩下這對苦無答案的父母親，潔西卡感覺這個小房間就像是個小泡泡，他們在裡頭漂浮，懸掛在現實世界與恐怖未知後果的上方無法著地。

突然間，一位身穿橙色連身衣的高個男子走進房間，請潔西卡先坐下。男子單膝跪在她面前。

「非常抱歉，我要說的是壞消息，」男子道：「你兒子過世了。他被刺中胸口，傷重不治。」

「你在說謊對不對？」潔西卡說：「這不是真的對不對？」

「是真的，」男子說：「你想去見他嗎？」

潔西卡告訴我：「我當時說我不要，因為我很害怕。」她的眼神迷茫，心神陷入了那個一切支離破碎的夜晚。「我真的好後悔好後悔，因為我沒有見到兒子的最後一面，而且我再也見不到他了。」

沙昆被殺的原因，居然是因為他不願把自己手中的塑膠袋交出去，那個塑膠袋裡面只裝著幾罐汽水和一包糖果。於是，沙昆淪為二〇一五年英格蘭與威爾斯地區五百七十位命案被害者之一，也是當年在倫敦街頭被人刺死的十五個青少年之一。與英國內政部合作的經濟學家在進行謀殺案經濟成本的計算時，沙昆也成為了他們資料庫中的一筆數據。根據經濟學者對於二〇一五／二〇一六年度犯罪帶來的公共財政負擔之研究結論，平均一件謀殺案會造成三百二十一萬七千七百四十英鎊的花費。

我們必須深入了解沙昆究竟發生了什麼事，以及三百二十一萬七千七百四十英鎊這個數字的意義何在。但首先，我們需要先探究的是「誰」為沙昆的謀殺案給出這個金額，探討他們是怎麼算出來的、以及為什麼要這麼做。

每隔幾年，英國內政部的公務員就會計算各種犯罪帶來的成本。他們進行這種計算已經有二十多年，但這件事情做得很低調，沒有引起多少注意或轟動：相關報告書直接公布在網路上，但沒有多少人留意過。要計算各種犯罪造就的成本是一件龐大的工程，要研究的包含針對個人與企業的犯罪，犯罪類型包括謀殺、縱火、網路犯罪、商業交通工具盜竊等等，一旦需要更新資料，就得動用經濟學者組成的團隊執行任務。

英國內政部在二〇一八年七月發布了《99號研究報告》[1]（*Research Report 99*）「犯罪的

經濟與社會成本」（The Economic and Social Costs of Crime），作者有馬修．希克斯（Matthew Heeks）、沙夏．里德（Sasha Reed）、瑪麗安．塔夫西里（Mariam Tafsiri）、史都華．普林斯（Stuart Prince）。自從二〇〇〇年開始計算犯罪的經濟與社會成本以來，這是第四份報告書，該報告使用的是二〇一五／二〇一六年度英格蘭與威爾斯地區的犯罪與物價資料。[2]公務員理應不該與記者接觸。我曾試圖聯繫上述四位作者，馬修．希克斯的回信彬彬有禮，表示他個人不能表達任何超出報告書內容的意見。確實，這份報告書已經寫得相當清楚明白啦，裡頭是這麼寫著：「估算單位犯罪成本之目的，在於幫助決策者與相關實務人士去衡量政策減少犯罪之效益，以及幫助他們評估個別干預措施之成本效益。」非常生硬而專業的成本效益分析。報告書又寫道：「單位犯罪成本呈現出不同犯罪之經濟與社會成本，以及這些成本的相對性高低。」這樣的話，觀者應該把這些成本當成彼此對照用的象徵性數字，而不是逐項列出的精確金額。可是，《99號研究報告》所使用的確實是官方發布的精確數字，而且，讀者若不將這些數字視為一件犯罪會造成的公共款項支出的精確金額，那實在會教人不知道該怎麼認知。

這項研究的計算方法簡單到令人訝異。報告作者們將「預期」某項犯罪的成本（如購買保險、裝設監視器和警報器）、犯罪「結果」的成本（如被盜或被破壞的財產、受害者在身體和情緒上的傷害、工時受影響導致的生產力損失、醫療支出和受害者服務）、「回應」犯罪的成本

（如警方調查、法庭審判、入獄監禁、緩刑的支出）全部加總起來，然後將總額除以當年該項犯罪的案件數。這是非常基本的數學。

各類犯罪當中，單位犯罪成本最高昂的就是謀殺。強暴是第二高，平均每件性侵案造成的成本是三萬九千三百六十英鎊。使用暴力的傷害罪，每年共會造成一百五十五億英鎊的支出，但由於二〇一五／二〇一六年度的傷害罪超過一百一十萬起，所以它的平均犯罪成本落在一萬四千零五十英鎊。報告書中寫道：「個人犯罪成本總和之中，最大宗是暴力犯罪，比例近乎四分之三，但就案件總數量而言，暴力犯罪只占了三分之一。此現象的主因是因為暴力犯罪的受害者，所遭受的身體與情感傷害之成本較高。更有可能造成情感傷害的犯罪，例如性侵和暴力傷害等，其成本尤其高昂。」換句話說，傷害人的社會成本比損壞財物還要更高。

《99號研究報告》的作者們企圖加總各項成本的時候，鉅細靡遺的程度簡直不可思議。該報告說，一顆牙齒受損的影響會持續〇．〇一九二年，給受害者帶來二十英鎊的損失；一個關節脫臼的影響可繼續存在〇．一五四年，給受害者帶來六百五十英鎊的損失。讓我起初摸不著頭緒的是，他們為什麼可以給死亡算出三十九．八年的持續時間，原來這項數字指的是「過早死亡」，也就是用「一般預期壽命」減掉「命案受害者的平均年齡」。命案受害者遭受的肉體傷害，價值兩百零八萬二千四百三十英鎊，這是根據平均年齡受害者所喪失的「生活品質調整後存活年數」

（quality-adjusted life year，QALY）計算出來的。受害者平均有一萬三千九百零二小時的未來工時，以平均薪資去計算，由此得出受害者失去的生產值為二十五萬四千七百一十英鎊。

研讀這些資料讓我感到很不舒服。把這樣極端的痛苦與慘事、人類最惡劣的痛楚，簡化成數字，實在不是人道。《99號研究報告》的作者們，對於他們為謀殺等等暴力犯罪定出價格的舉動，並沒有要加以辯護或正當化的意思。他們只是向讀者介紹了第一份如此估算英格蘭與威爾斯地區犯罪成本的研究，也就是這類研究的始祖，那份二〇〇〇年的論文曾為此舉提出強而有力的論證。

在這份二〇〇〇年的《英國內政部二一七號研究報告》[3]（*Home Office Research Study 217*）中，山姆．布蘭德（Sam Brand）和理查．普萊斯（Richard Price）兩位公務人員寫道：「犯罪對社會造成了巨大的成本負擔……因此，有效的減少犯罪措施，具有大幅節省個人、家庭、企業、公共部門花費的潛能。」該報告繼續指出，評估犯罪的社會與經濟成本，目標正是要幫助人們能夠找出最有效的解決方法。估算相關成本可以「使決策者與整體公眾，對於犯罪對社會的全面性影響、以及減少犯罪的潛在益處，有更深刻的認識。」

這份二〇〇〇年的報告書非常能夠反映那個時代的精神。當時正值新工黨（New Labour）政府第一次執政的中期，對於最敏感的公款支出領域進行成本效益分析，不再像過往那樣是個禁忌，反而代表著決策者的負責態度。布蘭德和普萊斯寫道，這件事情「提供了極佳的基礎，可以由此回答關於犯罪以及犯罪防治的許多關鍵問題，比如吾人如何以最有效的方式運用現有資源呢？如何降低犯罪為社會帶來的總體成本呢？減少犯罪措施應當有多大規模的資源呢？吾人應當專心於犯罪防治，還是分出更多心力去緩和犯罪的結果呢？」這些聽起來都是十分合理的問題。

此後無論執政黨為何，歷屆英國政府都在繼續這項研究。雖然英國在這方面算是某種先驅，但進行這類評估絕對不是英國的專利；世界上有不少公務機關、慈善機構、運動人士都在做這件事，以求找到正確的人注意相關問題。現在，你只要上網點幾下滑鼠，幾乎就可以找到世界各地各種暴力犯罪的成本估算。蘭德智庫（RAND Corporation）呼籲各界投入更多資金於警力，據此單位估算，美國平均一件謀殺造成的成本負擔是八百六十四萬九千二百一十六美元。[4]歐洲性別平等研究所（European Institute for Gender Equality）的研究結論顯示，二〇一九年度因性別因素出現的暴力犯罪，造成全歐盟成員國三千六百六十億歐元的成本支出。[5]經濟與和平研究所（Institute for Economics and Peace）指出，墨西哥二〇二一年的謀殺犯罪造成一千零五十五億美金的公庫支出，各類暴力犯罪總共造成兩千四百三十億美金的公庫支出，後者相當於墨西哥GDP（國內生產毛額）的百分之二十·八。[6]

提出這些數字確實是強而有力的訴求表達方式，但是這對於當今政治決策究竟有何影響呢？

難道要引起當權者關注的唯一方法，就是向他們提出帳單金額嗎？當我們將最惡劣的人類經驗簡化成一個平均價格的時候，我們淪喪了什麼呢？這個真實世界真的存在「普通謀殺／平均謀殺」（average murder）這種事情嗎？

我住的地方離潔西卡家不到十分鐘車程。她告訴我應該能找到地方，因為她的窗戶上還擺著沙昆的照片，鄰居們不讓她把照片撤掉。實際上，我根本不可能錯過，因為那面窗戶看起來就像是一座小祭壇。

潔西卡家的前園中有張表達追思紀念的長椅，椅子上放著一隻經歷日曬雨淋的泰迪熊、和一張褪色殆盡的相片。房子前窗貼著大大的沙昆照片，照片裡頭的他露出微微笑意，穿著工作的制服，條紋襯衫、綠緞領帶，外面再套上深色絨布外套，外套胸口一側印著「維特羅斯超市」（Waitrose）、另一側別著名牌，他的眉毛精緻地修出斷眉、髮型簡直完美、耳環閃閃發亮，這些打扮顯示他應該知道自己是個小帥哥。他的照片下方有三個擺在窗台上的馬克杯，杯子與杯子中間有雙掌攤開的耶穌瓷像、以及貼在玻璃上的詩句。現在是九月，但是「聖誕快樂」字樣的霓虹燈依然掛在一樓窗戶上，燈並沒有點亮。

潔西卡套著睡袍來應門，領著我到客廳去。沙昆過世至今已經七年，但他的身影依然無處

圖4　潔西卡家的前窗。

不在，時鐘表面、牆上的大相框、牆角玻璃櫃中的小相框，都有他的照片，還是同樣的姿勢、同樣的維特羅斯超市制服。客廳地板上散落著各種玩具，有泰迪熊、洋娃娃、一輛兒童玩具車、一面很大的算盤黑板架。這間房子裡頭有兩位明星人物，沙昆以及潔西卡兩歲的孫女香米雅（Shamiyah）。

潔西卡對電視按下暫停播放鍵，示意我坐到奶油色的皮革沙發上。她告訴我：「孩子們希望我們搬家，但是我不願意，我覺得搬走就像是把沙昆丟下了。」住在這裡的還有潔西卡二十七歲的女兒香特兒（Shantel）和香米雅，香米雅現在正在同一條路上的托兒所裡頭。安德烈現在二十三歲，偶爾會回來住。潔西卡是在一九八九年從聖露西亞（St Lucia）來到英國，她靠著在麥當勞拖地板賺錢養家，和三個孩子於二〇〇一年搬進這間房子。

我問起沙昆是個怎樣的孩子，潔西卡臉上立即綻放出笑容，說道：「他好像是一家之主，什麼東西上面都有他的名字。你如果使用這台電視，就會發現密碼都是他的名字。我的手機、我的平板，裡面都是他的名字，還有他錄的影片，有些影片我甚至是到最近才發現的。」沙昆喜歡弄那些電腦玩意兒，試著修理東西。還有，他也很喜歡女孩子。「他真是太愛漂亮了！他會站在鏡子前面，」潔西卡指向一面鏡子道：「然後對我說：『媽咪媽咪！看看你兒子有多帥啊，媽咪。』如果我們要一起出門，他總會對我說：『媽咪，你要出門的時候，要表現得潮一點喔。』他最愛用的就是這兩個字，『帥』（peng）跟『潮』（swag）。」

「你說他很愛美……」

「非常愛美！」

「嗯……看到他的照片，我會說，他是真的很帥氣。」

「我知道。」潔西卡的眼神發出光芒。「大家都這樣說。他有很多女生朋友，他就像是火輪一樣。我的這個男孩，真的是人見人愛的寶貝！」

沙昆也喜歡吃東西，而潔西卡喜歡弄東西給他吃。每個禮拜天，潔西卡都會為沙昆做全套英式早餐，沙昆就是在這間客廳裡頭一邊看橄欖球或足球、一邊吃東西，然後潔西卡就會在這段時間開始為他準備晚餐。潔西卡癡癡望著通向廚房的走道，她說有時沙昆會溜進廚房偷拿雞肉吃。「他會跑上樓梯喊著：『媽咪，你抓不到我。』」潔西卡說：「沙昆死了之後，我變得連做飯都困難重重。」

潔西卡有嚴重的關節炎，還患有顱內壓增高症，這個病造成她視力受損而且經常頭痛欲裂。她的孩子從很小開始就會照顧媽媽，幫忙做家事，洗澡時幫她刷背。潔西卡表示，孩子們是樂意主動做這些事。

她向我說道：「沙昆以前常常對我說：『媽咪，聽我說。我想要去工作，我希望讓你有更多錢。』」沙昆才讀中學時就在打工送報，每天清晨五點便起床去拱門區（Archway）送報紙，然後回家準備到恩菲爾德鎮（Enfield）去上學。沙昆十七歲時在康登鎮（Camden）讀高中，獲得五所大學人力資源系的錄取通知。潔西卡說，當時沙昆還同時打兩份工，每週六去托登罕熱刺隊（Tottenham Hotspur）的足球場供應飲食，每週三到週五在維特羅斯超市搬貨收銀。「他穿上工作制服的那天，我幫他拍了照，我拍照是想要跟人家炫耀，我感覺棒極了，我的兒子在工作賺錢。」

母子倆的關係非常親密。「如果在外面出了什麼事，如果他的朋友們闖了什麼禍，他會試著用某種方式讓我知道。我以前總跟他說：『你不要跟著那些人去，不要去幹他們做的那些事。』他就會說：『媽咪，我又不是笨蛋，我知道自己在幹嘛。』」

潔西卡最後一次見到沙昆，是二〇一五年一月三十日下午三點，沙昆正要出門去工作。潔西卡當時並不知情，但沙昆其實打算晚上去參加兩場家居派對，第一個聚會在恩菲爾德鎮的溫奇摩爾丘（Winchmore Hill），和他同去的還有兩個一陣子沒見的老朋友，綽號CK的克里斯多福・恩札（Christopher Nzeh），潔西卡始終沒告訴我另外一個男孩子的名字，讀者等等就會知道原因了。

當時CK和一個叫安柏（Amber）的女孩子在交往，安柏和母親與哥哥同住，那場派對就辦在安柏家。三個男孩子在麥當勞吃晚餐，克里斯多福打電話問安柏，他可不可以帶兩個朋友一起去？安柏說她得問哥哥，也就是十九歲的杰馬爾（Jemal）。半個小時過去，安柏還沒回電，所以他們又打了一次電話。安柏叫他們直接過來，到時候杰馬爾再跟他們談。他們先去了小超市，沙昆買了一些糖果和汽水。監視器畫面有拍到，這三個人一邊笑鬧、一邊往巴克利花園路（Berkeley Gardens）的方向走去。

三人走到安柏家之後，杰馬爾走下階梯檢查這幾位站在他家門口的十七歲少年。杰馬爾雙眼通紅，看起來已經很醉了。杰馬爾對於克里斯多福帶來他不認識的朋友很不高興，他說來參加派對的人已經太多了。

杰馬爾質問克里斯多福道：「你帶旁人（next people）來我家是什麼意思？」（這句話是直接錄自法庭報告，[7]「旁人」的意思是「陌生人」。）他又對著沙昆罵道：「我給你們五秒鐘離開我家門口。」

沙昆說：「這傢伙有什麼毛病啊？」

他們在屋外爭論幾分鐘之後，沙昆跟朋友說算了吧，然後轉身要走開。此時杰馬爾質問沙昆的袋子裡面裝了什麼東西，沙昆說這不關你的事，繼續順著巴克利花園路離開。

杰馬爾衝進屋子抄起一把刀，追出門去捅了沙昆，然後越過他家後院的柵欄，不見蹤影。

❄　❄　❄

只有一刀，就是這麼一刀，奪走了沙昆的性命。根據《99號研究報告》的估算，謀殺案發生之後的後續醫療成本為一千一百一十英鎊，但這起事件中為了挽救沙昆生命的花費，恐怕遠遠高於這個金額。

當晚九點三十三分，[8]巴克利花園路上有人報警，說有個年輕男子在他家外面被人刺傷，報警人正在為他進行心肺復甦術。救護車抵達現場後，醫護人員又呼叫了倫敦空中救護單位（London Air Ambulance），同時救護車駛往皇家倫敦醫院的創傷專科。倫敦空中救護單位的即時急救車半途加入，車上是外科醫師湯姆·柯尼格（Tom Konig）和兩位專業醫護人員組成的團隊，身穿防刺背心與橙色連身衣。

柯尼格醫師是陸軍少校，在擔任皇家倫敦醫院創傷部門五位值班外科醫生之前，他曾經在阿富汗的英軍野戰醫院服務。柯尼格醫生的工作內容，有三成都是在處理穿刺傷。[9]

柯尼格在謀殺案隔天寫下的文字，後來刊登在《標準晚報》（*Evening Standard*）上。[10]他寫道：「這是我們再熟悉不過的狀況。一個少年被一刀刺進胸腔，心跳驟停。」醫療團隊立即切開沙昆的肋骨並打開胸腔，同時診斷與治療傷勢。「心臟跳動的情況非常勉強，同時心臟創口以及主動脈創口大量出血。」柯尼格繼續寫道：「我們將傷口縫合，將加溫的血液直接注入心臟，並且注射腎上腺素刺激心臟再次跳動。我們手中握著這個少年的心臟，期望它重新跳動，希望他能挺過去。」

但醫療人員的期望終究化為失望。當晚十點五十六分，醫院宣告沙昆死亡。當時那位穿著空中救護單位橙色制服跪在潔西卡面前告知這項噩耗的人，就是柯尼格。

「我感覺人們總是在評判我，」潔西卡哽咽了：「我的兒子又沒有參加幫派！」

「我知道，」我回應道。這是我最初和潔西卡聯絡上時，她在電話裡頭告訴我的第一件事。

「別人的第一個念頭總是這樣。案件聯絡員、甚至是律師都跟我說：『你如果要公開發表什麼東西，妳一定要使用這張照片，讓大家知道你的兒子是個乖小孩。』」

「是哪張照片啊？」

「就是那張穿著維特羅斯超市制服的照片，」潔西卡指著牆上的大相框說道：「沙昆墓碑上面放的也是這張照片。」

今天潔西卡告訴我的所有事件細節令人心痛，但其中最令我訝異的卻是這張照片背後的故事。彷彿失去沙昆這個兒子帶來的打擊還不夠，潔西卡還得承受別人對她的指指點點，承受這個家要因此背負汙名，因為人們總是對於這個媽媽為何會失去兒子，抱持著那樣的假設。這是雙重的打擊、雙重的悲劇。

這讓我想起報紙上面報導，倫敦地區二〇一五年被刺死的那十五個少年當中，只有兩個是白人。

我詢問道：「別人先入為主認定沙昆涉入幫派，你覺得這是種族主義嗎？」

「不是，」潔西卡立即回答：「是因為沙昆被人拿刀捅了，人們總是認為，會被人拿刀捅的人一定跟幫派有牽扯。可是，參加幫派的人是那個拿刀刺傷沙昆的人啊。」

❄ ❄ ❄

詹美．皮斯科波（Jamie Piscopo）跟我說道：「案件發生沒多久，我們大概就清楚沙昆沒有涉入任何犯罪行為，他只是在錯誤的時間出現在錯誤的地方。」

皮斯科波如今是北安普頓區（Northampton）的刑事警司，他現在正在這裡的警局和我通電話。皮斯科波先前擔任倫敦警察廳（Metropolitan Police）的刑事督察長，沙昆命案發生的時候，他剛好是當班的高級調查官。皮斯科波說，警方第一天就知道凶手是誰了，警察經歷整整九天的追捕行動，終於將杰馬爾逮捕歸案，但沒想到皇家檢控署（CPS）的檢察官卻說沒有足夠證據可以起訴他。皮斯科波說，他還記得自己當時的心情「極度憤怒且沮喪」。

沙昆是在他兩個朋友面前被殺的，杰馬爾是在家居派對眾目睽睽之下拿著刀衝出去的。即便如此，當場所有人卻一概表示，他們什麼都沒看見。沙昆的朋友們極度不合作，警方甚至因此將他們列為嫌疑犯並將人逮捕。杰馬爾的妹妹以及當時也在家的母親，也被警方逮捕了。

警犬從沙昆倒地的地方開始嗅聞血跡，一路走到杰馬爾的屋子，所以警察很清楚沙昆就是被這場派對上的某人殺害。警察知道杰馬爾有持刀犯罪的前科，而且和當地幫派有關係。可是，犯罪現場沒有任何可供鑑定的證據，凶器遍尋不著，警方挨家挨戶詢問卻沒有人表示自己是目擊者，也沒有監視器拍到行凶的一幕。杰馬爾最後被抓到的時候，手機紀錄已經清除，面對警察偵訊的每個問題，他全都只回應一句「無可奉告」（no comment）。

「事後看來，檢方當時不起訴絕對是正確的判斷，」皮斯科波表示：「我們要先確定已經掌握充分證據再讓案子進入審判，最終要讓罪名成立。我們最不想要遇到的情況就是，法官在第一次聽證會就劈頭問道：『為什麼這個案子會出現在這裡？』」

於是，因為此案被逮捕的所有人都獲得保釋。皮斯科波說他知道此案調查的關鍵，就是打破「沉默的壁壘」（wall of silence），讓沙昆的朋友們鬆口。克里斯多福有犯罪前科，對警察特別有敵意。（沙昆就在他眼前死掉，結果還不滿半年，克里斯多福自己就犯下謀殺，在搶劫過程中拿獵刀刺死一名男子，被判處二十一年徒刑，目前正在服刑中。）另一位朋友的情況有所不同，他沒有犯罪前科，而且自從沙昆被害那天晚上之後始終與潔西卡保持聯絡。他對將他從監禁所放出來的警察說了一些話，顯示他知情的程度高過當時他願意說的內容。警方得企圖獲得這個少年的信任，讓他比較能自在地說出真話並且作證。這是很老派的警察工作了，或者用皮斯科波的話來說，這需要「良好的警務技巧」（good coppering）。

潔西卡告訴我，沙昆的朋友們之所以不願向警方說實話，是因為他們想要靠自己的力量執行私刑正義。「他們有他們的計畫。但我打電話跟他們說：『不要這麼做。我不希望你們去做這種事。』」

在潔西卡的鼓勵之下，沙昆那位目睹命案全程的朋友開始向警方提供訊息。他說他先前不願向警方如實以告，主要原因是擔心家人的安全問題。現在他已經準備搬家，但正在等待相關手續完成。皮斯科波的偵查團隊因此致信市議會，希望能盡速完成此人申辦的相關手續。在他搬家完成之後，他隨即出面作證。於是，在沙昆不幸喪生的八個月之後，也就是二〇一五年十月，杰馬爾被再次逮捕並且被控告謀殺罪。

根據《99號研究報告》估計，警方處置與調查一宗殺人案的成本為一萬一千九百六十英鎊，報告對這個金額的解說相當不透明，僅僅稱此為「警察將時間與資源投入某犯罪、而不是處理非犯罪活動的機會成本。」這個金額包含了報警處理、案件調查、犯罪現場處置、拘留任務、聯絡家人，但不包括警方的常態花費。

皮斯科波表示，命案最初會投入二十位刑警的人力，其中包括一位管理證物的警官、幾位在犯罪現場蒐集鑑識證據的警官、以及尋找凶器的專業搜查警官。接下來負責人員就會開始減少，「案件發生一個月後，可能只剩下兩位刑警在負責。案件進入審判程序的時候，大約會有六個警官視需要提供支援，但不是持續性的。」

雖然過程中有遇到一些挑戰，但對警察來說，這個案子其實算是一般的命案調查。皮斯科波告訴我：「這是很典型的案子。老實講，這還是個相對簡單的案子。」謀殺案也是有分類的，C類謀殺案是明確無疑的案子，嫌犯在手持凶器的情況下被發現，警方需要做的只是將各種證據收集起來提交給法庭，「就像是一般家庭衝突釀成的凶殺案等等」；B類謀殺案就比較棘手了，「警方相當了解案件經過，可能也知道嫌疑犯是誰，但還是有相關工作得做，必須投注一些資源進去」；A類謀殺案「屬於要找出凶手是誰的案子。警方對案件經過沒有頭緒，不知道是誰幹的。媒體十分關注，警方需要花費相當時間，得投入大量資源，牽涉許多複雜的問題」。沙昆命案屬於B類，也就是一般命案。皮斯科波說道：「很遺憾，但你也可以看得到，這是眾多案件當中的一件，尤其是在倫敦。」

杰馬爾・威廉斯（Jemal Williams）的審判於二〇一八年四月十八日在老貝利法院（Old Bailey，即中央刑事法院）展開，審判進行了一個禮拜。檢方的證人只有一位，也就是那位沙昆的朋友，他透過連線在螢幕上作證。杰馬爾狡辯稱是沙昆先拔刀相向，自己是出於自衛刺傷對方。在交叉詢問的過程中，杰馬爾承認自己有隨身帶刀的習慣，[11]但他宣稱：「大家都是這樣做的。」

這也是一次相當典型的審判。根據《99號研究報告》估算，謀殺案平均為刑事司法系統造成的成本支出為八十萬零九百八十英鎊，其中包括皇家法院、皇家檢控署、陪審團、監禁與緩刑的花費。本案的法律團隊規模正常（杰馬爾的辯護律師費用是由法律援助基金支付），審判為期相對較短。

審判結果宣判杰馬爾終身監禁，最低刑期二十四年——仍然是很合乎平均標準的謀殺案量刑。[12]審理本案的法官理查·霍恩（Richard Hone）表示：「又是一起令人悲傷的案件，倫敦街頭持刀犯罪又奪走了一個無辜的年輕生命。」

又一起案件；眾多案件中的一起，這種事太多了，多到令人難以承受！

不過，即便已經過了七年之久，皮斯科波仍舊對這起普通的、典型的案子念念不忘。「這個案子當中有兩個時刻，可以說是我在命案組服務期間感到最光榮的時刻。第一是我面對面告訴潔西卡，我們已經起訴了那個凶手。那天真是個好日子。第二是我們在法庭上讓凶手獲得有罪判決，不僅為沙昆、潔西卡和家屬們伸張了正義，也證明我們的團隊非常傑出，我們之後還去喝了幾杯慶祝。」

面對與沙昆案子相關的每一個人，我都很坦白告知我的目的，他們在同意與我談話之前，就曉得我是在探究性命的價格問題，我的來意是想搞清楚政府公務員對謀殺案訂出的代價金額，與謀殺造成的真實成本之間的關聯性。沒想到，當事情要進入真實討論這個課題的環節時，我卻不想真的這麼做，因為這樣做讓我感覺自己冷酷無情、可恨可憎、簡直不是人。若說有誰能夠看出進行這類分析的好處在哪裡，那應該就是刑警了吧。這可能意味著刑警團隊可以分配到更多資源，讓他們更能夠順利執行任務，這樣或許可以為更多如沙昆家遭遇的家庭帶來司法正義。

我有點勉強地問道：「英國內政部計算謀殺案的經濟與社會成本，這件事有多少用處呢？」

「這個嘛。」皮斯科波停頓了好一陣子才開始回答：「那其實是我最不關心的事情，我對這種東西一點興趣也沒有。我目前獲得的資源就是這麼多；假如我需要更多資源，我會去請求。運氣好的話，我能得到額外資源，假如沒有，那我就以現有的資源去做事。我們的工作就是偵查謀殺案。」

《99號研究報告》將沙昆喪命造成的損失估算為兩百三十三萬七千一百四十英鎊，其中包括未來平均薪資損失二十五萬四千七百一十英鎊，加上平均生活品質調整後存活年數損失兩百零八萬二千四百三十英鎊。可是，十七歲喪生的沙昆比謀殺案死者的平均年齡還要輕，所以他失去的未來時光也更多。而且，沙昆還是他母親的照顧者，他母親因此失去照顧的成本並沒有納入考量。所以，兩百三十三萬七千一百四十英鎊這個估算數字，是低於沙昆被害造成的實際代價。

對於潔西卡而言，這件事的代價又是什麼呢？

「我很難、真的很難面對沙昆已經不在了，」潔西卡用微弱的聲音告訴我：「我感覺自己的一切都跟著消失了，好像他是我唯一的孩子一樣。」安德烈曾經抱怨母親總是滿腦子只想著沙昆，但潔西卡卻始終沒辦法放下，她說：「我只希望自己的生命趕快了結。」

直到今天，這股痛苦始終緊咬著潔西卡不放，沒有一絲緩解的跡象。「每一天我都感覺自己背負著這個重擔，背負著這股痛苦，痛苦不會消逝。香米雅在我身邊的時候，我的心思會放到她身上，但痛苦並沒有不見。」潔西卡指著自己的髮際線道：「我的頭髮一直掉。」她的手指移動到她的下巴，她的下巴布滿了黑色的疤痕，潔西卡嘆道：「我會大力抓自己的下巴，你有看到嗎？我不能再這樣下去。我只想要和大家一樣過正常生活，但我卻做不到，因為這件事情在我心裡頭，它不會消失。」

受害者扶助單位的人員曾經來探視潔西卡（根據《99號研究報告》，平均每件謀殺案造成的受害者扶助支出為五千四百八十英鎊），但她說那個人其實沒幫上什麼忙。潔西卡說：「那個人只是告訴我一些他在 google 上面查到的東西而已。」潔西卡居然要等上三年，才等到這麼一點點的輔導諮詢。安德烈也有接受一些輔導，但他不喜歡這種事情。「安德烈沒有辦法面對……他沒有接受沙昆的死，甚至他不太談起沙昆。」

我和潔西卡談話的過程中，香特兒一直在廚房整理洗好的衣服。潔西卡把香特兒叫到客廳來，香特兒帶著大大的微笑與我打招呼，她精緻的臉龐讓我想起相片上她弟弟英俊的面容。香特兒從來沒接受輔導，她告訴我：「我只是把這件事情藏到心底、留在心裡。對我來講，最大的事情是香米雅沒有了舅舅。甚至我可以說，香米雅失去了兩個舅舅，因為安德烈從此變得非常孤僻，他向來就很安靜，但沒有那麼沉默。安德烈對這個世界很憤怒，他變得易怒，每件小事情都能讓他發火，他逃避一切、遠離一切，不和任何人說話，只想要獨處。我們家三個孩子，沙昆排行老二，他是這個家的活力泉源，標準排行中間的孩子（middle child）。突然之間，他不在了，一切都支離破碎了。」

香特兒又回到廚房去之後，我覺得現在還是得做我原本打算做的事情。這個世界上，還有比向一位母親呈現她兒子被殺之後的帳單金額更詭異的事情嗎？但是潔西卡也很清楚，我之所以來找她的原因是什麼。

我開始告訴她道：「還記得我跟你提過有些內政部的經濟學家做的那份研究嗎？他們的估算是一宗謀殺案對社會造成的支出成本大約是三百二十一萬七千英鎊。」

潔西卡瞪大了眼睛。「哇！這真是一筆大數目呢，」她花了好幾分鐘才慢慢消化這個訊息，然後她搖搖頭道：「但我看不出來這件事情有什麼意義。」

我回答道：「經濟學家企圖用這份研究來告訴政治人物，哪些犯罪帶來的成本負擔最高，所以他們應該留意那些犯罪的問題。」我聽著自己在替這件事情合理化，講出布蘭德和普萊斯在第一份研究論文裡頭寫的說法，實在感覺蠻奇怪的。

潔西卡眉頭深鎖，回應道：「他們確實應該投入更多資源去處理持刀犯罪問題。我們應該用不同的方法去處理才對。女王過世的那段時間，發生了好多命案，但是新聞全都在報導女王逝世的事情，把這些命案的消息丟在一旁不理會……」

變化無常的新聞生態，並不是讓政治人物注意重要議題的好方法，我們應該有更好的做法才是，那麼，為人命標示代價會是答案嗎？

「老實講，我不知道該說什麼，」潔西卡繼續說道：「政府只關心錢的問題，別的都不在乎。假如你是有錢人，你的孩子被人殺了，政府就會站在你那邊。如果你是上流特權人士，你的孩子受害了，新聞會全天候連續播放消息一段時間。如果你是窮人的話，那就什麼都沒有。如果是黑人小孩殺了另一個黑人小孩……」講到這裡，潔西卡連連搖頭。

「受害者是白人的話，大家就會比較關注嗎？」

「那是當然。」

當我更深入了解二〇一五年倫敦因持刀犯罪喪命的十五位青少年案例，我發現獲得大量報導版面的受害者是兩位白人男孩。十五歲的艾倫·卡特萊特（Alan Cartwright）被一個黑人少年刺死，時間是在沙昆命案後的一個月，地點距離我現在坐著的地方只有五分鐘路程，報章雜誌以很大的篇幅報導了卡特萊特的故事。[13]十八歲的阿爾菲・史東（Alfie Stone）因為一場關於偷竊食物發生的爭吵，在伊肯納姆區（Ickenham）被一位女子刺死，這起事件登上全國各大電視台新聞頭條。[14]其餘命案死者——也就是那些黑人男孩子們——的故事有被各自當地的報紙登出一兩篇報導，除此之外就沒有更多版面了。

無論為內政部做研究的經濟學者們是如何利用數字，去剔除特殊案例、消弭個案差異，對於這個社會而言，某些人被殺的代價顯然比其他人被殺的代價更高昂，而被刺死的黑人少年通常比較沒價值。計算平均值既無法反映出這種不平等的情況、也無從處理這個問題。

和許多失去孩子的父母親一樣，潔西卡成立了一個基金會紀念兒子。她到校園去演講，向學童們說明隨身攜帶刀具的危險，此外她還為倫敦空中救護單位募集捐款。她的這些付出是希望沙昆不是白白死去，希望沙昆的死可以產生一些意義。

我向她說道：「很抱歉讓你再講一遍這個經歷。」

「我必須這麼做，」潔西卡回答：「這麼做可以讓我自己好一點。」

潔西卡領著我走到前門，披著睡袍的她赤腳站在冰冷的石階上。「這張長椅子是鄰居們湊錢買的，」她說道：「那張照片被陽光曬得褪色了，我之後得換一張新的照片。」她臉上浮現出微笑。「我想還是維持這樣就好了，上帝是良善的。」

二〇〇三年七月五日，我的朋友理查．懷爾德（Richard Wild）被殺害了。在英軍和美軍號稱他們在伊拉克的戰事取得勝利之後，懷爾德是第一個遭到殺害的記者，他當時正在巴格達的伊拉克博物館（Museum of Iraq）外頭進行報導，突然有一個人從後面接近他，近距離開槍擊中他的後腦。

我和理查曾經是同學，他過世時只有二十四歲，年輕帥氣、才華洋溢、深受歡迎。我的朋友被人殺死了，到現在二十年過去，我已經接受這個事實，但是他離世在我心中留下的那個洞，始終沒有補起來。隨著我自己年齡增長、有了孩子，經歷理查已無法經歷的中年人生，我大約能夠體會到，要是他還活著的話，能對這個世界做出多少貢獻。他的死，讓我感覺不僅是一場謀殺、而且是一場搶劫。

就像是沙昆的生命被奪走，我知道會有好幾百個人因此感覺自己的人生若有所失，好像被人搶走了什麼東西。沙昆被人殺害這件事引起的漣漪與連鎖反應，絕對遠遠超出任何經濟學家可以精確計算的範疇。

「到現在已經過了七年，但我沒有一天不想起他的名字，而且想到不只一次。」這番話是沙昆的中學同學波西斯．弗林彭（Perciss Frimpong），在電話裡頭告訴我的，弗林彭現在已經二十六歲了。在二〇一五年的時候，他們兩人雖然已經就讀不同的預科學院（sixth form college），但還是常常在一起玩，一起踢足球（「嘿，雖然那傢伙的足球踢得有夠爛。」）、一起打電動、一起去參加派對——都是一些「普通的事情啦」。沙昆被殺害的那個星期五晚上，他們原本計畫好一起去參加第二場家居派對。

弗林彭是在禮拜六早上得知消息，接著整個週末吃不下飯、睡不著覺。他本來覺得自己禮拜一還是可以正常去上學，結果沉重感把他壓得受不了。沙昆曾經在倫敦就讀的小學、中學和預科學院裡頭，有好幾百個年輕人的心都在撕扯。「他真的很受大家歡迎。有好多人受到這件事情衝擊，好多人因為這樣變得無法上學。」

弗林彭就讀的預科學院為此組織了傷痛輔導（grief counselling）。「他們真的幫助我走過這段路，幫助我把事情處理好。學校的輔導老師花了很多時間陪我，直到我完成了 A Level 課程。」這類協助永遠不會被《99號研究報告》納入計算，但那些學校的孩子們非常需要這類幫助；在沙昆死前幾個小時，與他同一間預科學院的學生們還跟他處在一塊兒呢。

《99號研究報告》計算的受害者扶助成本，並沒有包含社群或社區提供的幫助，但這類協助對於受害者家屬而言非常重要。起初，沙昆的朋友們接受了這樣的幫助，現在，他們要反過來幫助潔西卡。

「潔西卡阿姨可能會陷入困境。不管她需要什麼樣的協助，我們都會支持她。如果一個人做不了，那就會有其他人加入。」每一年，他們會以沙昆的名義舉辦一場足球比賽來為基金會募款，並且給潔西卡一個能為大家準備餐點的理由。「我們人很多，將近有二十五個人。如果我的數學沒問題，一個人出二十鎊的話，那就有五百鎊，可以用來幫助她做需要做的事情、或是用來籌辦比賽。」

這些年輕人不僅為潔西卡提供了非正規且無條件的安全網，他們還為自己創造出寶貴的事物。「這件事情很不可思議，因為這麼多年過去了，大家還是在一塊兒。沙昆的離開是一把雙面刃，我們從中獲得最寶貴的東西，就是強化了大夥兒的兄弟情誼，如今大家的關係更緊密了，現在的情況是好現象。」

二〇一五年一月三十日巴克利花園路上的那一刀，也奪走了另外一個人的人生。杰馬爾・威廉斯被判終身監禁，二十四年內不得假釋，也就是說，他可能假釋的最快時間是二〇四〇年四月二十日，那時候他就四十五歲了。根據英國法務部最新資料，[15]公家監獄每年關押一名犯人的成本是四萬九千八百八十八英鎊，假設杰馬爾的刑期是二十四年，那麼他的坐牢成本便是一百一十九萬七千三百一十二英鎊。

第二部

失去生命的代價

第四章

人壽保險：二十萬英鎊★

★折合新臺幣八百五十二萬四千元

二〇一一年十月一日，警方接到報案，有人在摩爾多瓦（Moldova）首都以北四十分鐘車程的科尤什納村（Cojușna）郊外路邊，發現一具成年男子的屍體。警方派員來到現場，發現這具屍體已經開始腐爛了，屍體上沒有明顯的外傷，死者穿戴整齊，口袋裡有護照、旅館鑰匙卡和一張聯絡電話列表。摩爾多瓦國立太平間的法醫，斷定死者的死因是心臟病發。經確認，死者的身分是四十七歲的伊果爾．沃洛季諾夫（Igor Vorotinov），他是美國明尼蘇達州居民，國籍為摩爾多瓦，剛離婚不久，在摩爾多瓦經營著二手車業務。

幾個小時之後，身在五千英里之外明尼蘇達州明尼亞波里斯（Minneapolis）郊區楓樹林社區（Maple Grove）家中的伊琳娜．沃洛季諾夫（Irina Vorotinov），接到電話告知的噩耗，悲痛欲絕，整個人簡直失了魂。這對夫妻有兩個兒子，長子阿爾孔（Alkon）想要陪母親一起去摩爾多瓦確認死者是否真的是父親，但是伊琳娜堅持要獨自前往。在伊果爾堂兄弟和美國大使館代表的陪同下，伊琳娜來到那間小小的太平間，並且確認最糟糕的擔心成真了，那就是她的前夫沒錯。在伊琳娜的安排下，伊果爾的遺體於十月二十日在烏克蘭奧德薩（Odessa）執行火葬，幾天之後，她帶著骨灰飛回美國。伊果爾的喪禮辦在十一月四日，舉行地點是明尼亞波里斯的萊克伍德墓園（Lakewood Cemetery），骨灰罈被放入陵墓的壁龕中，許多當地俄語社群的人們都前來致意。

阿爾孔難以承受這個突如其來的打擊，震驚且悲傷，再加上如今他要照顧家人的重擔，而且伊果爾的債務現在落在這家人的頭上，這一切令他整個人茫茫然不知所措。雪上加霜的壞消息接踵而來，葬禮過後沒幾天，伊琳娜發現她原本以為自己好不容易治癒的乳癌又復發了，她需要接受化療與切除雙乳的手術。

不過，愁雲慘霧之下竟然出現一絲曙光，伊琳娜告訴阿爾孔，他的父親留下了一份慷慨的禮物。伊果爾在去世前一年半買了一份人壽保險，並且將伊琳娜設為保單的主要受益人。伊琳娜在喪禮過後三天，便向伊果爾投保的奧哈馬相互保險公司（Mutual of Omaha）申請理賠，並且在二〇一二年四月，在楓樹林社區家中信箱收到一張二百零四萬八千四百一十四美元的支票，支票上頭的受款人寫著伊琳娜的名字。

阿爾孔在母親接受癌症治療期間全力照顧家人。在母親的要求之下，他開設了一個信託帳戶，並且開始向世界各地匯款，如摩爾多瓦、匈牙利、瑞士等地。阿爾孔將一百五十萬美金匯入蘇黎世的帳戶，用於投資目的。

在等待股息入帳的過程中，阿爾孔在二〇一二年六月去了摩爾多瓦，這是他失去父親之後，第一次和摩爾多瓦的朋友和家人重聚。阿爾孔參加了某位朋友母親舉辦的晚宴，就在賓客已經就座時，外頭傳來敲門聲，有個人走了進來。走進來的人竟然是伊果爾，阿爾孔為他的父親哀悼了整整八個月，結果伊果爾竟然還是個大活人。

阿爾孔於二〇一六年九月提交給美國聯邦法院的證言中寫道：「我當時非常高興能看到父親，但感覺卻很詭異。我問了他幾個問題，但我爸卻說：『你知道的愈少，晚上就能睡得愈好。』」（讀者很快就會發現，阿爾孔是惜字如金的人，言簡意賅都不足以形容這個人。）兩人擁抱了一下，但那天晚上阿爾孔沒有機會和伊果爾好好談談。他一直等到回美國之後，才向母親揭露這個消息，卻發現她早就知道了。阿爾孔的證詞寫道：「我告訴我媽這件事情時，她看起來沒有一點驚訝。我和她的關係從那一刻開始變得緊張。」

此後阿爾孔多次旅行到摩爾多瓦去探望父親，並且帶著弟弟去見他們「死去的」父親至少有一次以上。在其中一次旅行中，阿爾孔與摩爾多瓦女子奧爾嘉（Olga）展開閃電熱戀，兩個月就訂婚了。阿爾孔在二〇一三年十一月二十七日第一次帶著奧爾嘉前往美國，但是他們在底特律機場被攔下，海關人員扣留了他們的電腦、手機和相機。阿爾孔原本認為這只是神經敏感的邊境官員，要對於他將摩爾多瓦未婚妻帶到美國進行一般檢查。直到他終於在二〇一五年二月被逮捕的時候，阿爾孔這才恍然大悟。摩爾多瓦有人向美國聯邦調查局舉報伊果爾沒死的消息，在阿爾孔和奧爾嘉的手機與硬碟中的相簿裡面，有伊果爾現身的照片，時間軸顯示伊果爾於二〇一三年四月與兩人的寶貝女兒合照，還有二〇一三年五月在游泳池畔享受人生的留影。

美國聯邦調查局認為這是一起重大的陰謀，涉案者絕不只是沃洛季諾夫家族而已。完全沒有那具屍體倒在路邊的照片、也沒有屍體在太平間的照片，因為摩爾多瓦警方與太平間工作人員聲稱發現屍體那天沒有任何拍照設備。聯邦調查局人員將安置在萊克伍德墓園的骨灰罈取走，分析之後確認裡面裝的確實是骨灰，那個在科尤什納村發現的死者，身上只是穿著伊果爾衣物與攜帶其身分證件，但他的真實身分始終是個謎團。

在伊果爾「死亡」近五年之後，面對「對聯邦重罪知情不報」（misprision of felony）罪名的指控，阿爾孔選擇認罪。阿爾孔說自己當初真的以為父親死了，對此，檢察官從未懷疑，問題是在阿爾孔知道父親還活著之後的所作所為。檢察官最初的目標是讓法院判處阿爾孔三年有期徒刑，之後阿爾孔和檢方達成協議，他要在法庭上擔任證人證明他母親的犯行，以此交換三年緩刑外加三百小時的社區服務。幾個月之後，伊琳娜承認詐欺罪名，被判處三年多的有期徒刑。伊果爾一直企圖避免被引渡，但最終還是在二〇一八年十一月被引渡回美國，於二〇一九年七月被判處兩年五個月監禁。但是，虧欠奧哈馬相互保險公司的兩百萬美金還是需要償還，而法庭竟判決償還這筆欠款的責任屬於阿爾孔。

為什麼父親詐取的金錢，卻要由兒子阿爾孔償還呢？保險公司一開始是怎麼認定伊果爾這條命值兩百萬美金呢？為了詐取理賠金而假死並躲藏度過餘生，這筆金額要大到什麼程度，才會讓人願意鋌而走險呢？

沃洛季諾夫一家人從沒接受過採訪，但我想試試自己的運氣。我設法搜尋出伊果爾的電子郵件信箱，在我估計伊果爾應該服刑完畢的時間，將郵件發了出去。讓我驚喜的是，伊果爾竟然當天就回信了，而且他答應和我談談。

信中寫道：「親愛的珍妮，妳好，我願意接受妳的採訪，但那必須等到我的緩刑結束之後。」

當我意識到伊果爾緩刑還有一年半的時候，歡喜瞬間變成絕望。

我回信道：「你認為阿爾孔或伊琳娜是否會願意和我談談呢？」

他又迅速回覆道：「抱歉，但我們三個人在緩刑結束之前，都沒有辦法接受妳的採訪。」

真是的，已經近在咫尺，卻又遙不可及，我為此幾乎懊惱了一整天。但我忽然驚覺，伊果爾可是個被法院定罪的詐欺犯，也許我不應該對他說的話照單全收。於是我聯繫了阿爾孔，這才發現除了現實上時間安排的困難之外，阿爾孔根本沒有任何不能接受採訪的限制：為了向保險公司償還款項、並且向前妻奧爾嘉支付子女撫養費用，如今的阿爾孔整天都在拚命工作，所以要找到空檔並不容易。但他是願意和我談談的，在我們訊息來回敲定時間的過程中，我與阿爾孔的律師進行了一次視訊通話。

律師馬修．曼基（Matthew Mankey）這麼告訴我：「我真的覺得阿爾孔被搞慘了，不是被聯邦調查局搞的、是被他的親生父母搞的。」進行視訊時，曼基正在他位於明尼亞波里斯的辦公室裡，辦公室的壁爐架上裝飾著許多證書，曼基蓄著整齊的鬍子，眼神懇切，他告訴我沃洛季諾夫這一家的故事，語氣聽起來像是他自己到現在都對這件事情不敢置信一般。「他的母親真的給那個人辦了追悼會，任由自己兩個兒子為此痛苦不堪。到底是什麼樣的人，會讓自己的親生小孩經歷這種事情呢？」曼基搖頭道：「這個孩子面對的是要支持父母還是告發父母的困境，他根本沒有選擇的餘地。他當時只有二十一歲，根本不知道什麼叫對聯邦重罪知情不報，老實講作為他的律師，我當時也不清楚這是什麼罪。但是現在有兩百萬美金的欠款對吧？這兩百萬美金居然變成阿爾孔要償還，原因只是因為他們不叫他付、就不知道能叫誰付了。」

此刻我還是沒搞清楚，為什麼這是阿爾孔一個人的問題，他弟弟呢？法院文件中從來沒提到這個弟弟的名字，但這個弟弟也知道伊果爾詐死的事情啊。伊果爾和伊琳娜呢，他們為什麼不把拿去蘇黎世等地的投資兌現之後償還保險公司呢？

「他們最後還是失去了一切，我猜這就是因果報應不爽吧，」曼基告訴我：「他們是被好幾個國家的人給利用了。」曼基解釋道，伊琳娜到現在還是病得很重，伊果爾先是藏身摩爾多瓦、後來還是入獄了。阿爾孔的弟弟有嚴重的精神問題，沒有辦法工作，而且弟弟曾經跑到阿爾孔工作的汽車銷售場搗亂，損壞了一些車子，阿爾孔不只因為這樣丟了工作，還得承擔損壞的賠償費用。曼基說，因為父母的犯罪行徑，阿爾孔要付出的代價不只是欠款而已，他還因此受到俄語社群排擠，他曾經收到一張紙條，上面寫著「我們知道你們做了什麼，下地獄吧！」然後他就被趕出了公寓。

「你對小熊維尼（Winnie the Pooh）熟嗎？」曼基問道：「你知道裡面那隻叫屹耳（Eeyore）的驢子嗎？我在和阿爾孔接觸的時候，總是充滿無望的沮喪感。他欠了兩百萬美金，是個聯邦重罪犯，連個該死的工作都找不到，他的前妻對他非常惡劣，然後他還要同時照顧弟弟和自己的兩個小孩。」曼基嘆道：「有一次，阿爾孔心情糟到極點，想要一了百了，於是將車速開到時速一百四十英里撞向橋墩，結果竟然毫髮未傷，之後他告訴我的是：『我居然連這樣一件事都辦不好。』我真的覺得這孩子是個好人，他只是遇到一連串倒楣的爛事。」

可是，當年阿爾孔又不是小孩子，他已經夠成熟到會將可疑的資金匯到世界各地，還對蘇黎世的投資者們給予指示，他當時是二十一歲，而且沒過多久他就結婚當了爸爸。曼基是阿爾孔的辯護律師，律師收錢的工作就是呈現被告最值得同情的一面。真的有人會像是曼基描述的那樣霉運纏身、心思單純又容易受騙嗎？

我反問道：「阿爾孔真的完全沒有從中獲得什麼錢財嗎？」

「一點點該死的錢都沒有。他沒有謀畫這種計畫的心機，雖然這個計畫很愚蠢沒錯。總之他不是這種人，」曼基回答道：「美國檢方要他作證過程中的一個大問題，就是與阿爾孔的接觸讓他們感到很沮喪。我不知道阿爾孔是天生害羞到不行還是怎樣，但是檢察官甚至有點厭惡他們要利用阿爾孔當證人的做法。」

等到阿爾孔終於有時間和我談話的時候，我就知道曼基的意思到底是什麼了。阿爾孔說話帶著濃濃的明尼蘇達州口音，講話簡潔到讓人聽了很抓狂，他的句子簡短到像是刻意在搞笑一樣。我劈頭就先問他，那天晚餐他發現「死去的」父親走進屋子的時候，他的感覺是什麼。他停頓了一會兒，然後回答：「訝異。震驚。覺得，什麼鬼！」

「你當時的感覺一定很複雜吧？」我說，我決心要問出一明確的答案。

阿爾孔回應：「沒錯。」

假如這個人是一個奸詐的騙徒，那我只能說他的隱藏功夫非常高明。

阿爾孔第一次打電話給我，是在聖誕節隔天。當然他的聖誕節並不好過，他的兩個孩子得了腸胃炎。

「我拚了命工作，我必須得這樣，」阿爾孔說：「我得賺錢。我找工作很困難。」目前阿爾孔在某家購車中心擔任經理，透過拍賣會為汽車經銷商尋找適合的二手車，但是他每個月得繳五百美元給那間保險公司，還要拿孩子撫養費給前妻。他補充道：「還要繳稅。」以他目前的還款速度，要清償所有對奧哈馬相互保險公司的欠款，還需要三百多年。

阿爾孔想要將這一切拋諸腦後，但是沒有人會放過他。「基本上你去任何地方，大家都聽說過消息，他們很快就認定你是個怎樣的人。我失去了很多朋友和家人，大家都針對我，我和弟弟一樣原本都不知情，但他們對我弟弟就寬容很多。」

經過這幾年煎熬的日子，阿爾孔說，他弟弟現在的狀況終於比較改善了。

「有些人做了比我壞很多的事，但他們可以被原諒。有時候我覺得自己付出的代價，超過了我應該付的程度。」

阿爾孔告訴我，沒錯，他自己還是有投保壽險。「是透過工作與其他的管道投保的，」他表示：「這還是個好主意，你永遠不知道未來會發生什麼事。」

在父親的假喪禮上悲傷痛苦、成為母親犯罪汙點證人，失去朋友、工作和家園，如今還要用餘生償還父母親詐領的錢款，經歷這一切之後，阿爾孔說，自己還是有跟父母保持聯絡。「還是很困難，但事情有改善了。我年紀更大之後，我們的關係變得更近。」

「你還和他們保持關係實在很不可思議。」我這麼說道。

「嗯。畢竟我們不能選擇要生在哪一家。對吧？」

如果你認為沃洛季諾夫一家的故事只是特例，你可以再多想一會兒，對於約翰·桑德斯（John Saunders）來說，這只是再常見不過的事情。如今七十三歲的桑德斯，人生有大半時光是在全世界調查伊果爾詐保案這樣的詐領保險金案件。詐領理賠金的事件經常發生，伊果爾這個案子的特殊之處，其實是他（一開始）詐保之後保險公司居然給了錢。根據桑德斯自己估算，他的調查生涯所駁回的理賠金額至少有三億英鎊。桑德斯揭發的騙局成百上千，簡直可以寫成一本書，事實上，桑德斯確實出版了一本回憶錄，書名叫作《走開，我已經死了》（*Go Away, I'm Dead*）。

這本回憶錄的寫作契機，是因為新冠肺炎封城期間禁止人員造訪太平間，意外造成桑德斯的空檔。《走開，我已經死了》是一本旅行紀錄，桑德斯親身走訪非洲、亞洲、拉丁美洲、歐洲各地，走過泥巴路、住在怪怪的旅館，去調查已經號稱死亡的那些人。我原本期待這本書裡面會詳細介紹案件的詳情，透過一個最了解詐保騙徒的人，讓我能深入了解這些詐保人的心態，可惜這本書不屬於這種類型，書中記錄的案件調查細節出奇地少。這本書裡頭的奇聞軼事數以百計，但實際提到的名字和日期卻很少。書中有幾頁放的是照片，裡頭是桑德斯站在活生生的「死者」身旁，但是那些人的臉都用黑色塊遮住了。桑德斯說這樣做是為了「保護犯罪者」，假如那些人是罪犯，我實在不能體會罪犯值得保護的理由何在，也許他是擔心被人家告吧。

終於，我和桑德斯在他位於溫莎（Windsor）的家中見面，我們在餐廳裡頭談話，我可以清楚感覺到，對桑德斯來說，他的重點是時間、地點、金額，不是當事者的性格。桑德斯白髮如鬃，鬍子修得整整齊齊，透露著一種我這個人不講廢話的氣質——或許那其實是不使用動詞跟定冠詞的氣質吧。桑德斯剛剛結束一次工作旅行（他不希望我洩漏地點），當我問起這次工作旅行狀況如何時，他的回答是：「很好。很辛苦。花了好多天。鉅額詐保。三百萬英鎊。」

無論是開發中世界的任何一個國家，桑德斯幾乎都可以告訴你，哪幾間太平間暗藏玄機、哪些登記人員願意在沒有屍體的狀況下開立死亡證明、哪些醫生跟警察最容易賄賂、還有怎麼辨識出哪些是為了掩人耳目而新挖的假墳墓。桑德斯也有在英國國內調查保險理賠案，比如有人號稱是落海失蹤，或有人宣稱他投保的時候不知道自己患有重大疾病等等。桑德斯已經練就一身嗅出欺詐味道的本領，他告訴我：「大約有九成的保險理賠案，我只要花幾秒鐘就能確定是真是假。這是一場鬥智的競爭。」

揭穿騙子總能讓桑德斯精神奕奕。雖然他現在已經處於半退休狀態，但是保險公司還是持續送案子請他審查。他告訴我一起重大傷病理賠案，是他最近在英國調查的案子。「兩百萬英鎊。我發現一堆胡扯。你一個領福利救濟的移民，投保那麼多幹嘛？另一個案子，那個人受過高等教育，為運動神經元之類的疾病，投保兩百萬英鎊。很遺憾他得了這個病，但我證明他投保時就知道自己得病了。顯然他心知肚明。我蠻享受這個工作的，真的。」

即便我想要插嘴，我也插不上話，更何況我其實沒有什麼插話的意念。畢竟，當一個人告訴你，駁回一個絕症患者申請的理賠，為他帶來多少喜悅時，你還能說什麼呢？不過，我想桑德斯並沒有想注意到這一層，在他看來，詐騙就是詐騙，犯下詐騙的人有什麼悲慘的處境，這不是他要關心的問題。

有人試圖將他人自殺偽裝成意外死亡來申請理賠，有人為了人壽保險金而謀殺別人（這是僱用殺手的常見原因之一），但桑德斯說最常見的壽險詐保其實就是在國外偽造死亡。要偽造死亡，交通事故是最流行的做法。「問題是，這些人忘記他們還需要有警方的報告，」桑德斯解釋道：「要弄到死亡證明書很簡單，但是他們不知道怎樣弄到其餘的材料。」文件證明可以假造、可以用偷的，桑德斯說他也有一份自己的死亡證明書，那是他在工作旅行期間拿到的空白死亡證明書，然後他把自己的名字填了上去，只是出於好玩而已。

那麼，怎樣的人會有假造死亡的意圖呢？桑德斯說這些人通常是男性，是到英國來的第一代移民，他們工作勞動，存了點錢，也許有買房子，在領退休金了，然後他們發現自己也許可以消失，回到出生國，靠保險理賠金過「國王般的生活」。桑德斯表示：「他們可以重新開始，開創新事業。進口汽車是最常見的事業。」這番話讓我想起伊果爾，他就是在摩爾多瓦經營汽車生意，摩爾多瓦是歐洲最貧窮的國家之一。我現在開始意識到，伊果爾的計畫有多麼平庸。「他們以為自己很聰明，」桑德斯抿了抿嘴道：「他們以為自己想出了什麼新點子，他們不知道以前早就有人這樣做過了。」

第一代移民的小孩或孫子輩，對這種事情就沒有那麼有興趣了。

「我常常和第二代或第三代移民聊天，有印度人、巴基斯坦人、奈及利亞人、迦納人等等。他們說：『我不能假造自己死亡，我沒辦法在印度生活，我和爸媽去過幾次印度，但我住不了那裡。』」

但是，隨著桑德斯年歲增長，他發現另一種詐保騙徒的人數愈來愈多：那種人更年輕、更絕望、更涉世未深。「剛到這裡不久的移民。最近我處理的一個印度人，詐保一百五十萬英鎊。無業，欠債，陷入泥沼，」桑德斯道：「大多數假死的人，都有貸款、一屁股卡債。你會先納悶，這些人為什麼能貸款成功？還有，保險公司怎麼會讓一個二十一歲的移民，投保兩百萬英鎊的保險？保險公司要求健康檢查、血液檢查、確認對方有沒有吸菸，但是他們有做財務調查嗎？沒有，真是不可思議！」

這是我們開始談話以來，桑德斯第一次批評保險公司，和我心中的大問題相當契合。保險公司怎麼衡量人命值多少？他們為什麼不去調查，投保人這條命真的合乎他們的投保額度嗎？伊果爾這樣一個負債累累的二手車商，奧哈馬相互保險公司怎麼會覺得這個人的命值得兩百萬美元呢？

我詢問道：「所以，會發生這種事情，一部分的錯其實是保險公司讓不該有高額度保險的人投保了是嗎？」

桑德斯停頓了一下，深吸一口氣道：「嗯，假如他們在推出保險產品的時候要細細檢查細節，那就會拖延時間，導致那份保險更加昂貴，那麼人們就不會購買人壽保險了。每一萬份保單可能只有一份有問題。出了問題再處理的成本，比預先處理要低廉許多。」吃人嘴軟、拿人手短，我也不能責怪桑德斯不願歸咎保險公司。桑德斯有點不好意思地補了一句：「對這個問題我必須得謹慎措辭才行。」

桑德斯說目前的正常壽險保額大約是二十萬英鎊，而「詐保案件的保險額度往往是五十萬英鎊以上。」

雖然桑德斯基本上不願透露他曾經調查過的對象身分，但是那些騙徒如果是曾經被媒體報導過的話，他就很樂於提供細節了。護士圖莉兒・貝貝（Thulile Bhebhe）宣稱自己的丈夫貝克札拉・貝貝（Bekezela Bhebhe）去辛巴威度假的時候死亡了，但桑德斯調查發現，同樣也是護士的貝克札拉，在他「死亡」的那一天，還在倫敦查令十字醫院（Charing Cross Hospital）值班呢。厄瓜多人阿爾弗雷多・桑切斯（Alfredo Sanchez）被桑德斯揪了出來，因為桑切斯的死亡證明書上面居然有他自己的指紋。英國人詐保的案子也有很多，因為在海上失蹤而被宣告死亡的保羅・厄利（Paul Early），被桑德斯發現他藏匿在波恩茅斯鎮（Bournemouth）的一張床板下；安東尼・麥克爾林（Anthony McErlean）據說在宏都拉斯被載運包心菜的卡車撞死，但後來卻被人發現他在肯特郡（Kent）的森寶利超市（Sainsbury's）購物。

當然囉，還有其中最有名的「獨木舟人」（Canoe Man）約翰・達爾文（John Darwin），這位欠了一屁股債的獄警，據說於二〇〇二年在哈特爾浦（Hartlepool）附近玩單人划艇時失蹤於北海上，之後他的妻子安妮（Anne）獲得丈夫約翰的壽險死亡理賠金二十五萬英鎊。事實上約翰是躲在安妮住處隔壁的單人房，後來兩人又偷偷同居，然後再搬到巴拿馬。追查案子的桑德斯在二〇〇七年快要揪出約翰時，這位獨木舟人自己現身於倫敦某間警察局，假裝自己失憶了。最後東窗之事依然露餡，因為巴拿馬房地產網站（movetopanama.com）上面放了二〇〇六年達爾文夫婦的照片。在這整整五年之中，達爾文夫婦竟然始終讓他們的兩個兒子深信自己的父親已經去世。

獨木舟人的故事造就出無數集播客節目，因此出版的書至少有五本（約翰自己寫了一本，如今已經變成前妻的安妮也寫了一本），此外還有二〇一〇年BBC Four推出的影視版，以及二〇二二年ITV黃金時段的四集迷你影集。但是當我提起這些事情時，桑德斯先生真的打了哈欠，他不以為然地說道：「那大概是最無聊的故事之一。」

「如果社會大眾知道約翰．達爾文的案子有多麼司空見慣，你覺得人們會不會覺得很驚訝？」我問道：「為什麼人們不知道這種保險詐騙那麼常見呢？」

「因為最後定罪的情況沒有那麼多。有些定罪的案子，媒體也沒有報導。」

想到這類問題的規模之龐大，我不知道要作何感想。我問桑德斯道：「你的意思是說，你每揭發一起保險詐欺，就必定有更多沒被發現的案子存在囉？」

「是不是有漏網之魚呢？可能有，但那應該是因為那些保險公司沒有找我。」桑德斯的回答帶著極度的自信，我還以為他是在開玩笑，所以我笑了出來。

他接續道：「不，我是認真的。」他不但沒有發笑，甚至有點不高興，不太接受他的自信心怎麼會讓人覺得訝異。

桑德斯對於真假、對錯、虛實有非常明確的認知。那些詐騙保險公司的人，可能覺得這是個沒有受害者的犯罪、覺得自己是劫富濟貧、或者只是在進行比偷竊還要輕微的犯罪，但桑德斯對這樣的人毫無包容或同情之意。

桑德斯正色道：「假如保險公司付錢了，那不是代表我們所有人都為此買單了嗎？」他說的沒錯，眾人繳交的保險費，竟被用來支付這些犯罪活動詐取的保險金。反保險詐騙聯盟（Coalition Against Insurance Fraud）的近期研究發現，[1]美國一整年的詐保總金額高達三千零八十六億美元。英國保險業協會（Association of British Insurers，ＡＢＩ）估計，詐騙問題平均造成每位投保人每年保費額外增加五十英鎊。[2]

我不禁想起，鮑伯・英尼斯在使用「rentahitman.com」信箱收信多年之後，他變得需要上教堂才能過日子。我問道：「有這麼多年的詐騙調查經歷，你還會相信別人嗎？」

「我還是相信人，」桑德斯立即答道：「可是，我確實會覺得……該怎麼說呢？我知道有一些人，他們在遭遇入室盜竊、車輛失竊申請保險理賠時，會誇張自己的損失。即便是所謂的老實人，還是普遍會有這種想法，那就是多跟保險公司拿點理賠，是一場公平的遊戲。」桑德斯眼神直視著我，說道：「這點確實會讓我訝異，但是很遺憾，這種心態相當普遍。」

光是在英國，被英國保險業協會偵破的二〇一九年詐欺理賠金額便有十二億英鎊。[3]其實我們絕大多數人的心態，是介於桑德斯和伊果爾這兩端的中間地帶。倘若誇大所申請的保險理賠金額，即便只是多報一些、或者編造一點細節來確保申請順利，這樣的行為其實都在朝向獨木舟人的立場靠攏。

在《艾倫秀》（*Ellen DeGeneres Show*）停播前的最後幾集，有一集是德國超級模特兒海蒂・克隆（Heidi Klum）在二〇二二年一月登上節目，大談自己那雙美腿為何公告價值兩百萬美金。[4]整個節目當中最搶眼的就是海蒂・克隆那雙美腿，她穿著粉色低胸連身乳膠迷你裙，坐在艾倫・狄珍妮（Ellen DeGeneres）的白色扶手椅上，緊緊交叉的那雙長腿，看來曬得健康漂亮、修長無比。

「我要順便說明，我沒有為它們投保，是我一位客戶投的保，」海蒂・克隆解釋道：「而且，事實上，有一條腿比另外一條腿更昂貴，因為我年輕的時候，有次跌倒刺到玻璃，留下了很大的疤痕。所以，顯然我得用很多仿曬黑噴霧，這樣你們才看不出來。不過，沒錯，我有一條腿比另一條腿更貴。」

關於明星名流為自己身體部位投保天價的軼聞真不少，[5]比如珍妮佛・羅培茲（J-Lo）的翹臀（一千七百萬美元）、Kiss樂團主唱吉恩・西蒙斯（Gene Simmons）的舌頭（五十萬美元）、茱莉亞・羅伯茲（Julia Roberts）的微笑（兩億美元）。這種事其實不是有錢人和名人的專利，公司企業有時也會為重要員工價值不菲的身體部位投保，這可能是種巧妙的行銷宣傳策略、也可能是審慎的風險管理。比如吉百利巧克力（Cadbury）的母公司億滋國際（Mondelez）便在二〇一六年公開宣布，它為自家首席巧克力品嚐師海莉・柯蒂斯（Hayleigh Curtis）的味蕾，向倫敦勞合保險社（Lloyds of London）投保了一百萬英鎊。[6]這麼一來，這位首席巧克力品嚐師的味蕾身價，已經來到咖世家（Costa Coffee）首席咖啡品嚐師的十分之一，咖世家在二〇〇九年為杰納羅・佩利奇亞（Gennaro Pelliccia）的舌頭，投保了一千萬英鎊。[7]而且，這些關於四肢、臀部或嘴巴的投保，保的只是個人意外險、完全不屬於壽險。信不信由你，但這其中是有道理的。

我打電話聯絡上查理・博伊德（Charlie Boyd），倫敦勞合保險社的一位核保師，他的職業生涯都在承辦脫衣舞男以及「各式各樣的女模特兒」（這是他的用詞）的身體部位投保業務。「其實這就是職業災害保險，防止你因為身體殘疾而沒辦法工作，只是剛剛好你的職業特別仰賴於你身體的某些部位，」博伊德這麼告訴我：「我們會審查投保人依賴此身體部位帶來的職業收入，通常我們提供的最高投保額是收入金額的十倍。」

不過，涉及保險公司如何為人命訂定價格的問題，收入似乎不是它們的考量因素。要得知人壽保險平均價值的可靠數字並不容易，英國保險業協會有平均理賠金額的資料（二〇二一年度為八萬零四百八十五英鎊[8]），如果是團體保險（公司為員工保的壽險）的話，平均金額會更高（十一萬六千四百一十四英鎊[9]）。這兩個數字都是實際支付金額、不是保單承諾賠付的最大金額，不能被當作保險對人命的估價。理賠金額會因為時間、地點、個案而有很大的差異。根據倫敦皇家保險公司（Royal London）在二〇二一年發布的研究結果，可以呈現性別因素造成的差異有多大，以愛爾蘭為例，女性的平均壽險保額是十七萬七千四百零九歐元，男性則是二十九萬一千一百六十二歐元。[10]

事涉如此巨大的金額，其中必然有些道理。這些數字是怎麼得來的呢？男性的平均壽險保額為什麼會比女性高出百分之六十四呢？像保險業這樣理智的行業，怎麼會容許這麼大的價值落差存在呢？

從核保師走向學者之路的城市大學貝茲商學院（City, University of London）保險學高級講師西蒙娜．克魯梅格博士（Dr Simone Krummaker），提供了我迫切需要的合理解釋。我與克魯梅格進行了視訊會議，金色長髮的她講著柔和的德國腔英語，她設定的視訊虛擬背景是商學院的建築，一棟灰色現代主義建築，看著頗令人放心。

她告訴我，關於保險學如何衡量一條人命的價值，有兩種不同的角度。西蒙娜解釋道：「如果你是要購買人壽保險的人，你要想的是你需要涵蓋哪些部分。對大多數人來說，這是要在負擔能力以及希望包含的部分之間取得平衡。」這件事情要考量的是，假如家中經濟支柱生重病或者死亡，剩餘家人的生活條件不要嚴重惡化的話需要多少錢，這就是你在跟保險經紀人洽談自己的需求與負擔的範圍時，需要討論的問題；這個問題應該就可以解釋，男性和女性的平均保額為什麼有這樣的落差，因為男性對自己這條命價值多少的認定，通常更高於女性。這個現象也有某種道理，因為性別薪資差距（GPG）的情況是男性薪水平均高於女性百分之十四．九，而且，生下第一個孩子之後，[11]女性比男性更有可能離開支薪工作。但是，從保險額度的觀點去看，成為母親反而導致一位女性的生命價值減少，是很奇怪的事情。

另外一種角度就是保險公司的角度，克魯梅格如是說。保險公司關心的是它們需要支付理賠金的機率有多高，換句話說，它們關心的是你在保單到期之前死掉的機率有多高。「這更像是一場精算與統計練習。有死亡率表、有預期壽命表，這也就是為什麼我們需要去填寫關於風險因素、生活方式、健康、行為等方面的長篇問卷，」克魯梅格輕快地說道：「根據你的年齡與特定條件，保險公司可以相當精確地計算出你的平均剩餘預期壽命還有多久。」

當年生了孩子之後，我也決定要投保壽險。現在我回想起自己當初填寫的一大堆表格，我以為他們需要這些資訊是為了確認我是不是健康無虞。我沒有意識到，我其實是在提供數據，讓保險公司計算我什麼時候會翹辮子。

我問道：「所以這是不是表示保險公司對於我能活多久算得很準呢？」

克魯梅格點頭道：「如果你有買保險的話，是的。保險公司知道你的風險因素、你的資料數值、你過早死亡的機率。」

保險公司在意的重點是，你有多高機率會在保單理賠範圍內死去、而不是如果你真的這樣死掉的話它們要賠付多少錢。這就是為什麼保險公司不進行投保人財務狀況檢查的原因，因為保險保障的等級其實無關緊要。你可以買一份鉅額保單，就像伊果爾向奧哈馬相互保險公司投保兩百萬美金壽險，雖然這份死亡理賠的金額遠遠超出你死去後家人維持生活水準所需，也不會有人因此不准你投保，只要你能每個月準時繳交保費就行了。你的保費高低也會有相應的調整，克魯梅格解釋道：「風險因素就是你的死亡，但風險因素不會因為理賠金額高低而改變。當然囉，你如果想要提高理賠金額，你要繳的保費也會隨之增加。」

在二十一世紀，死亡風險的計算方式也愈來愈進步了。克魯梅格表示：「保險公司正在研究要怎麼使用人工智能和信用評分去預測人的行為，由此去預測風險因素。」保險核保師會尋找足以拒絕你投保的理由，也就是會顯示你擁有非標準風險的跡象，這些因素會增加你投保期間死亡導致理賠的機率。「這就是大數據的厲害。」但克魯梅格解釋道，這件事可能對投保人有利，比如九十歲的老太太通常不可能有資格投保傳統壽險，但假如銀行資料顯示老太太常常在商業街的提款機領錢，那麼她或許身體還很硬朗，所以可以為她提供某些類型的保單。又好比糖尿病患者通常會被排除投保資格，但假如他規律地在社群媒體上發布自己的健身照片和運動追蹤器數據，這也許可以作為他妥善管理病情的證據，因而有獲得正常保單的可能。

日新月異的智能演算法在我留下的活動數據庫中搜索翻攪，計算出我什麼時候會撒手人寰的數字，而且算得愈來愈精準，想到這些實在讓我有點不大舒服。

克魯梅格看來倒是氣定神閒。「保險公司能獲得的資訊愈多，就能對未來的潛在損失算得愈準確，因為自始至終，保險公司的長期擔憂就是付出比預期更高的理賠。」

假如保險業想要做到穩操勝券的地步，它們還可以採用基因體定序和基因檢測，但到目前為止保險業還沒有要做到這種地步。「這些做法始終會讓人疑慮的地方，就是業者會因為這樣發現乳癌等等問題的可能性，即便問題並不明顯。而且，這終究只是機率而已。這種情況就會導致一些倫理道德方面的難題。」

確實是這樣沒錯。保險業界其實有自願不採用基因檢測的協議，在英國保險業協會為英國政府撰寫保險市場與基因科技發展狀況報告時，每一年都會重新審視這份協議。[12]但是，在這個基因檢測與個體化精準醫學成為常態的時代，我們很容易想像這份協議遲早會被取消，到時候，提供一縷頭髮、一滴唾液、一瓶血液，就會和填寫那些冗長無趣的問卷一樣，成為投保時的必要條件。

我原來以為，認識這些課題背後的理論就像是吃糙米一樣，必需且有益，只是很難覺得高興——尤其是我先前已經接觸過父親假死詐保的人、還有追查假死詐保的人。但結果證明，克魯梅格的解釋之下，跟詐欺無關的正規保險本身也有它引人入勝之處。

引人入勝之處還不只前面談的這些呢。人壽保險之所以獨特，正是在於人命的價值以及如何計算出來的問題。只要你高興，只要你付得起，你想要買多少份人壽保險都行，但是對於你的財產，你就只能投保一次。「保險的關鍵理念就是，保險是讓你恢復原狀，也就是回到損失尚未發生前的狀態，保險不是要讓你變得比之前更富有，否則情況會變成你以損失來獲利。這就是為什麼，我只能給我的腳踏車、我的房子投保一次。但是，人壽保險不一樣，人死了就沒有所謂恢復到損失尚未發生前的狀態。」

再來，相對於我們對於財產可以有精準的訂價，人命不行，保險領域對人命的訂價相當主觀，所以這件事情變成你自己決定你想要投保多少。你認為你這條性命值多少，你自己設定，因為生命是無可取代的，保險公司也沒辦法評估，對於會因為你的死亡而受影響的人們而言，你這條命的真實價值是多少。

克魯梅格成功說服我，保險依靠的是精明的邏輯，雖然這套邏輯只是用來計算一個人死亡的可能，而不是用來衡量人命的價值。可是，這一切仍然是取決於風險因素和機率，所以這跟賭博究竟有什麼不同呢？

「有差別。這是我在第一堂課會告訴學生的，」克魯梅格顯然很高興被問到這個問題，她回答道：「你不應該會從保險中賺錢。保險只是在你遇到不幸時補償你，恢復你原有的財產。你如果上賭場去，你會知道你要嘛贏錢、要嘛輸錢，但是簽訂保單的時候你會知道，假如出事的話，扣掉你繳的保費，你會回復到原狀。」

「但是我可以買很多份壽險呀，」我說：「我可以將自己丟掉小命之後的理賠金額盡可能提到最高。」

「沒有錯。可是那是人壽保險，拿錢的人又不是你，是你的受益人。」

「除非你詐死。」

克魯梅格露出笑靨。「如果你詐死，成功掩人耳目，那你很走運。要是你被逮到，你會進監獄，錢也拿不到。這，才是賭博呢！」

第五章

英國刑事命案補償：一萬一千英鎊

★折合新臺幣四十六萬八千八百二十元

莎拉．澤勒納克（Sara Zelenak）真的、真的很不幸。

莎拉實在不應該在二〇一七年六月三日晚上十點零七分十九秒[1]出現在倫敦橋（London Bridge）與波羅大道（Borough High Street）路口，對此，莎拉的爸媽可以列出千百種理由。

「她根本就不應該在倫敦，」莎拉的父親馬克（Mark）眼瞪瞪地說道：「她本來是要去米蘭當保姆的。」莎拉從澳洲布里斯本出發的機票都已經訂好了，沒想到米蘭的工作竟然在航班前十天臨時取消。「她想要去體驗歐洲生活，最好不要是英語環境，哪知道就在這十天裡頭她找到倫敦的工作，就這樣去了倫敦。」

結果莎拉馬上愛上了倫敦，倫敦的時尚、夜生活、甚至是冷天氣。莎拉只有二十一歲，前程似錦。「她真的開了眼界、走出自己的小圈子，」莎拉的母親朱莉（Julie）告訴我：「你也知道人們是怎麼透過旅行成長的吧？你可以看得出來她在短短三個月之內出現多大的改變，她整個人都在閃閃發光。」

那一天是二〇一七年六月三日禮拜六，莎拉跟她要照顧的孩子們待在她打工換宿的維多利亞區（Victoria）的家裡。馬克說：「她本來應該要照顧小孩子的。結果孩子的奶奶跟她說：『今天晚上我會顧這兩個小孫子，妳可以放假。』」

一開始，莎拉找了WhatsApp打工換宿群組的一個朋友普莉希拉．貢薩維絲（Priscila Goncalves），計畫去蘇活區（Soho）的一家空中酒吧，沒想到她們卻找不到地方，只好改去波羅市場（Borough Market）附近熱鬧的倫敦磨坊酒吧餐廳（London Grind），正好就在倫敦橋橋頭。莎拉準備等一下要去和一個男生第一次約會，那個男生正在附近觀賞歐冠足球決賽，他說比賽結束就會打給她。

「她的電話響了起來。那個男生說：『球賽結束了，妳過來找我吧。』」朱莉向我敘述道：「我始終無法停止這麼想，如果那通電話晚一分鐘打來，只要晚一分鐘就好了，莎拉就會晚一分鐘過去，這樣她就不會遇到那場恐怖攻擊了。」

馬克嘆道：「如果怎樣怎樣，這件事就不會發生。這件事有太多的『如果』了。」

圖5　向南望向倫敦橋。

朱莉說：「但是，每個『如果』都在把她送上那條絕路。」

就在莎拉走出酒吧的前一刻，一輛白色雷諾廂型車（Renault Master）在倫敦橋北端迅速掉頭，朝著波羅大道駛去。[2]白色廂型車裡頭有三名男子，庫拉姆．博特（Khuram Butt）、拉希德．瑞多安（Rachid Redouane）、優素福．扎格巴（Youssef Zaghba），不到十分鐘之後，共有十一人死亡，四十八人重傷。三名恐怖分子一陣殺戮過後，被警方擊斃，他們殺死了八個人，其中年紀最小的遇難者就是莎拉．澤勒納克。

誰能料想得到，莎拉最後的一點不幸，居然是在她不幸喪生之後出現的。因為刑事傷害補償計算方式的關係，被恐怖分子殺害的八名受害者當中，有些人的補償金額竟然遠遠高過另外一些人。同一批凶手、都是在那段短暫的時間中被害，但莎拉的死亡補償，居然遠少於其他遇難者。

❊ ❊ ❊

倫敦橋寬闊的人行道上，幾乎時時刻刻都有大批行人，從這個地方可以看到老倫敦與現代倫敦輝煌並陳的景象。這裡是倫敦最古老的渡河地點，閃閃發光的夏德大廈（The Shard）以居高臨下之姿豎立在附近，順河往東不遠處，則是燈火燦爛的倫敦塔橋（Tower Bridge）。遊客紛紛在此地拍照留影，對曾經發生在此地的暴行一無所悉。恐怖暴行近期便有兩次，一次是奪去莎拉生命的二〇一七年倫敦橋攻擊事件，之後又有二〇一九年倫敦橋攻擊事件，二〇一九年的恐怖攻擊起於倫敦橋西北側的魚商會館（Fishmongers' Hall），最後恐怖分子在橋中央被擊斃。但是，倫敦橋這樣子的景點，不會讓人流連於近來的傷痛。有大約兩年的時間，我因為工作的關係，每週會來回倫敦橋三次，期間我從來沒有想起近期的殺戮事件。此處唯一的「紀念物」，就是二〇一七年之後裝設的臨時障礙，避免車輛開上人行道衝撞行人。

二〇一七年六月三日週六那天晚上很暖和，倫敦橋上滿是遊客。幾個小時以前，[3]博特用七十英鎊租了白色廂型車，車上載滿沙袋[4]以及十三個用酒瓶製作的汽油彈和瓦斯噴槍。[5]扎格巴駕車沿著倫敦橋疾馳，在十五秒之內三度衝上人行道。當時，ＢＢＣ記者霍莉．瓊斯（Holly Jones）正在徒步過橋，她是從南向北走去，恰恰看到扎格巴駕車衝撞群眾時的面容，她對死因調查人員表示[6]：「他對於自己在做什麼有非常清楚的意圖。他非常憤怒，看起來精神狂亂。」死因調查開始前的一場預備聽證會已經發現，這三名恐怖分子在犯下暴行之前都服用了大量類固醇。[7]

這輛白色廂型車三度駛上人行道衝撞人群。第一次，車子撞傷三個人。第二次，車子撞上一對法國情侶，四十歲的澤維爾．托瑪（Xavier Thomas）和克莉絲汀．德爾蔻（Christine Delcros），他們是乘坐高鐵歐洲之星當天抵達倫敦，羅曼蒂克的兩人正在散步，準備待會兒去夏德大廈享用雞尾酒。克莉絲汀身受重傷，僥倖活了下來；但是她的未婚夫澤維爾被狠狠撞飛，落到倫敦橋的大理石欄杆之外，三天之後他的屍體在泰晤士河下游兩英里處被發現。[8]撞擊這對法國情侶之後經過十秒，廂型車第三度衝上人行道，正與未婚夫泰勒．佛格森（Tyler Ferguson）走在一起的三十歲加拿大女子克麗絲．阿奇博德（Chrissy Archibald）被直接撞上，身體卡在車底，被拖行至倫敦橋的中央分隔島，[9]當克麗絲好不容易掙脫時，扎格巴直接駕車輾過她，她很快傷重不治，在未婚夫佛格森的懷中斷了氣。[10]

圖 6　這裡是通往綠龍巷和薩瑟克主教座堂（Southwark Cathedral）石階頂端，莎拉香消玉殞的地方。

這輛廂型車隨即在波羅大街尾端撞上鐵欄杆，地點接近小販與銀行家酒吧（Barrowboy and Banker），距離倫敦磨坊酒吧餐廳只有幾步的距離。普莉希拉事後告訴死因調查人員，她和莎拉離開倫敦磨坊沒過幾秒鐘，就在人群逃離攻擊現場的混亂中走散了。[11]三名恐怖分子穿著（事後發現是假造的）自殺炸彈背心，手中綁著從利多超市（Lidl）買來的一把四．六二英鎊的十二吋粉紅色陶瓷刀，從一片狼藉中現身，他們衝向莎拉，從後方刺了她的脖子好幾次。莎拉就這樣殞命於通往綠龍巷（Green Dragon Court）石階頂端的卵石水泥地上，她手中的手機響個不停，因為普莉希拉一直在找她。[12]

三十二歲的詹姆斯・麥克穆倫（James McMullan）只是從小販與銀行家酒吧裡頭出來抽根菸，他是這場恐怖攻擊當中唯一喪生的英國人。詹姆斯是從背後被刺死，根據目擊者向死因調查人員描述的情況，[13]詹姆斯當時可能是在幫助穿著超高高跟鞋跌倒的莎拉。亞歷山大・皮賈（Alexandre Pigeard）是在綠龍巷波羅小酒館（Boro Bistro）當服務生的法國人，撞擊事件激起許多砂土落到小酒館的庭院，[14]亞歷山大於是走向石階處看看有沒有人需要幫忙，沒想到就在階梯底部被暴徒刺傷脖子，他扶著牆壁企圖走回波羅小酒館，卻被恐怖分子追上殺害。三十六歲的法國廚師塞巴斯蒂安・貝朗傑（Sébastian Bélanger），剛剛才和朋友們在波羅市場觀賞足球賽，他在波羅小酒館附近的一條陰暗的拱道中被殺死。二十八歲的澳洲護士克莉絲蒂・波登（Kirsty Boden）和友人正在波羅小酒館，她因為企圖為亞歷山大急救而被暴徒包圍刺死。[15]

恐怖分子隨後又跑上石階，來到波羅大道。三十九歲的西班牙銀行家伊納西奧・埃切維里亞（Ignacio Echeverría）當晚和朋友們出來玩滑板，他們正騎著單車朝著泰晤士河畔前進，伊納西奧看見暴徒們正在鐵路橋下攻擊一位警察與一個女子，他立刻拋下單車，拿著他的滑板向瑞多安砸去，瑞多安拿刀捅了過去，伊納西奧倒地，扎格巴隨即加入攻勢，[16]伊納西奧淪為這場攻擊的最後一位死者。

人最惡劣的一面與人最好的一面，都同時出現在這瘋狂的十分鐘當中。伊納西奧和克莉絲蒂為了拯救別人而失去生命。英國交通警察韋恩・馬可仕（Wayne Marques）拿著警棍奮勇與歹徒搏鬥，眼睛與手腳都被刺傷。[17]當時處於下班狀態的倫敦警官查理・蓋尼格（Charlie Guenigault）前去援助馬可仕警官，他也被嚴重刺傷。恐怖分子闖入波羅市場時，羅馬尼亞麵包師傅弗洛林・莫拉利烏（Florin Morariu）朝著歹徒扔擲木箱，保護了躲在麵包店的二十個民眾。[18]暴徒開始在黑與藍牛排館（Black and Blue）攻擊食客的時候，四十七歲的羅伊・拉納（Roy Larner）赤手空拳和他們對抗，嘴裡喊道：「去你的！我可是米爾沃足球隊死忠球迷（Millwall）！」羅伊的脖子、背和胸都被刺傷，但他活了下來。[19]

倫敦市武裝警察與倫敦警察在斯通尼街（Stoney Street）上[20]總共開了四十六槍，第一通報案電話過後八分鐘，[21]博特、瑞多安、扎格巴三人被擊斃。

歹徒襲擊莎拉的過程沒有被監視器拍到，這樣或許還比較沒那麼殘酷吧。

「他們認定莎拉是因為穿著高跟鞋跌倒了，」朱莉皺起眉頭說道：「莎拉可是能穿高跟鞋在鋼絲上做後空翻呢。」

「莎拉買的那些高跟鞋才算是真的高跟鞋，」馬克兩手分別擺在視訊畫面的上下兩端示意道：「她那天晚上穿的鞋子其實差不多就像慢跑鞋。」

「他們這樣講，好像莎拉是一個金髮傻妞（blonde bimbo）。我真的很生氣，他們根本不知道我的女兒是什麼樣的人。」

與我視訊的朱莉和馬克，目前正在澳洲東岸外海的弗雷澤島上（Fraser Island），他們幾個月之前從布里斯本搬到這裡，擔任三間度假屋的居住管理員。他們倆窩在沙發上，顯然已經適應了海灘生活，朱莉的捲髮被陽光曬出健康的色澤，穿著短褲的馬克蓄了一臉濃密的鬍子。

朱莉告訴我：「莎拉很有適應能力，她總是在照顧別人。」莎拉運動神經發達，充滿冒險精神，她喜歡打籃球，曾經去加拿大接受雪崩生存訓練。莎拉十八歲離開學校之後有段時間是跟著馬克工作，貼著美甲片的她穿起反光背心、安全帽，做的是吊車操作員。馬克雖然是莎拉的繼父，但他把莎拉當成親生女兒一般，當年莎拉才十八個月大，馬克就開始撫養她了。馬克從事的是鑽井行業，朱莉是私人教練，兩人都是自僱人士，所以工作時間並不固定，父母親不在的時候，莎拉還會照顧哥哥和弟弟。

「莎拉是個迷你版本的我，」朱莉繼續說道：「而且她比我還要好，對人更好、更善良、更年輕、更漂亮。莎拉的眼睛是最美麗的淡藍色，她笑的時候，眼睛也會跟著笑。但是她的個性又很害羞、很謙虛，她沒有看出來自己有那麼多優點。她沒有看到自己有多好，想起來真的讓人很難過。」

莎拉在二〇一七年三月二十一日去了西敏橋（Westminster Bridge），隔天三月二十二日便有一名恐怖分子開著租來的休旅車在橋上撞死四個人，然後又在國會大廈外面殺死一位沒有攜帶武器的警官。莎拉原本計畫去觀賞二〇一七年五月二十二日曼徹斯特體育場的亞莉安娜．格蘭德（Ariana Grande）演唱會，卻因為工作無法請假而沒有成行，結果竟然有一名恐怖分子在演唱會入場處引爆自殺炸彈，殺死二十二個人，一千多人受傷。[22]

「她連續兩次躲過一劫，」朱莉說：「我跟她說：『莎拉，倫敦最近殺戮事件頻傳，你要小心一點。』她回答我：『媽，我沒事啦。』」

相關消息傳到朱莉和馬克那邊的速度非常緩慢，有如凌遲一般的緩慢。躺在聖湯瑪斯醫院（St Thomas' Hospital）太平間的那位金髮女子，與莎拉護照以及駕照上面的照片一點都不像，因為她拍照的那時候染了棕髮，還有一張十七歲的娃娃臉，導致有關當局一開始只將莎拉列為失蹤人口，不願將她認定為遇難者。

朱莉說道：「你知道在大超市裡頭突然間找不到自己小孩那三秒鐘的感覺是什麼吧？想像一下整整三天都處在這種心情，是什麼感受。」最後澳洲聯邦警察（ＡＦＰ）聯繫上他們，通知他們有一具身分有待確認的遺體，並建議他們親自去倫敦一趟。中途他們在阿布達比停留的時候，莎拉的哥哥傳來了WhatsApp訊息，透過莎拉梳子上頭髮的ＤＮＡ，已經確認那是她沒有錯。

接下來的事情程序非常快速。倫敦警察、澳洲聯邦警察、澳洲外交部（DFAT）等單位合作引導朱莉和馬克一步步完成細瑣的程序階段，他們在見到莎拉的遺體之前，當局先非常詳細地告知他們會到哪些房間、見到什麼人、會看到什麼以及要處理什麼事。然後當局預先進行鉅細靡遺的簡報，說明屆時死因調查的程序，法官會坐在哪裡、什麼時候會叫他們作證、監視器畫面會播放什麼內容。「所有事情安排得一絲不苟，」馬克描述道：「他們細心地引導我們完成這一切程序。」

但是，當事情進行到朱莉和馬克作為恐怖攻擊遇難者父母申請補償資格的時候，他們卻被晾在一邊，只能靠自己。

馬克表示：「正常來說，我們的預期是莎拉安葬之後幾個月，應該會有下一次對話。甚至不只是對話而已，應該是有人會來告知我們：『我們會引導你辦理這項手續，因為你們完全符合申請資格，我們會協助你們。』」

「完全沒有人通知我們有這件事，」朱莉搖頭道：「我們從頭到尾都沒有得到任何協助或支持。」

朱莉有位朋友偶然在網路上看到一些資訊，查詢一番之後發現他們符合補償申請資格，並且寄來了申請表。馬克說：「那只是她偶然間發現的。」要是這位朋友沒有看到這些東西，朱莉和馬克很可能連一毛錢的補償都不會得到。「根據他們的原則說明，你必須要主動申請，而且必須在兩年之內申請，逾時不候。你還處在悲痛之中難以自拔，掙扎地試圖讓自己重新站起來。我認為即便是經過五年，我們也還是沒辦法從傷痛當中走出來。」

補償金當然無法讓人死而復生。但是，因為恐怖攻擊而失去至親的人，可能因為親人死亡而導致收入斷絕、或者治喪需要費用，很多國家的政府都承認，不應該讓恐怖攻擊遇難者家屬陷入財務困境。此外，恐怖攻擊的遇難者歸屬於一種特殊的類別，他們之所以淪為攻擊目標，是因為恐怖分子把他們當作某個國家、民族、或政府的象徵。他們遭到攻擊，代表著一種特定的生活方式正在遭受攻擊。對於恐怖分子來說，被他們攻擊的個人的具體身分並不重要，那些人慘被殺害，只是因為他們和你我都一樣。

倫敦橋恐怖攻擊事件的八名死難者，全都是來自其政府對於恐怖攻擊遇難者有補償計畫的國家。經過一番鑽研之後，我發現補償計算方式與各國補償金額的差異相當巨大。

在英國，任何暴力犯罪的受害者都可以向政府申請肉體或精神傷害的補償，假如受害者死亡，家屬可以申請死亡補償金。英國刑事傷害補償局（Criminal Injury Compensation Authority，CICA）決定哪些受害者有資格獲得補償、以及多少補償。刑事傷害補償局的指導綱領[23]上寫道：「設置本計畫的目的是作為最後的救濟手段。」所以，「您若有機會獲得其他來源的賠償或補償，請務必去申請。」這份指導綱領距今已有十多年，而且在二〇一二年之後，補償計算標準方式就沒有任何因應通貨膨脹的調整或更新。

要不是我對於英國內政部《99號研究報告》和謀殺成本問題已經非常熟悉，《二〇一二年刑事傷害補償計畫》[24]（*Criminal Injuries Compensation Scheme 2012*）附錄E當中冷冰冰的「傷害補償標準」，肯定會令我十分震驚。這份清單洋洋灑灑列了二十頁，鉅細靡遺的程度簡直不可思議：頸部嚴重燒傷，補償金額一萬六千五百英鎊；喪失生育能力，五萬五千英鎊；喪失低於膝蓋的小腿，三萬三千英鎊；喪失高於膝蓋的腿部，四萬四千英鎊。精神心理方面的傷害補償標準低於肉體傷害：兩年至五年的嚴重精神傷害，補償金額是六千兩百英鎊，還不到永久性下顎關節彈響補償三千五百英鎊的兩倍。受重傷者本人獲得的補償金額，遠遠高於死難者的家屬，這件事情或許有它的道理吧，受重傷而倖存下來的人們，往後的人生會有持續、具體且生活有巨大變化的需求。只是，直接看到這些東西寫成白紙黑字，還是會令人一時之間難以置信。

一條生命的刑事傷害補償金額是一萬一千英鎊。耐人尋味的是，當殺害無辜生命者是英國軍方的時候，英國政府給出的人命賠償金額，居然比英國刑事傷害補償低得多。根據反武裝暴力組織（Action on Armed Violence）的研究，從二〇〇六年四月至二〇一四年五月，阿富汗平民被英軍殺害的平均賠償是兩千三百八十英鎊，但是個案之間的差異很大。曾經有個案例是，英國士兵殺害了一個十歲的阿富汗男孩，[25]男孩家人獲得的賠償金額為五百八十六・四二英鎊。

刑事傷害補償局提供的死亡補償，並不區分死因是恐怖攻擊、家庭暴力抑或街頭隨機殺人。沙昆・山米－普朗莫的母親潔西卡，和二〇一七年倫敦橋恐怖攻擊事件死難者中唯一一位英國人詹姆斯・麥克穆倫的父母一樣，同樣都是獲得一萬一千英鎊的補償金。潔西卡確實申請了這筆補助，她告訴我：「當這筆錢終於發下來，用來繳大筆的帳單跟償還借來的錢，差不多就用光了。」英國內政部對於謀殺造成的成本計算，只有包含刑事傷害補償局的行政經費、還沒有納入補償款本身呢。

憾事發生之後，你應該盡速向刑事傷害補償局提出申請，但當時的你或者處於極度悲痛的狀態、或者你是重傷倖存者。提出申請之後，當局還可能因為各種理由而駁回申請。「我們會考量有關您個人品格的相關證據……這會導致我們不會支付全數或部分的補償款，」指導綱領裡頭是這樣子寫的：「相關證據包括是否有涉及毒品、犯罪、逃稅、詐取福利等行為。」那位赤手空拳與歹徒對峙、怒喊「去你的！我可是米爾沃足球隊死忠球迷！」被大家封為「倫敦橋之獅」的那位英雄羅伊・拉納，原本他遭受的精神與肉體傷害，應該有資格請領數萬英鎊的刑事傷害補助，但他卻因為曾經有種族情緒普通傷害、持有毒品、違反八十歲老母親的限制令[26]等前科，最終絲毫未得。

與英國的情況不同，西班牙、加拿大、澳洲都有專門針對恐怖攻擊死難者家屬的補償措施。克麗絲・阿奇博德的家屬有資格申請一萬加幣*[27]（新臺幣二十二萬八千四百零四元）補助。伊納西奧・埃切維里亞的家屬有資格向西班牙政府申請二十五萬歐元†[28]（新臺幣八百九十五萬二千七百元）的補助。法國有一項特別設立的基金，叫作「恐怖攻擊等犯罪受害者保證基金」（FGTI），會根據家屬與喪生親人的關係與其所受的影響來計算補助金。所以，那三位法國籍死難者的家屬能獲得的補助分別是這樣子的，死者的配偶可獲得三萬五千歐元，子女依據年齡最多可獲得兩萬五千歐元，父母親可獲得三萬五千歐元，祖父母最多一萬一千歐元，孫子女最多一萬歐元，兄弟姊妹最多一萬五千歐元。[29]法國的制度似乎是根據喪親之痛的程度、而不是人命的價格來設定補償金額。

莎拉・澤勒納克和克莉絲蒂・波登的家屬，有資格申請「海外恐怖主義澳洲受害者」（AVTO）的補償金，金額是七萬五千澳幣‡（新臺幣一百五十五萬五千二百七十五元）。[30]

* 1 加幣兌 22.8404 新臺幣（2025/3/13 匯率）。
† 1 歐元兌 35.8851 新臺幣（2025/3/13 匯率）。
‡ 1 澳幣兌 20.737 新臺幣（2025/3/13 匯率）。

「從她失去的人生來看，這根本就微不足道，」朱莉帶著不屑表示：「七萬五千澳幣？這大概是她一年的薪水。她是個健康開朗的人，有大好的未來在等著她，沒有疾病、沒有創傷，然後他們認為這一切只值七萬五？」

朱莉是從莎拉失去的人生、無緣經歷的人生，去看待莎拉的生命價值。我也能夠體會，從這樣的角度去看，海外恐怖主義澳洲受害者的補償金簡直是可悲。你確實很難看出來這筆錢代表什麼、或者有什麼用。假如莎拉有孩子的話，這筆錢也許能幫到孩子呢？

馬克回應道：「假如莎拉有孩子要撫養的話，七萬五澳幣能幫到孩子什麼？」

即便如此，莎拉如果是英國人或加拿大人，政府給的補償金還會少上好幾倍。然而，導致二〇一七年倫敦橋攻擊事件的補償極其不平等的原因，竟然不是國籍、而是「死法」。被廂型車撞死的兩位受害者澤維爾．托瑪和克麗絲．阿奇博德，他們的家屬向身為全球最大租車公司之一的赫茲租車（Hertz）提出賠償要求，並因此獲得了高額賠款。其餘被歹徒持刀刺死的六名死者家屬，卻苦於沒有一個可以控訴的對象。

「無端被捲入恐怖攻擊，沒有簡單的求償方法，所以人們會去尋求其他可行的管道，」羅伯特．繆爾伍德（Robert Muir-Wood）在視訊通話中告訴我：「這件事為什麼那麼詭異而且不公平，倫敦橋攻擊事件就是最顯著的例證。」

繆爾伍德是風險管理解決方案公司（Risk Management Solutions）的首席研究員，為保險產業進行風險分析。繆爾伍德顯然很習慣跟人解釋自己的職業了，他向我說明道：「我們開發人為與自然災難損失的風險模型並授權第三方使用。」

我偶然看到繆爾伍德在二〇一九年時為「保險每日訊」（Insurance Day）網站撰寫的文章，[31]標題是〈彌補恐怖攻擊傷亡者保障的差距〉（Crossing the Terrorism Casualty Protection Gap），他在文章中提到：「那些倫敦橋攻擊者刺傷或砍傷的受害者預期可以獲得的補償，大約是同一批恐怖分子開車撞傷或撞死者的百分之五至百分之五十。」

我看得下巴都快掉了。

繆爾伍德解說道：「租車公司的財力雄厚，而且投保了高昂的賠償金額。所以那些被歹徒開車撞傷的人獲得的賠償，是合理的、甚至可以說是大方的。」可是，被刀刺傷的受害者，根本沒有可以訴諸的對象，遑論對方財力深淺。「對於那些人來說，只能去尋求其他管道的補償、或者就只能仰賴這類事件後續民眾的自發性捐款。」

赫茲租車與它投保的普羅布斯保險公司（Probus）在二〇二〇年達成協議，[32]繆爾伍德的文章是在協議之前就寫成的。繆爾伍德告訴我：「具體金額沒有披露，但很可能是以百萬英鎊為單位。」他指出，二〇一七年三月西敏橋攻擊事件中，歹徒駕著向企業租車（Enterprise Rent-A-Car）租來的車輛撞死四個人，據報導，事後蘇黎世保險公司（Zurich Insurance Group）向企業租車支付的金額超過一．五億英鎊。[33]

繆爾伍德說，法國補償措施的經費，是透過對其他保險產品徵收附加稅而來。二〇一六年法國國慶發生在尼斯（Nice）的卡車攻擊事件，共有八十六人被卡車撞死，死者家屬原本有意控告租車公司求償，但法國政府阻止了這件事。「法國政府介入了，將賠償成本改由『恐怖攻擊等犯罪受害者保證基金』支出，總共向受害者與死者家屬支付了二．五億歐元。法國人可以有統一的做法，但在英國或美國絕對不可能做到這件事。」

在美國，缺乏一致做法的情況更加嚴重。繆爾伍德當初撰寫那篇文章的靈感，是源自於大規模槍擊事件的賠償會根據事件地點不同而出現巨大差異的現象。假如美國槍擊事件的凶手使用了美國槍枝製造商的產品，槍枝製造商因為受到美國法律保護不會被告。但是，夜店、俱樂部、酒店、旅館的業主就沒有這種待遇了。史蒂芬．帕多克（Stephen Paddock）在二〇一七年十月對著拉斯維加斯賭城大道（Las Vegas strip）的人群開槍，造成五十八個人死亡，[34]帕多克開槍的地點，是美高梅酒店集團（MGM Resorts International）旗下的曼德勒海灣酒店（Mandalay Bay hotel）的一扇窗戶旁。美高梅集團全數連鎖企業都有投保責任保險（liability insurance，即第三人保險），此次槍擊事件的賠償金額達到全連鎖企業保險理賠額的上限，繆爾伍德說，即便扣除法律費用之後，和解金額都還有八億美元。

「這傢伙研究了好幾個可能的行凶地點，他還勘查過其他的選項，包括從懸崖上方或出租公寓中朝著人群射擊。這起槍擊事件有可能變成完全沒有能索賠的對象、或者索賠金額非常有限。但最後這傢伙選擇了一間大酒店的房間窗戶開槍，而這間大酒店又屬於財力雄厚的酒店集團。他真的是選擇了一個可以讓被他殺死的人獲得最高額賠償的行凶地點。」

與此相比，二〇一六年奧蘭多同志夜店「脈衝」（Pulse）發生的大規模槍擊事件，造成五十六人死亡，但是這間夜店是獨立經營，[35]沒有財力雄厚的集團可以訴求。

「奧蘭多夜店槍擊事件中每個死者獲得十四萬美元，而且這筆錢的來源是慈善捐款，」繆爾伍德就事論事地表示：「這起事件又回到遞帽子募集捐款（passing the hat）的老方法，跟十七世紀的做法一模一樣。假如你有讀過山繆．佩皮斯（Samuel Pepys）*的著作，你就會知道，當時如果有誰的房子遭遇火災，人們就以募捐的方式幫助受害者。佩皮斯承認，頻繁遇到勸募者要他

＊山繆．佩皮斯（一六三三－一七〇三）是英國海軍軍官、國會議員，但其人最出名的是他詳盡的日記（一六六〇－一六六九），記錄了當代英國大事與社會實況。

捐點錢放進帽子裡，實在令他很是厭煩。保險是十七世紀後期的發明，目的就是為了救濟那類的狀況。」

我問道：「羅伯特，這些事情既然這麼取決於偶然，這樣不公平且不公正。為什麼知道這些問題的人沒有那麼多呢？」

繆爾伍德答道：「我不知道為什麼會這樣。假如倫敦橋攻擊事件所有死者都是英國人的話，或許能夠激起人們某種意識，認為事情必須有所更張吧。」

我說：「假如你沒有可以索賠的對象，你不會想到別人可能有不一樣的管道。」

繆爾伍德點頭道：「而且沒有人會有興趣來主動告知你。」

我深吸了好大一口氣。

「我寄給你們的電子郵件，裡面有提到倫敦橋攻擊事件受害者家屬獲得的補償高低差異，是根據受害者的國籍以及死亡的原因，」我問道：「在我告訴你們之前，你們就知道這件事情嗎？」

我和朱莉與馬克開始談話到現在已經過了快一個半小時，這是他們兩人第一次陷入沉默。

朱莉終於開口說道：「我不知道。」

「我們不知道，而且……我們的心思沒有放在『我們得到或者沒有得到什麼』這件事情上面，」馬克說：「面對人生的一切，我們基本上是逆來順受、聽天由命。」

新聞媒體有報導赫茲租車支付受害者賠償金的事情，雖然那是英國媒體的報導，[36] 但我原本的認定是他們肯定知道這些事。現在我有點退縮了，我實在不太想變成把這件對他們而言沒有實質意義的事情告知他們的那個人。

「我的用意不是希望你們去跟其他受害者家屬比較，」我有點慌亂地說道：「我不認為這個事實會導致你們對其他受害者的家人有怨氣，我以為會讓你們感到憤怒的是這套制度非常不公平。」

「這是失敗的制度，」朱莉漠然道。

接著又是一陣沉默。

「那輛廂型車這樣衝撞行人，是被當作交通事故看待嗎？」馬克問道。

我不確定該怎麼回答這個問題。「我知道的只是，被廂型車撞死的受難者家屬可以從赫茲租車那邊獲得可觀的賠款，但被刀刺死的受害者家屬就不符資格。」

他們都連連搖頭。

「嗯。」除了發出這個聲音以外，馬克恐怕也說不出別的話了。

「我完全不知道這些事，」朱莉說：「我也不知道這到底是怎麼處理的，大家都是同一場攻擊的受害者啊。」

我也不知道啊。我說道：「這種情況顯然是錯誤的。」

「嗯。」馬克再次點了點頭。

斐石律師事務所（Fieldfisher's）的會議室在九樓，即便望出去的景觀很棒，但這間會議室和你對一家都市律師事務所樣貌會有的預期相同，極其普通、毫無特色。這棟大樓位於泰晤士河右岸，幾乎就是蓋在倫敦橋的上面。那天的天氣寒冷、天色明亮，所有東西都像在發光，這是倫敦會出現的一種天氣。詹妮佛．布坎南（Jennifer Buchanan）正在向我解釋，為什麼不同的家庭獲得賠償的資格有所差異，布坎南是斐石律師事務所的嚴重傷害案件團隊成員，她也是克麗絲．阿奇博德家屬的代表。我一邊聽著她解說，卻一邊發現這個地方的景觀會令我分神，因為我從這裡往下俯瞰，便可以看到克麗絲被殘忍殺害的地點就在我們的下方不遠處。

布坎南一雙蔚藍的眼睛堅定地望著我，說道：「這真的很不公平。這件事真的讓我感到很難過。」她告訴我，斐石律師事務所經常為遭遇交通事故或工作意外而被送到皇家倫敦醫院的傷者代理案件。倫敦橋攻擊事件中被歹徒刺傷後被送到皇家倫敦醫院創傷專科的傷患（沙昆當時也是被送到這裡的創傷專科），即便他們的傷勢其實比布坎南其他被車撞傷的客戶還要更嚴重、更加打擊人生，他們卻只能夠申請刑事傷害補償。

為了說明澤維爾・托瑪和克麗絲・阿奇博德的家人為什麼能夠從赫茲租車投保的公司那邊取得和解金，布坎南印了一張流程表向我說明各種交通事故之中誰要承擔責任，我看得很是費勁。還好到最後布坎南的解釋非常簡明，馬克說得一點都不錯，被那輛廂型車撞死的人，被民事法庭視為死於交通事故。「克麗絲是被一輛有已知駕駛人且有投保的車輛撞擊致死，所以我們就向保險公司索取理賠。」

即便這輛廂型車載著恐怖分子來到行凶現場，但被刀刺死的死者家屬完全不能對赫茲公司提出任何索賠要求，只有所受傷害本身是由車子造成的人才有資格從赫茲公司那邊取得賠償。

從頭到尾沒有人控告赫茲公司出租汽車給博特一事存在過失。博特原本試圖租的還是一輛七・五二噸的卡車，最後只是因為付款方式失效而被拒絕。[37]「當時有一股很強烈的呼聲，克麗絲的家人是這項呼籲的引領者，呼籲者要求租車公司對於租車者進行更嚴格的檢查。為什麼機場的安全檢查那麼嚴格，但是租一輛廂型車卻只需要出示駕照呢？」畢竟，當年九一一事件恐怖分子把客機當武器，博特、瑞多安、扎格巴是將廂型車當武器，用途是一模一樣。「看來任何人都可以去租一輛廂型車，所以為這輛車承保的保險商就必須負責，假如出事的話就得承擔責任，還應該要有相應的檢查與防範濫用措施。」

布坎南不會告訴我最終的具體賠償金額是多少，因為「這項資訊從未公開」，但是她證實了繆爾伍德的直覺無誤，那就是與西敏橋攻擊事件的賠償金額差不多高。所有的律師都是用同樣的衡量標準去索賠，布坎南表示：「民事索賠的真言就是運用『如果沒（出事）』（but for）原則，這樣做的目的是讓所有人盡可能回復到事故發生前的狀態、但不是變得比事前狀態更好。」

索賠的形式是一份全面又詳細的具體清單，正常人看了都會頭暈。布坎南與我分享了其中一些內容。克麗絲的父母親可以申請喪親補償金（布坎南說金額將近一萬三千英鎊）、用以支付精神或心理治療的次級受害者補償、處置遺產費用、喪葬費用補助，還有克麗絲身體各處受傷的一般損害賠償。布坎南打開她的筆記型電腦，調出司法人員培訓單位（Judicial College）的《人身傷害案件一般損害賠償評估指導綱領》（*Guidelines For The Assessment Of General Damages In Personal Injury Cases*）第一章。「你會獲得不同的補償，」布坎南停頓了一下，丟給我一個「這就是你要的東西」的表情，繼續說道：「根據你被殺害的時候是否完全清醒、或者你是否苟延殘喘了一陣子才死，你會獲得不同的補償。假如你是在完全清醒的狀況下被殺，目前的死亡補償金是一萬兩千英鎊到兩萬三千英鎊之間。」

克麗絲的家屬可以申請加重損害賠償，因為克麗絲臨死前經歷恐怖的暴行。「這太可怕了、太暴力了，她對於迎面而來的殘酷從頭到尾看得一清二楚。」除此之外，克麗絲的家人還可以「對於姐姐和父母的愛與情感傷痛申請補助。還有，我們也試著替他們申請將克麗絲遺體送回加拿大的支出申請慈善費用支付。」布坎南表示，假如克麗絲有要撫養的對象，那麼補償金額會高很多（例如澤維爾．托馬有兩個主要由他撫養的小孩[38]）。

「克麗絲原本還有大好的未來在等著她，」我使用了朱莉的話說道：「這點有被考慮在內嗎？。」

布坎南說道：「我認為法院對於為人命訂定價格這件事確實很為難，所以他們最後就是設定了一個人人都能獲得的法定額度，無論你是過馬路被車撞死的十三歲小孩子或是八十歲老人，大家都一樣。」

有少數情況是，斐石律師事務所會協助完全沒有任何其他救濟管道的客戶申請刑事傷害補償，但這卻僅限受重傷的個案；因為傷害致死的補償標準太低了，低到不值得任何人花費時間心力去申請。申請補償的程序曠日廢時，布坎南表示道：「有時候你得一路經歷上訴過程和裁判所，所有的法律費用又用當事人的補償金支付，這實在非常不公平。所以到最後，我們公司其實做了很多無償的工作。」布坎南有一個客戶因傷截肢，從申請刑事傷害補償至今已經整整六年，程序都還沒完成。「他是個自僱人士，因為他沒有薪資單，所以當局不將他的收入損失納入考量。對此我們只能上訴了。」

「假如我們的制度可以讓倫敦橋攻擊事件八名死者的家屬，都獲得同樣的補償，這在道德上應該是最好的結果了吧？」我把我心裡的念頭大聲說了出來：「畢竟一個好律師就是在盡力為客戶爭取權益吧。如果有那樣的結果，你認為人們還會繼續尋求其他的索賠管道嗎？」

「每個人都應該根據他們的傷勢、當時的生活、有無被撫養人來予以評估。你要說因為都是在倫敦橋上被同一輛車撞死，所以每個人都拿到一百萬英鎊，這也是不公平的，這麼一來反而過度補償某些人、某些人則是賠償不足，」布坎南回答道：「我們提供的是非常根據個人情況制定的補助，辦理程序需要花費很長時間，但重要的是確保這個程序是公平的、確保人們可以盡量維持從前的生活並且維繫家庭。」

公平未必意味著平等；為了使補償能夠公平，每個失去的生命都需要列出一份詳細的表單，其中所有項目的金額都要用同一套標準計算。因此，倫敦橋攻擊事件受害者遭遇的不公不義，不在於各人獲得的補償金額不同，而是各人補償金額計算的標準大相逕庭。

「為英國刑事傷害補償制定出個案衡量標準，類似於民事案件的標準，這會是唯一公平的做法，」布坎南繼續說道：「詳細檢視一個人的生活，看看他究竟失去了什麼，然後為這些損失給予補償。」

布坎南對於倫敦橋攻擊事件的賠償問題講得頭頭是道，這對她來講或許不難，畢竟她只是代表克麗絲的家人。在這次攻擊事件之後，有七八位客戶找上派翠克．馬奎爾（Patrick Maguire），有的人是被廂型車撞傷，可以起訴赫茲租車，有的人只被刀刺殺，只能申請刑事傷害補償。馬奎爾最後成為澤維爾．托瑪家人的委任律師，但沒有刀襲遇難者的家屬委託他，因為後者沒有僱請刑事傷害案專門律師的需求。

我花了三個月左右的時間，才終於透過電話聯繫上馬奎爾。馬奎爾目前是HCC律師事務所的合夥人，這間事務所在曼徹斯特和倫敦都有據點，馬奎爾專門處理的案件是最恐怖的類型，西敏橋攻擊事件乃至索爾茲伯里（Salisbury）的諾維喬克神經毒（Novichok）下毒案都是他參與過的案子。我好不容易與他通上話的時候，馬奎爾向我說明，他正在參與二〇二一年普利茅斯大規模槍擊案的死因調查，該事件是一名二十二歲男子開槍殺死五人、打傷兩人之後自殺。

我詢問馬奎爾道：「如果得告知你的客戶，他們有資格獲得的賠償金額，只是同一事件其他受害者的一小部分，做這件事情的感覺是什麼？」

「這是個很好的問題，」馬奎爾停頓了一會兒之後才開口道：「如果死者是家裡的經濟支柱，家屬不只是喪失了至親，他們還會因此陷入非常困頓的財務狀態。告知這種事情沒有什麼方法叫作好方法，你就是該說就得說。」

馬奎爾毫不掩飾他對於刑事傷害補償制度的看法。「民事索賠的重點，就是盡可能讓家屬或死傷者恢復到『如果沒出事』的狀態，但刑事傷害補償能做的根本就差遠了。」

「所以刑事傷害補償制度到底是幹嘛的？難道只是藉此表現出同情的姿態嗎？」

「基本上是這樣沒錯。這套制度的存在只是在反映問題，當肇事者和凶手完全沒有條件償還損害賠償時，事情出錯了。這套制度只是個小小的象徵而已。畢竟聊勝於無，有總比沒有好。」

我懷疑他的解釋是否合乎真相。如果這件事反而讓政府自詡已經處理了一個問題，不思改進，那麼其實現有的還不如沒有呢。

我問道：「如果有人公開自己獲得多少賠償金，那樣其他人就會意識到這一切極其不公。他們為什麼不這樣做呢？」

「嗯，我想這就像是人們不會去談自己的薪水有多少吧，」馬奎爾回答的語氣帶著一絲無可奈何：「這是人家的隱私問題。我不認為人們會到處跟別人說自己薪水有多高、銀行存款有多少。」

可是，就像馬奎爾說的，這件事的重點不是改善經濟、而是讓喪親的家庭能恢復到『如果沒出事』的狀態，如果是這樣的話，他後面的論點就沒辦法成立了。收到賠償金的家庭依然有他們的收入跟存款，沒有人要求他們全面揭露自己的財務狀況。如果人們可以更公開地談論至親的生命價值是怎樣被計算出來的，也許大眾就會意識到其中的不公不義問題，或許還可能激起公眾的憤慨、激起改變。但是，改革更張也許不是律師們的利益所在吧。

「你不認為讓人們更廣泛知道賠償金差異的問題會有所幫助嗎？」

「不，」馬奎爾回答得很乾脆：「我不這麼認為。」顯然他對這件事已經不想再多談了。

每逢有大規模慘案發生，無論受難者家屬是否有可以索賠的民事訴訟或政府賠償管道，總會有為他們募捐的活動出現。我們會以捐款表達團結與憐憫，或許也是藉著這個表示，承認這件事其實可能發生在我們任何人身上。言語無法盡意，捐錢似乎是我們想要表示善意的最可行方法。能對遇難者家屬的生活帶來最大影響的，往往是來自慈善捐款的金援。在政府補償顯然難濟於事之處，公眾的同情心發揮了作用。

二〇一七年五月，艾莉克絲．克利斯（Alex Klis）帶著妹妹派翠西亞（Patrycia）去聽在曼徹斯特體育場巨型的亞莉安娜演唱會。薩爾曼．阿貝迪（Salman Abedi）在引爆自殺炸彈時，她們的爸媽馬爾欽和安潔莉卡．克利斯（Marcin and Angelika）正在體育場入口等著接兩姊妹，爆炸奪去了包含克利斯夫婦在內總共二十二人的生命。父母雙亡的艾莉克絲和派翠西亞，只能領到刑事傷害補償金兩萬兩千英鎊。消息傳出之後，網路上立即出現為她們籌款的募捐活動，我搜尋到慈善眾籌網站 JustGiving 就有五個不同的捐款頁面，[39] 為兩姊妹募集到超過三萬四千英鎊的善款。「吾愛曼徹斯特」（We Love Manchester）基金透過公眾捐出的善款，為此事件每一位死者的家屬提供二十五萬英鎊，所以這對姊妹又另外獲得五十萬英鎊。[40]

在二〇一七年倫敦橋攻擊事件後成立的「英國團結基金」（UK Solidarity Fund），最終向這起事件每一位死者的直系親屬補助七萬五千英鎊，[41] 無論國籍、無論死因。慈善眾籌網站 JustGiving 和 GoFundMe 上面，也有民間人士志願為個別受害者家屬募款的活動。當莎拉還被列為失蹤人口的時候，馬克和朱莉的一位朋友就在 GoFundMe 發起募捐，[42] 並在兩個多禮拜後募得將近兩萬四千澳幣（一萬三千七百英鎊）。「倫敦橋之獅」羅伊．拉納或許無法憑藉刑事傷害補償取得一分一毫，但 JustGiving 的活動為他募集了超過五萬五千四百七十英鎊的捐款。

如果我們把注意力放在慈善領域，你會發現很多世界上最富有的慈善家對於這類募捐活動不以為然，因為他們認為這類活動改善這個世界的效益不彰。不過，除了這種理由之外，還有其他理由、甚至是更好的理由可以質疑，仰賴善心人士捐款救濟受害者家屬，究竟是不是一種好的做法。

某些悲慘事件（以及某些受害者）會獲得更多的報導與關注，獲得公眾更高的同情及捐款。比如二〇一八年的匹茲堡猶太會堂槍擊事件，十一位遇難者和兩位重傷倖存者的家屬，總共獲得了四百四十萬美元的善心捐款，[43]平均每位死者獲得的捐款金額，和曼徹斯特體育館演唱會爆炸案的死者相當。但是，二〇一五年美國查爾斯頓（Charleston）教堂槍擊案的九位非裔美國人死者家屬，在屠殺慘案過後[44]總共只募到一百五十萬美金。你可以算算看金額相差多少。

或許更迫切的問題在於，政府因為救濟受害者家庭狀況的補償計畫不足或不公平而招致的壓力，會因為民間善款的湧入而有所減輕。當然，刑事傷害補償的資金來源依然是人民的錢，只不過是以稅金的形式徵收，並且以不同於眾籌的方式分配補償。我們不應該讓人民的善心捐款反而導致政府甩脫責任。英國司法部在二〇二〇年時啟動了對刑事傷害賠償制度的審查，[45]不過至少在我撰寫這篇文章之前，尚無任何成果出爐。

刑事傷害賠償制度若能有所改革，獲益最多的會是失去至親、身心受創且別無索賠管道的人們，他們是這個國家裡頭最無助的一群人，可是幫助他們卻不是英國政府的優先事項。

朱莉和馬克將七萬五千澳幣的海外恐怖主義澳洲受害者補償金，用來設立一個以莎拉命名的慈善組織，這個組織的宗旨是為那些遭受毀滅式喪親打擊的人們，提供情感、精神與現實方面的支持。莎拉過世之後，他們在黑暗中掙扎了好久，他們希望能幫助別人不要陷入同樣的困境。

「莎茲避風港」（Sarz Sanctuary，譯按：「莎茲」是莎拉的暱稱）最初的構想是個可以實際入住的療傷園地，但是在疫情期間轉變成一個數位平台。朱莉充滿熱情地說道：「這樣我們就可以幫助更多的人，而且可以和世界上的人們聯繫。我們建立數位平台花費好幾十萬澳幣。我們花光了一切積蓄，賣掉自己的房子、車子和船來資助平台的運作。現在我們在這裡做度假屋的居住管理員，這樣就能減少生活成本，同時進行遠程數位工作。」

馬克說道：「這件事賦予了我們每天起床的目標與動力。」

朱莉點頭道：「我們必須讓自己的悲傷變成正常生活的一部分。」

朱莉和馬克成為療傷大使，他們曾經到聯合國全球恐怖主義受害者大會（Global Congress of Victims of Terrorism）等活動發言，到過白金漢宮晉見伊莉莎白女王（Elizabeth II）。他們籌辦了每年一度從倫敦到巴黎的自行車騎行募款活動，第一屆活動的出發點，就是莎拉香消玉殞的那段人行道，[46]另一名受害者澤維爾在倫敦橋上被撞當時就在他身旁的克莉絲汀．德爾蔻也來到活動現場，目送他們騎著腳踏車出發。

馬克和朱莉從出事地點帶回一些卵石水泥的碎片，放在家中的花瓶裡，他們希望用某種方式，能帶著莎拉的靈魂從倫敦回到家。朱莉說，自從她在太平間看到莎拉的遺體之後，她就覺得莎拉一直在自己身邊，從未離開。

「我們所做的每一件事情，都有她的指引。我得到一個徵兆或感受，覺得我應該要做點什麼事，我就那麼做了，」朱莉炯炯有神地說道：「我們有能力造成一些影響，並且讓那件事變成我們的使命。我對恐怖主義有了親身的經歷，我能了解失去孩子的痛苦，我將我的感受發自內心說出來。這是我走上的道路，這是我的歸宿。」

莎拉這條生命被訂出的金額，是沒有意義的、是被任意斷定的、是不公平的。但是，朱莉和馬克正在學習如何與失去女兒的痛苦共存，他們不讓自己因為賠償不公平的問題受到二次傷害。我明明遠在地球另一端，隔著電腦螢幕與朱莉和馬克談話，即便如此，我都覺得自己快要承受不起了。但是，朱莉和馬克不會被憤怒或痛苦沖昏頭腦，莎拉的死給了他們使命感，所以莎拉的死絕對不是沒有意義的。

「我們兩個人都認為，人降生在這個世界上的時候，已經簽了能在世上活多久、什麼時候要離開的契約，你不會知道那是什麼時候，但你已經簽了約，」馬克說：「莎拉就是那天要離開的，這就是為什麼有那麼多巧合導引她走到那裡去。」

朱莉頷首道：「那是讓這件事在我心中、在我們兩個人心中出現意義的唯一方法。」

第三部

創造生命的代價

第六章

生物學家長：一萬三千七百五十英鎊，男同性戀則是二十萬美金

★折合新臺幣五十八萬六千零二十五元、六百五十八萬四千一百六十元★

尼可拉斯．馬吉平托（Nicholas Maggipinto）對我說道：「我看到『男同性戀當家長』（Gay Parents To Be）這個機構投放的定向廣告。」這件事開始於這一則Instagram廣告，時間是舉行婚禮的半年之前。

男同性戀當家長這個機構位於美國康乃狄克州，該機構「是非正式資源所在地，是ＬＧＢＴＱ人士育兒的出發點」，常常有紐約市的男同性戀來此尋找代理孕母建立家庭。機構創辦人是一位生殖醫學專科的醫師，他自己就是個同性戀父親。這位醫師願意提供免費諮詢，「他會向你介紹整套流程，」尼可拉斯繼續說道：「我們因此向對方做了預約，我們兩個人心意相通，我們想要

進行下去。」

直到此刻為止，尼可拉斯・馬吉平托和寇里・布里斯金（Corey Briskin）的感情路，就像是一條運作順暢的傳送帶。兩人是在二〇一一年讀法學院時交往，二〇一四年訂婚，二〇一六年在《紐約時報》（*New York Times*）上公布婚訊。[1]兩人婚後搬到紐約市威廉斯堡（Williamsburg）一間水岸大樓的公寓，公寓大廈一樓有間兒童遊戲室，裡面滿是玩具以及讓小孩子爬上爬下的彩色軟質遊具。

我們三人現在正坐在這棟大廈裝潢沉悶的社區會議室裡頭，那間明亮且使用玻璃隔間的兒童遊戲室，就在我們的正對面。馬吉平托今年三十七歲，布里斯金比馬吉平托年輕四歲。布里斯金穿著藍白條紋襯衫，扣子只扣到胸口，看來比較放鬆。馬吉平托用髮雕弄了造型，他眉頭皺起，坐在椅子上的身體前傾，肩膀看來有些僵硬。

「我們結了婚，然後列出我們結婚之後想要什麼，比如房子、孩子、401(k) 退休金*等等，」馬吉平托說道，他一一將項目列舉出來，手一邊隨著節奏敲著會議室的桌子。

布里斯金從小就認為自己以後會有孩子，在大學出櫃之前，他是和女性交往過的。「在我發

---

* 401(k) 是美國一種退休金儲蓄計畫的名稱。

現自己是同志以及對別人出櫃之後，我對於人生的期望並沒有出現多大的改變，」布里斯金聳聳肩道。隨著多年前婚姻平權的勝利，馬吉平托和布里斯金希望能夠擁有傳統的婚姻生活。

但是在那次與醫師進行免費諮詢之後，兩人關係至今為止運轉順利的傳送帶，忽然停頓下來。布里斯金深吸了一口氣說道：「當時我們第一次知道這件事的時間表，最少要花一年半到兩年之間。還有，我們也知道了做這件事得花多少錢。」

我問：「費用是多少？」

他們接下來花了十五分鐘，才把這個問題回答完畢。

馬吉平托開始娓娓道來：「首先是要給卵子捐贈者的補助費用。」他說，美國生殖醫學學會最新的美國生殖醫學學會指導綱領，表示他們「避免對人類的卵子設定價格」，[2]但是前一版（ASRM）訂定的標準是，每位卵子捐贈者獲得的補助至少要高於八千美元。的指導綱領上頭明明寫著：「支付給卵子捐贈者五千美元以上的費用是合理的，但高於一萬美元是不恰當的。」[3]前一版指導綱領是近二十年前制定的，而且那只是指導原則、不具備任何強制力。由於生殖醫學在美國幾乎不受任何監管，此情吸引了很多想要選擇胎兒性別（gender selection）或者商業代孕（commercial surrogacy）、但在其本國因倫理因素被法律禁止的人們，來美國進行生育旅遊。

「接下來是生殖診所的費用，也就是診所為準家長提供的所有服務，包括向卵子捐贈者取出卵子、向代理孕母注入胚胎，」馬吉平托逐一列舉相關項目，這顯然是一個關心且擔心所有細節的人才能列舉出的細節，他繼續說道：「關於準家長本身，費用包括基因測試、系列的血液檢查與性病篩檢。」

我納悶為什麼要找代理孕母的準家長需要做基因檢測。異性戀伴侶在成為生物學父母親之前，並不需要進行基因評估呀。但我猜想，假如你決心要做一件事，那乾脆就做到徹底，這樣確實也不無道理。不過，我還沒來得及詢問，馬吉平托已經進入到下個項目了。

「對卵子捐贈者要做的事情還有美國食品和藥物管理局（ＦＤＡ）規定的一系列血液與性病檢查，評估捐贈者的抗穆勒氏管荷爾蒙（ＡＭＨ），也就是衡量女性排卵能力的指標，然後還有評估捐贈者與一位準家長是否會有較高遺傳疾病風險的基因檢測。費用還包括刺激卵子捐贈者生育力的藥物，接下來捐贈者得到藥物刺激後的監控，然後是取出卵子。」

布里斯金插話道：「你沒提到與心理評估相關的費用。」

馬吉平托點頭道：「我們兩個人和卵子捐贈者都需要進行心理評估，那也是一筆費用。接下來是生殖診所取出卵子之後的工作，要檢查卵子是否有異常、再來是在實驗室中讓卵子受精。卵子受精五六天之內會長成囊胚，然後再評估囊胚的健康度，並且進行分級，染色體異常的囊胚會立刻被淘汰，存活下來的會進行冷凍，直到你找到代理孕母為止。沒有人知道找好代理孕母要花多久時間。」

「精子的冷凍也一樣，」馬吉平托道：「我剛剛有提到我們要提供精子吧？這也是男性生育的成本之一。」

「而且，他們也要評估精子，」布里斯金道。

「喔，沒錯，」馬吉平托說：「有三項評估指標，活動力、型態和數量。」

布里斯金解釋道：「假如你有某項數值特別低，你可以服用補劑來提高利用精子創造胚胎的機率。」

馬吉平托和布里斯金顯然仔細研究過這份關於配子（gamete）、補劑、程序、評估的費用清單，並且讓我知道這些是他們要「生」孩子的必要條件：這是一份必要條件的清單，是必須的支出。他們似乎從來沒有質疑過，除了男同性戀希望與自己的孩子有基因聯繫的困難之外，也許還有生殖產業想賺錢的貪心問題。

「所以呢，這些胚胎會被冷凍保存，」馬吉平托再度開口，他想要趕快回到主題：「如果成功找到代理孕母，她必須接受心理評估以及生殖醫學診所的審核，當然她也要接受血液與性病檢查。下一步就是將胚胎植入妊娠承載者（gestational carrier）體內。」代理孕母之所以被稱為妊娠承載者，是因為她體中植入了由另一位女子卵子造就出的胚胎。「到這裡，生殖診所的工作算是告一段落了。上述費用加起來可能要七萬美元，這還沒有加上卵子捐贈者的補貼。」

說以上費用大約要七萬美元，那還得是一切順利呢，假如一個週期沒有成功造出胚胎、或胚胎沒有成功受孕，那就得從頭開始。而且，以上費用都還沒有涵蓋這件事最昂貴、而且也是具爭議性的部分，也就是代孕。

生殖科技之長足進展意味著，只要能獲得所需的配子以及生育治療，幾乎任何人都能夠成為父母親，但是要「生」孩子總是需要一位妊娠承載者。代孕的醫學、法律、倫理問題都很複雜，這是一片由科技、生殖、自主權、金錢等因素交織起來的灰色地帶。至少在「目前」*，對於想要成為生物學父親的男同性戀者來說，這是擁有生物學子女的唯一途徑，如今也有愈來愈多同性戀夫夫（gay couple）們想要建立傳統家庭。在英格蘭和威爾斯地區，目前依然只有無償利他的代孕行為是合法的，英國國會在二〇一三年通過了《同性婚姻法》（Marriage (Same Sex Couples)

＊我之所以說「目前」，是因為人造子宮（artificial womb）的科技正在發展當中，這意味著未來可能做到在無人懷孕的情況下孕育嬰兒。我在我的第一本著作《科技與惡的距離：AI性愛伴侶．人造肉．人造子宮．自主死亡》（*Sex Robots & Vegan Meat: Adventures at the Frontier of Birth, Food, Sex and Death*）當中有談到這個主題，並且深入探究了各種代孕形式所要面對的倫理、政治問題與挑戰。

Act」，[4]從二〇一一到二〇二〇年間，利用代理孕母的同性夫夫與妻妻人數增長了四倍之多。[5]

烏克蘭曾經是尋求商業代孕的生育旅遊者之首選，當俄國在二〇二二年入侵烏克蘭時，成千上萬為他人懷孕的代理孕母陷入恐慌，[6]驚慌失措的準家長們想盡辦法將代理孕母與她們腹中的寶貝胎兒送出烏克蘭。現在，商業代孕的首選地區變成了美國，而且對代理孕母的需求愈來愈高於供應。自從新冠疫情爆發以來，在美國找人代孕的費用便節節攀高。

馬吉平托告訴我，他們被告知的資訊是，付給代理孕母的費用最低也要六萬美金。「這個金額還不包括代理孕母添購孕婦服裝之類，以及因為看醫生或被迫臥床休息而損失的工資、交通費、她自己小孩的托兒費等等的補貼。」

講到目前為止，馬吉平托和布里斯金都還沒揭曉最後的答案。我開口問道：「我真的是開了眼界。所以這整個過程總共花費多少錢，你們知道大概的數字嗎？」

布里斯金反問：「你是指代孕的部分嗎？」

「我是指男同性戀伴侶生一個孩子這整件事。」

「至少要二十萬美金，」馬吉平托每說出一個字，手指便敲一下桌面，以此表示他難以置信的心情。

布里斯金望向馬吉平托，語氣溫和地表示：「他們跟我們報出這個數字的時候，我當時還以為二十萬美金是指什麼高級的方案……」

「喔，不，是最低二十萬美金，」馬吉平托立即打斷道，他的語氣有些不爽：「因為還有一些我們剛剛沒有提到的費用，比如代理孕母機構的仲介費，我記得是兩萬五千美元。」

布里斯金表示同意道：「還有卵子捐贈者機構的仲介費。」

「我也忘記還有這一筆了，我記得這要八千到一萬美元之間。」

他們倆實在負擔不起這筆費用。馬吉平托是位公司律師，薪水合乎行情，但他說他目前還背負著鉅額的學生貸款。布里斯金那個時候擔任紐約市的助理地方檢察官，年收入大約七萬五千美金。布里斯金的就業福利包含優渥的健康保險，理論上應該可以涵蓋生殖診所的試管嬰兒（IVF）費用，減少他們七萬美金的支出才對。但是他們開始研究健保規定的時候，他們發現自己是唯一被排除在健保支付試管嬰兒費用之外的一類人。所謂「不孕」（infertility）的定義，是指透過異性性行為或者人工受孕（intrauterine insemination）仍無法妊娠，也就是說，在紐約市工作的異性戀者或女同性戀，都可以讓健保支付試管嬰兒費用，但男同性戀就是絕對不符資格。

布里斯金說這不只是疏忽的問題，這就是赤裸裸的歧視。「這項規定是過去那個時代的產物，對男同性戀伴侶有誤解、刻板印象和偏見的時代，人們認為男同性戀沒有能力養育小孩，因為男同志的關係當中不存在女性的角色。」布里斯金說他當時工作的同事，幸福地享有他沒資格享受的福利，比如當時有位年紀比他更長的單身女同事，就使用了捐贈的精子、試管嬰兒與代理孕母，成為了一名母親。

「這真的很難承受，」布里斯金道：「我也想要為別人感到高興呀。」

「我們結婚的時候，我是三十歲，」馬吉平托說：「三十歲沒有生小孩，我覺得還好，這對我們這個世代的人來說是很正常的事情，也合乎當前要在工作與生活之間取得平衡的觀念。但是又經過七年之後，我真的很不開心了。」馬吉平托一邊說著，手指一邊撥弄著那只偌大的婚戒。「有些比較年輕的LGBT（女同性戀、男同性戀、雙性戀、跨性別者）人士，是在具備前瞻眼光並且提供相關福利的企業工作。如果你上 Instagram 查詢 #gayswithkids 或 #gaydads 的標籤，你可以看到很多二十五歲到三十歲之間的人，擁有自己的親生孩子、或者在進行類似的計畫，」講到這裡，馬吉平托露出絕望的眼神：「我為他們感到欣喜，但我為自己感到難過。」

這顯然不只是 Instagram 引起的羨慕心情而已，他們的沮喪化作現實上的痛苦與煎熬。馬吉平托表示，他只好「去疼愛別人的孩子來獲得間接的滿足」，他的妹妹比他小六歲，剛剛生下第二個孩子。「我們會在我妹妹需要幫手時照顧我的外甥。向我的妹夫祝福父親節快樂，真是情何以堪呀。」

我詢問道：「你們一直都想要有親生子女嗎？」

我問出這個問題，不是在拐彎抹角地問「你們為什麼不乾脆去領養小孩呢？」但是，馬吉平托和布里斯金顯然是這樣子去理解我的問題。

經過一陣沉默之後，馬吉平托開口道：「我從來不反對領養小孩，我甚至不反對試著養育別人寄養的小孩，看看狀況會怎麼樣。可是，我們現在是一對結婚的伴侶，我們已經決定，擁有與自己有血緣關係的小孩是非常重要的事情。」

「我不是手足無措，」布里斯金說：「我對於自己渴望有親生孩子，會負起完全的責任。這件事是我們全然自主的決定。」講到這裡，他搖了搖頭道：「被問到這樣的問題，真的會覺得自己被賞了一巴掌。這是一個很羞辱人的問題，我願意以別的方式幫助別人，但領養不是我會選擇的助人方法。」

我能夠體會為什麼布里斯金會感覺這麼困擾。當我決定和我先生一起建立家庭的時候，沒有人會建議我們去領養小孩。我永遠不需要去辯護，我為什麼希望我的孩子身上能流著我的血液；假如我堅持要有生物學子女，不願尋求其他成為父母親的途徑，沒有人會暗示我是個自戀狂。異性戀夫妻在做試管嬰兒的時候，不會常常有人要問他們為何選擇進行生殖治療、而不是去領養孩子，人家很自然就會假設，要是有機會成為生物學父母的話，你就會把握住機會，沒有人會去要求你解釋原因。

布里斯金和馬吉平托在二〇二二年四月向美國平等就業機會委員會（US Equal Employment Opportunity Commission）遞交集體訴訟起訴書，控告布里斯金的前雇主（即紐約市）有非法的職場歧視。他們要爭取的事物，已經超越了一對伴侶渴望建立家庭的層次：這是一個具有里程碑意義的案件，也許可以讓全美的男同志都享有與其他人一樣的生育福利。

布里斯金道：「我想要把話講得很清楚，如果我們可以靠自掏腰包的方式生下孩子，我們肯定會這麼做。」

兩人曾經考慮過，他們能申請哪些貸款、合乎哪些補助的資格；兩人也考慮過，能不能向家人借錢、或是發起眾籌活動。「我們並沒有排除這些選項，因為我們幾乎陷入絕望了，」馬吉平托鬱悶地說道：「老實講，講這些話讓我感到很難堪。我覺得我們兩人都可以算是接受過高等教育的高成就人士，工作又非常勤奮，我覺得我們實在不應該陷入這種窘況才對。」

「我懂，不是每個人都想要生小孩，這不是人生在世的必需品，」布里斯金說道：「但是，如果你是想要生育下一代的人，沒有人願意被告知自己沒辦法做到這件事。」

我問道：「如果你決心要選擇這條路走下去，會不會很容易被人占便宜呢？」

對此，馬吉平托的回應是，他曾經在「男同志生孩子」（*Gays with Kids*）這個 podcast 節目中聽過一則廣告，是關於可以ＤＩＹ在家進行的人工授精套組。「相較之下，這個做法便宜非常多，可以省去這個過程的一大堆步驟。畢竟我們要在一群人數必然稀少的群體當中，找到一個願意懷孕為你生下孩子的人，」他這麼說道：「所以，是的，我認為人們因為想要省錢，這一點反而會造成許多弱勢。」

我問出這個問題本來是想要知道，他們會不會因為想要生物學子女心切而被他人在經濟上占便宜。沒有料想到馬吉平托卻是把我的問題理解成，男同性戀如果為了省錢而省略生殖診所認定為必要的步驟，他們會不會在法律問題或醫學問題上淪為弱勢。要根據生殖產業認定的正確方法，創造出一個與自己基因相繫的生命，代價高昂被認為是理所當然的。

❈　❈　❈

就在大門保全微笑著目送我走出大廈的時候，我突然想到，馬吉平托說出費用是二十萬美金起跳的時候，布里斯金向他一瞥的表情。他們發起的法律戰使得他們有切身利益涉及其中，誇大生孩子的成本超出男同性戀伴侶經濟能力一事，對他們會是有利的。所以，馬吉平托會不會為了說服我而有誇大其辭之處呢？難道所有透過試管嬰兒和代理孕母獲得孩子的男同志伴侶，都能籌到二十萬美元嗎？

「同性戀當家長」網站上的說明是，透過試管嬰兒和代理孕母生一個小孩的平均費用是十四萬美金，但實際金額會根據你住在美國的地區而有所不同，最低八萬五千美金，最高要二十萬七千五百美金。[7]「男人生寶貝」（Men Having Babies）這個倡導團體發布的預算指南顯示，最低金額是十一萬三千零五十美金，但一般預期的金額大約落在十九萬四千一百美金。[8]所以，對於一對住在紐約市的伴侶來說，二十萬美金應該算是合理的數字。

現在，只有非常富有的男同性戀伴侶、或者非常窮困的男同性戀伴侶，才有條件成為生物學父親。由「男人生寶貝」團體推行的「男同志家長協助計畫」（Gay Parenting Assistance Program），每年提供價值一百萬美金以上的折扣優惠[9]、免費醫療服務、以及現金補貼，可是，馬吉平托和布里斯金的情況並不符合資格。他們如果想要有流著自己血液的孩子，以自費的標準而言，他們太窮，以申請補助的資格而言，他們太有錢。

這個問題並不限於美國的男同志伴侶。創造生命的成本對男同性戀這個族群來說是最高的，但是輔助生殖（assisted reproduction）的高昂費用對於男性和女性而言，都是巨大的負擔，無論他們的性取向為何、也無論他們所在的國家是否理論上有提供免費的生育治療。

根據世界衛生組織（WHO）的最新資料，全世界每六人便有一人受到不孕症的影響。[10]近三十多年來，歐洲、北美、澳洲地區男性的精子數量下降了將近百分之六十，[11]原因至今仍未釐清。女性的生育力問題與年齡因素關係密切，而女性生孩子的年齡在近年來愈來愈高：以英國為例，英國女性生第一個孩子的平均年齡是三十一歲，而她們母親那個世代則是二十二歲。[12]由此，生殖產業的發展愈益蓬勃，到二〇二九年時，[13]全球生殖產業市場的價值預計會達到三百二十億美元。

在英國，大多數採取生育治療的人都是自費的。理論上，四十歲以下的女性如果嘗試懷孕兩年都沒有成功，應該可以接受由英國國民保健署（National Health Service, NHS）付費[14]的三輪試管嬰兒週期，但她們實際上能得到怎樣的治療，最終決定權掌握在地區綜合護理委員會（ICB）手上。指導綱領的說明只有提到女性，也就是說，男同性戀沒有資格要求英國國民保健署支付任何生育治療的費用。而且，各個綜合護理委員會還有各自加上的條件，一般來說，能獲得健保補助的女性必須是三十五歲以下，沒有抽菸習慣、體重沒有過胖、沒有任何子女（包括繼子女）。而且，委員會通常只會批准健保支付一輪試管嬰兒週期、[15]不是綱領上建議的三輪。一份針對一千三百名生育障礙患者的二〇二二年研究指出[16]，其中有三分之二的人採取自費，平均花費是一萬三千七百五十英鎊。受訪者當中有百分之十二的人最終花費三萬英鎊以上，才成功懷孕產子，極少數的人（百分之〇．五）則花費超過十萬英鎊。

從斯塔福郡（Staffordshire）與我通電話的艾比（Abbie）說：「我們到現在已經做過五次試管嬰兒，再加上旅費與每個月一百英鎊的補劑費用，我們目前為止已經花了超過四萬英鎊。」當地的國民保健署臨床委員會資助了一輪試管嬰兒費用，但是當艾比的卵子沒有成功受精的時候，他們便告知往後不會再提供補助。「我們只要住在距離這裡車程二十分鐘的地方，就可以多獲得一輪試管嬰兒的國民保健支付。如果我們是住在另一個區域，我們做的第一輪試管嬰兒就會被歸類為無效，他們就會多提供一輪的錢。這實在是很不公平。」

艾比的故事也是從 Instagram 開始的，至少，艾比是在上面開始為生育治療財務創傷（financial trauma）問題發聲。艾比在 Instagram 上貼文表示他們夫妻倆都覺得要生一個孩子的花費太沉重了，然後她才發現還有很多人遇到類似的困境。艾比不希望我公布她的姓氏，三十三歲的艾比在經歷了四年的嘗試之後好不容易成功，目前懷孕十五週。她的寶寶是由希臘捐贈者提供的卵子，在希臘的診所受孕；到目前為止，她還沒有分享過那個部分的故事。

艾比說：「為了把每一分錢省下來，我們差不多是到勉強餬口的程度了。」為了支付第四次的試管嬰兒費用，這對夫婦把艾比的車賣掉了；那輛車的車貸，他們到現在還沒償清。他們的第五次試管嬰兒，是在倫敦的一間診所做的，因為艾比聽說那位診所的某位醫師「成就了好幾個奇蹟故事」。為了這一次的費用，他們賣掉艾比丈夫的車，並且另外申請一筆銀行貸款。「我們不再外出娛樂，我們不再喝咖啡、也不再喝酒。」艾比錯過了朋友的婚禮和單身派對。「我和朋友的關係簡直降到冰點。」

儘管艾比為了懷孕做出那麼大的犧牲，但是她告訴我，這件事情最難熬的部分，是意識到自己和嬰兒不會有生物學上的關係。「要接受這個孩子不會有我的基因，真的是非常艱難，」艾比輕聲說道：「我覺得我的孩子會有深色的皮膚與頭髮，而我看起來不像是他的親生媽媽。」診所也知道，對於那些願意接受生育治療的人們來說，基因或血緣具有多麼重大的關係。於是，診所向艾比提供兩種方案，或者是和另一對夫婦共用捐贈者的卵子、或者是額外支付三千英鎊而單獨使用。「我們確實已經花了很多很多錢。可是，當我們開始思考，這樣等於是為了省下三千英鎊，讓另外一個孩子跟你的孩子共享同樣的基因。用這種角度去看的話，三千英鎊也不算是什麼大錢了。」於是，夫妻倆額外支付了這筆費用。

我猜想，當你已經花了那麼多錢，額外的三千英鎊也許感覺只像是滄海一粟吧。當然艾比不會那樣想，但是在我看來，這件事簡直就是診所把持捐贈者的卵子勒索贖金一般。

擔任過高盛集團（Goldman Sachs）執行董事的納德・阿薩利姆（Nader AlSalim），現在已經是一個孩子的父親。阿薩利姆表示：「現實就是，只要你的錢夠多，你就會有運氣。這樣想是很庸俗沒錯，但卻是思考這件事的唯一一種方式。」

看來阿薩利姆雖然已經徹底離開投資銀行界，但有些職業思維依然殘留著。他在西倫敦的辦公室擺設非常講究，有狗狗的水碗、椰纖織毯、吊盆植栽，還有一幅印著「Brave Brave Brave」（勇敢．勇敢．勇敢）字樣的框畫。阿薩利姆戴著細手鍊，身上有神祕的小巧紋身，很契合一間初創公司CEO（首席執行長）的氣質，但是他的條紋襯衫、修整的鬍子、和新剪的髮型，又是十足金融人的模樣。阿薩利姆的公司「蓋亞」（Gaia）固然是以一切生命之母、大地女神蓋亞命名，但它仍然是間保險公司無誤。該公司自許為「全球第一間試管嬰兒保險公司」，成立於阿薩利姆的寶貝兒子在五萬英鎊生育治療之後終於出世的六週之後。蓋亞保險公司為他們的顧客（或公司所稱的「會員」），提供試管嬰兒失敗風險的保險。

阿薩利姆和妻子總共做了五輪試管嬰兒週期，他告訴我，接受生育治療的人們當中，會做到第五輪的人大約只有百分之三或百分之四。「假如你去看看有多少人能擁有五萬英鎊的可支配儲蓄，你會發現人數比例是差不多的，大概百分之三或百分之四。所以做試管嬰兒能做到什麼程度，基本上就端看你有多少錢，」阿薩利姆聳肩道：「這很不公平吧。怎麼可以把身為一個人最基本、最基本的權利——也就是生孩子的權利——訂出價格呢？」

成為生物學父母的權利，真的是所有人都擁有的最基本、最基本的生育權嗎？還是說，這其實是一種特權，一種我們應該加以珍惜與感激的特權呢？如果要生下孩子就是需要有女性懷胎九月，男同性戀伴侶是否真的擁有生育子嗣的權利呢？單身的人也有生育權嗎？確實有很多人希望能擁有親生、或與自己有血緣關係的孩子，但此事究竟算不算是基本人權仍有辯論的空間。

可是，阿薩利姆講得那麼言之鑿鑿，所以我盡量委婉地措辭下一個問題。「有些人會說，生育不是基本人權，」我對他說道：「有人會說，你如果想要為人父母，你可以去領養小孩。」

阿薩利姆帶著懇求的眼神盯著我道：「我很希望有人能夠去對那樣說的人解釋，領養小孩這件事有多麼困難。」阿薩利姆和妻子在探索領養小孩的辦法時，領養程序雖然合理但極其繁瑣的程度把他們都嚇到了。「領養程序淘汰有心人的嚴格程度，比生育治療還要更高。而且，我真的不認為領養是一種替代的選項。人人都應該有建立家庭的權利。個人財務狀況絕對不應該成為公平與否的決定性因素。擁有小孩成為父母這件事不應該是奢侈品。」

你很容易就會想要贊同阿薩利姆的主張，他給我的感覺就像是一位魅力十足又經驗豐富的教授，能夠用邏輯和理論支持他對人性的廣泛觀察。

「生育治療之所以昂貴的原因，是因為價格彈性（price elasticity）的範圍很大，」阿薩利姆續道：「就需求層面去談，求子心切的準家長願意掏錢，即便他們現在沒有那麼多錢，因為沒有人能夠限制，人們為了希望，願意付出多高的代價。」阿薩利姆說，即便冰淇淋持續漲價，消費者依然願意付錢買冰淇淋，直到付錢的痛苦壓過吃冰淇淋的快樂為止。「可是，就生孩子這件事來說，這個苦樂交叉點在哪裡是不清楚的。」

立刻就心領神會的我隨即接續說道：「因為，人們不會給嬰兒訂出一個價格，而是幾乎不計代價？」

「沒有錯！」阿薩利姆微笑著，就像是一位鼓勵學生的老師。「你是在為自己的希望訂價，但是希望是無窮的、主觀的、視情況而定的。至於生活上的其他事情，你可以確定它的價值高低，你願意為自己想要獲得的服務付出多少錢，通常會有非常明確的金額上限。」

英國有個監管此事的機構叫作「人類生育和胚胎監管局」（Human Fertilisation and Embryology Authority，HFEA），該機構雖然有權命令剝削客戶的診所停業，但是他們並不規範或監管價格。生育和胚胎監管局局長於二〇一九年時承認，為了從事成效尚未證實的「額外治療法」，比如胚胎膠水（embryo glue）和子宮內膜刮搔術（endometrial scratch），某些診所對一輪試管嬰兒的收費可能高達兩萬英鎊。[17]假如原先希望渺茫，有些患者願意盡力將可能性提到最高，對於診所提議的附加治療照單全收。

阿薩利姆表示，這不只是想要生孩子的人們才有的難題而已，這是一場涉及國家存亡的災難，是一個經濟與政治方面的火藥庫。他如此宣稱道：「這是簡單的算術，一個沒能出生的生命，就等於一條失去的性命。」

我回道：「事情怎麼能這樣說呢？」

阿薩利姆一副樂意被挑戰的樣子，回應道：「這可是完全等同的事情喲。」他拿起一支黑色簽字筆，在他面前的筆記本上寫下「2.1」並講解道：「先假設像我這樣的移民不存在，一個國家要維繫自身存在的話，一個家庭需要生2.1個孩子，但是目前英格蘭家庭的平均小孩人數只有1.5而已。出生率低迷再加上對移民的抗拒，人口赤字的缺口難以彌補；納稅人不夠多的話，我們簡直就是坐在一顆退休金定時炸彈上。退休金缺口最龐大的那些國家，愈來愈傾向以國家力量資助人們進行試管嬰兒。」阿薩利姆興致勃勃地說明這套公式道：「在丹麥、以色列和日本，有百分之十的新生兒是試管嬰兒；反觀其餘的文明國家，這項比例卻是在百分之二以下。這是一項非常清楚的訊息：假如你可以讓做試管嬰兒的人不要遇到資金困難，那麼你就可以獲得多五倍人口的成果。」換句話說，假如國家有意以承擔生育治療費用的方式，來處置退休金財務缺口問題的話，透過輔助生殖出世的新生兒人數，可以增加到五倍之多。

阿薩利姆設立蓋亞保險公司的創新辦法，是一套厲害的演算法，可以預測六輪試管嬰兒週期的成功機率。「你支付對應於成功機率的客製化保費，並且讓你得知自己需要投保的最佳週期數，」阿薩利姆解釋道：「假如經歷這段時期之後，你還是沒有孩子的話，你一毛錢都不用付。假如你有了孩子，那你就每個月分期付款。」

蓋亞的「會員」會填寫有關生育力的資料，以便讓演算法計算出懷孕的機率。阿薩利姆輕快地表示：「這不是什麼發射火箭的尖端科學。」女性的年齡是主要因素，但是其他因素也有很多，比如精子數量、ＢＭＩ（身體質量指數）、抗穆勒氏管荷爾蒙水平、月經週期、子宮內膜異位症或多囊卵巢綜合症的病史、懷孕或流產史等等。「把這些因素全部綜合起來去計算，我們的預測可以做到百分之八十的準確性。」你支付為你客製化的方案保費，然後到與蓋亞有合作的生殖診所接受治療，診所會再將帳單寄給蓋亞公司。

最後如果你成功「生了孩子」——蓋亞公司給的定義是從醫院將新生兒帶回家——那麼購買蓋亞方案的費用會比直接支付生殖治療費更昂貴，因為除了治療費的成本之外還有保費。如果你最終是在第六輪試管嬰兒才成功，那你要向蓋亞分月繳費的時間就會很漫長了。阿薩利姆說，他們會審查投保人的信用與經濟能力，確保他們有能力負擔相關費用，但是，即便你現在終於可以分期付款，當生物學父母或家長顯然依然是一項奢侈品。

阿薩利姆向後靠在椅背上，雙手交叉在腦後說道：「我們最大的特殊賣點就是安心，你知道你未來要支付的金額是有受到保護的。」他又補充道，這麼一來人們就會願意嘗試花更多時間生孩子、生更多的孩子。蓋亞公司的數據顯示，假如人們願意多嘗試做一個試管嬰兒週期，去年的新生兒應該會多出一千七百人以上。「我們不希望功虧一簣的情況出現！」

蓋亞保險開業的第一年，會員們就生下了五個嬰兒。「這就是蓋亞的力量所在，」阿薩利姆說道，同時領著我走出他的辦公室，向我展示第一個蓋亞寶寶的同性家長送給他們的禮物。那是一幅裝框的嬰兒相片，瘦巴巴的粉紅色嬰兒蜷縮著身子，周圍擺放了湊出彩虹光譜的針筒。「那是他們在治療過程中使用過的針筒，」一面露自豪的阿薩利姆笑著說道：「他們把這些針筒留了下來，做成一道彩虹。」

這確實是一幅令人驚訝的景象沒錯，但我不太確定我是否會想要讓自己每次從辦公桌抬起頭，就看見一張小嬰兒被針筒包圍的照片。

蓋亞有許多「會員」是同性戀伴侶，夫夫或妻妻都有。近三十年生殖產業蓬勃發展之前，女同性戀伴侶通常是使用尼可拉斯．馬吉平托描述過的「家用」辦法，這種做法被暱稱為「火雞注汁管」（turkey baster）方法：找一個願意捐贈精子的人（或許是朋友），然後在女性月經週期的適當時間點，讓精子進入正確的地方。這種方法的效果其實很好，要讓卵子受精，[18]新鮮精子也許比冷凍精子更有活力。（不過，指出此現象者已經是幾十年前的研究。女同性戀就和異性或雙性戀女性一樣會有生育問題，但是有關女同性戀者懷孕的研究非常稀少。[19]）這種低科技的選項比訴諸精子銀行便宜許多、更遑論試管嬰兒，可是，這種做法在法律上與情感上的問題會更複雜：「火雞注汁管」的精子捐贈者會擁有法律上的家長探視權，他也可能被追討撫養費。儘管如此，阿薩利姆應該也會同意，這確實是一條可以成為基因父母或家長的道路，而且金錢在此不是能不能有孩子的關鍵要素。

「在蓋亞，我們相信任何想要建立家庭的人都應該有能力去嘗試。酷兒（queer）伴侶和女同志伴侶也不例外，」蓋亞公司的宣傳影片[20]在介紹與他們合作的倫敦婦產科中心（London Women's Clinic）時，向日葵與玫瑰花的圖像素材上出現了這些文字：「一號媽媽用她的卵子創造胚胎，二號媽媽植入胚胎生出孩子。這樣就可以讓酷兒或女同志伴侶**兩個人都成為生母**（to both be mothers）。」（粗體如原影片所示。）

倫敦婦產科中心的網站上寫著：「目前女同性戀伴侶最盛行的治療選項是共為生母（shared motherhood），或稱為伴侶間捐贈卵子（intra-partner egg donation）。」關於女同性戀懷孕的少數研究之一指出，這是非常普遍的做法。[21]我完全可以理解，為什麼母親希望擁有生物學上創造一個孩子的經驗，但這並不是她們「有能力去嘗試」建立家庭的唯一一條路。這種做法等於是讓具有生育能力的人去做試管嬰兒，而那個過程既痛苦又昂貴，可是，現在的流行卻是向女同性戀伴侶提倡這種做法，好像這是可以「讓」她們「兩個人都成為生母」的絕招。

「業界現在正在對女同性戀伴侶推銷生物學家長的觀念，」我對阿薩利姆說道：「這套做法被講成一套正確的做法，但這意味的卻是要接受非常昂貴的療程，而且她們明明未必要接受這些才能懷孕。」

在阿薩利姆開口回答之前，有一陣很長的沉默。「我不知道這項做法是否造成壓力。我們曾經幫助過一對女同志妻妻生孩子，而她們其中一位並沒有涉入生育過程，」阿薩利姆這麼回覆我，這是今天他給我的各種回答當中，唯一一個讓我感到不滿意的答覆。

「共為生母」之所以成為事實，是因為科技進步以及對於「不孕」定義的認知改變，導致人們對於生物學家長身分的強調重點不斷變化。同性家庭愈來愈常見，「不孕」開始被重新定義為無法與自身選擇的配偶（即便兩人都有生育能力）生下孩子。男人生寶貝團體一直在持續遊說美國聯邦政府承認同性伴侶「生育平等權[22]」（fertility equality），該團體主張「環境條件導致的不孕」（situational infertility）無異於醫學上的不孕；或許，「財務問題導致的不孕」（financial infertility）在未來某一天，也會成為此定義的一部分。

阿薩利姆的主張是，我們這個時代的精神是要賦予所有人擁有生物學孩子的權利，即便這件事不會自然而然發生。「現在我們身處於一個人類可以對所有事情採取主動性的世界，從認同到性別都是，我們不能拿生物學的天生限制當作結論，」阿薩利姆說道：「在這些事情上，誰有資格扮演上帝呢？誰有資格決定我們可以或不可以擁有些什麼呢？所謂權利，應該是人們可以決定自己想要還是不想要。」

如果人們確實擁有生育生命的權利，那麼就應該用同樣的標準看待生育治療與其他的醫療。

對於分娩提供免費醫療的國家，應該要對生育治療雨露均霑才是，如此一來，蓋亞公司就沒有必要存在了，而人民繳的稅金肯定會增加。我們要麼就接受，當生物學父母是一種有錢人才能負擔的奢侈品，要麼我們就應該做好準備，讓人人都可以擁有當生物學父母的機會。就我個人而言，我不會想要生活在一個只有最有錢的人才有能力生小孩的世界裡。

即使過程中沒有進行生育治療，誕下一個生命依舊價格不菲。一個家的食衣住行，孩子的娛樂、教育、交通還有托兒的費用，都要用你的工作收入去支付。生一個小孩把他養到十八歲，總共要花多少錢，當然會因所在地區不同而有別，在二〇二二年的英國，總花費大概是十六萬到二十萬英鎊之間，[23]在美國的話大約是三十一萬美元。[24]當然，一般的父母親根本不會去計算這筆總額。這件事跟冰淇淋太貴就不買可不一樣，生孩子需要付出的代價，根本不能和盼子心切者終於得償宿願的滿足感相提並論。

不過，誕下一個生命假如是醫療過失導致的結果，也就是所謂的「錯誤出生」（wrongful birth），此時計算誕下一個生命的價格，是用來賠償給那些寧願孩子沒有出世的父母。提出這類訴訟雖然很折磨人，但這種事其實比我們想像的更為常見。英國國民保健署在二〇二一／二〇二二財政年度，對於十二個錯誤出生索賠案，總共支出了將近七千萬英鎊的賠償，[25]金額幾乎是前一年度的兩倍高。

「錯誤出生」的索賠案件通常分成兩類，第一類是因為輸精管結紮或絕育手術失敗，家長可以根據他們損失的收入與意外懷孕帶來的生理與情感折磨要求賠償，可是，只要誕生的嬰兒是健康的，他們就不能去追討撫養一個健康孩子的費用。根據英格蘭與威爾斯地區的法律，生下孩子帶來的快樂是否超過生孩子造成的財務負擔，是不能加以計算的課題。

二〇一八年英國有個引發社會關注的驚人案例，其中化名ARB的男子竟然因為這個原因，被高等法院駁回他對於錯誤出生要求的傷害索賠。[26] ARB和他的配偶R在二〇〇八年結婚的時候，兩人做了生育治療，因此生下了一個兒子。當時剩下的五個胚胎被冷凍保存，然兩人的婚姻在二〇一〇年破裂之後，R竟然獨自來到診所，在同意書上偽造ARB的簽名，[27]懷上她和ARB的第二個胎兒，最後在二〇一一年生下一個女兒，ARB全程既不知情也不曾同意。為此ARB控告私人診所，索賠一百萬英鎊以上的損害賠償，[28]用以他支付這個未曾想要的女兒的撫養費用。可是，就像是法官說的，因為這個女兒「怎麼說都是個可愛健康的女孩」，所以ARB無法獲得任何賠償。[29]

另外一類錯誤出生索賠案件比較常見，那就是出生的嬰兒患有殘疾，但這些問題當初應該要在懷孕期間被檢查出來，而知悉情況的父母基本上會選擇終止妊娠。這類錯誤出生的案例通常是新生兒患有唐氏症或脊柱裂，這類案件的損害賠償金額反映的是照顧殘疾兒童複雜問題的花費，以及此事造成的創傷。每個個案的損害賠償金額固然不同，但賠償金額可能非常龐大：一個二〇二二年的案例是，有個男嬰生下來便是染色體異常且患有形態最嚴重的脊柱裂，但是在產前二十週的檢查中，代班的超音波技師卻沒發現任何問題，男孩的父母最後獲得利物浦女子國民保健信託基金會（Liverpool Women's NHS Foundation Trust）賠償一千九百五十萬英鎊的和解金。[30]

大多數錯誤出生索賠案會在上法院之前就和解，所以索賠人的名字大多不公開。假如最後鬧上法院，這些父母就必須站出來公開聲明，他們希望自己的兒子或女兒不曾出生，才有可能獲得支付照護子女的賠償金。艾荻塔．摩兒德（Edyta Mordel）為了生出兒子亞歷山大（Aleksander）向皇家伯克郡醫院國民健保信託（Royal Berkshire Hospital NHS Trust）求償，最終在二〇一九年獲得六位數英鎊的賠償，[31]摩兒德卻因此登上全國新聞頭條，被稱呼為「當初希望墮掉唐氏症寶寶的媽媽[32]」。

摩兒德的就醫紀錄[33]上寫著，她和她的先生在亞歷山大剛出生不久便「極度痛苦，達到失去理智的程度」。他們說他們同意進行唐氏症篩檢，並且認為胎兒通過了篩檢，可是醫院方的紀錄卻顯示摩兒德表示拒絕，故醫護人員從未進行過篩檢。根據法官的裁決，當超音波技師詢問母語是波蘭語的摩兒德要不要做檢查的時候，摩兒德並沒有領會問題，她的反射性的回答是說「不」。

「我不希望生下有殘疾的孩子，」摩兒德在進行證詞陳述時說道：「我會選擇終止妊娠。」

摩兒德顯然對於身為亞歷山大的母親感到驕傲，她的 Facebook（臉書）上放的都是這個金髮小男孩的影像，有時是穿著足球衣擺姿勢、有時是戴著水帽在海灘上、有時趴在父親的腳上學飛機飛、有時是穿著聖誕毛衣燦爛地笑著。摩兒德在 Facebook 的個人簡介上面，只寫了「47,XY,+21♥」。

「47,XY,+21」，這是唐氏症患者的染色體組合。

「這件事從頭到尾都跟他們愛不愛自己的兒子沒有關係，」摩兒德委託的律師在法庭判決出爐之後說道：「這件事的重點在於，摩兒德接受的醫療過程有誤，我們要求對方承認並回應是什麼地方出錯了，並且要確保未來沒有人會遇到同樣的錯誤。[34]」為了讓對方承認、回應與賠償，摩兒德付出的代價是，公共紀錄永遠會顯示著，她是一個寧願自己兒子不要出生的母親。也許亞歷山大未來永遠不會看到這些紀錄，但即便如此，這對於一位母親來講，依然是極其殘酷的負擔。

創造一個生命的代價是沉重的，它雖千金難買、卻又令人難以抗拒，它帶來的責任重大、卻也令人得到充實與滿足。許多人追求的生物學父母或家長身分，其實是某種特殊的樂透彩券，但我們未必知道自己正在參與這場遊戲，假如我們是幸運的贏家，我們幾乎不會意識到自己是贏家。

第四部

拯救生命的代價

第七章——矽谷慈善：兩千至三千美金

★折合新臺幣六萬五千八百四十二至九萬八千七百六十二元

「開放慈善計畫」（Open Philanthropy Project）會址的會議室牆上掛著三幅一組的裱裝畫，每幅畫上有不同的和諧幾何圖形，幾何圖形上方寫著不同的定義。

左邊那幅寫著：「懷疑主義（Skepticism）：採取懷疑態度看待一切被視為知識之事物的方法。」

中邊這幅寫著：「利他主義（Altruism）：嘉惠他人不求回報的做法與原則。」

右邊那幅寫著：「效益主義（Utilitarianism）：追求最大多數人的最大幸福之倫理學學說。」

除了資源回收桶之外，這間會議室幾乎沒有什麼別的東西了。要不是可以俯瞰窗外壯觀的舊金山灣區景色，這種刻意的極簡低調風格很可能讓這個房間顯得過於寒酸。但是，出資贊助這一切的那個人，卻是富有到不可思議的地步，雖然在此工作的人或許不希望我把注意力放在這一點上。

二〇〇四年，當年十九歲的達斯汀・莫斯科維茨（Dustin Moskowitz）和他的室友馬克・祖克柏（Mark Zuckerberg）在哈佛大學宿舍裡頭構思出了 Facebook 這個點子。莫斯科維茨二十六歲的時候，已經是全美國最年輕的白手起家億萬富翁（不過這只是因為祖克柏的生日比他早八天）。莫斯科維茨在二〇〇八年離開 Facebook 並創辦工作流程軟體公司 Asana，不過他大部分的財富依然源自於他在 Facebook（也就是現在的 Meta）的股份。在《富比士》雜誌（*Forbes*）二〇一六年「四十歲以下最富有的美國企業家」的名單當中，莫斯科維茨排名第二，僅次於他的昔日室友。如今來到二〇一九年，他依然是舊金山市最富有的那個人，[1] 有鑑於其人的地位之崇高，我今天是見不到他本人的。

不過我已經讀過很多關於莫斯科維茨的資料，我知道他不是個「一般的」矽谷億萬富翁。他不是將自己的財富花在私人飛機、遊艇、太空火箭、末日避難所，他和他的妻子，也就是前《華爾街日報》（*Wall Street Journal*）記者卡莉・圖娜（Cari Tuna），是將他們的財富捐出來。大約有四十幾個千禧世代的人在開放慈善計畫——他們喜歡自稱為「開放慈善」（OpenPhil）——這邊工作，工作內容是決定要將莫斯科維茨十一億美元的財富捐助給哪些人。

坐在會議桌對面的開放慈善公關主任麥克・萊文（Mike Levine）說：「達斯汀和卡莉不追求

個人的美譽，他們最關心的是要怎樣讓自己的贈與達到最大效用。」他們的規劃是在死前便將自己絕大多數的財富捐出，萊文補充道：「他們的理念是，盡快讓這些財富發揮最大的作用；這樣就有機會幫助人們擺脫貧困，然後這些人條件改善之後還能夠繼續幫助別人，於是這個善行可以生生不息、日益茁壯。」

我可以看到萊文芥末黃色V領上衣袖子裡頭的手臂上有幾個紋身，恐怕這便是這個地方最有趣的東西了。萊文的態度真的很誠懇，假如有個公關主任告訴我，他的僱主是多麼情操高尚的人，我肯定不會覺得意外，但我確實可以看出萊文如此充滿熱忱，其中確實有積極的道理。

他炯炯有神的目光透過粗框眼鏡直視我的眼睛，萊文說道：「他們盡力為善，而且盡可能實質幫助更多的人。他們真的是將私人經驗盡量排除，用近乎科學的態度自問：『我們能做哪些最能發揮作用的善事？』他們僱用專家學者協助，找出有哪些成本效益最高的機會，他們把這件事視為一個非常嚴肅的責任。」

這套思維的名稱叫作「有效利他主義」（effective altruism，ＥＡ）。所謂有效利他主義，就是將情緒因素剔除，用經驗性數據和冷靜的邏輯來思考如何造福這個世界的問題。有效利他主義者說，使我們投入於慈善的時間和金錢發揮最大的作用，這是一種道德義務：「我們必須盡其所能地去付出（we must give as well as we can.）。我們要支持什麼樣的事業或行動，不應當根據個人的感受、直覺、生活經驗、人際關係，我們應該運用成本效益分析，去讓我們的投資能夠獲得最大的報酬。

有效利他主義者說，不要因為電視上頭受災的顫抖孤兒而動心解囊，不要因為乳癌奪走你母親的生命，就捐款給乳癌慈善機構。捐錢給恐怖攻擊受難者家庭，或許能為捐款者帶來某種自己稍稍緩解人間慘劇的參與感，但是，這筆錢若是用於他途，其實可以對人類帶來更大的嘉惠。基於情感的施捨，是沒有效率的利他主義。行善要靠你的腦袋、不是憑你的心情，為善要源於理、不是出於情；行善要盡量為最大多數人帶來最大的善。面對重洋之外的陌生人和自己的鄰居，我們不應厚此薄彼；想到未來的世代與當今的活人，我們理當等量齊觀；有感知的動物（sentient animal）和人類之生命價值，不當有優劣之別。能捐多少算多少，能救多少算多少，你的行善有其客觀衡量的標準，而且可以由此發揮更大的作用。

有效利他主義的祖師爺是效益主義哲學家彼得．辛格（Peter Singer），辛格在一九七五年的著作《動物解放》（*Animal Liberation*）中闡述道，我們應該對於所有具有痛苦感知能力的生命，給予同等的關心，無論我們是否親眼看到、無論這些生命是不是人類。辛格一九七二年的論文《飢荒、富裕與道德》（*Famine, Affluence, and Morality*）主張，因為怕弄髒名牌衣服而不拯救眼前溺水於池中的孺子，跟不願捐錢援助開發中國家內瀕死的兒童，性質其實是一模一樣的。如果我們把錢花在超出基本生存需求的事物上，就本質而言，我們等於是在對垂死之人冷眼旁觀。辛格學派的效益主義，對於有效利他主義運動的影響巨大。卡莉．圖娜在二〇〇九年閱讀了辛格的《你能拯救的生命》（*The Life You Can Save*），深受啟發，並由此積極開展她和莫斯科維茨捐出財產的慈善事業。

有效利他主義將科學方法運用於行善，將做好事化約為根據數據進行計算的結果。這種做法對於有某種思維或心態的人們而言頗具吸引力，那就是新世代科技企業家普遍採取的數學思維。如今，在矽谷億萬富翁們的巨大影響力之下，哲學、數學、電腦領域的人們也愈來愈受到這套思維的吸引，它既是一套思想、也是一場社會運動。我們進入了一個數據比石油更有價值的時代，這套思維便是這種時代的產物。達斯汀．莫斯科維茨當年因為 Facebook 無與倫比的數據蒐集能力成為鉅富，如今他運用數據將自己的鉅款幾乎全數送出。無論是富甲天下抑或慷慨散財，他堅決使用同一套思維模式，而我希望開放慈善的團隊可以向我解說他的思想。

在我聯繫公關主任麥克．萊文安排參訪開放慈善事宜的時候，我第一次體驗到數字對於有效利他主義者而言有多重要。萊文同意透過一個叫作 Dialpad 的網路會議平台與我視訊，視訊過程中，他詢問了很多有關我個人的度量指標的問題，我的受眾規模有多大？有多少人會閱讀我的文章？我比較關心莫斯科維茨和圖娜的個人特質、還是他們慈善事業的實際成績？會議結束後，我收到 Dialpad 寄來的電子郵件，信件內容是這場會議雙方發言的總結分析，我們的對話總共是二十三分鐘，我講了十五分鐘，萊文講了八分鐘。這封信給我的感覺是，我們的說話內容似乎無關緊要，光是用發言時間就可以衡量我們相對貢獻的價值。

開放慈善這個機構的人都是聰明人，既然他們准許了我的拜訪，我一定得事先做好功課才行。在搭機的過程中我收聽了一個 podcast 節目，這集的主講者是全世界最權威的慈善評估機構「吉福惠」（GiveWell）的研究員，該機構專門關心撒哈拉以南非洲的慈善事業。吉福惠以善於找到最有效的慈善項目而知名，知名到開放慈善計畫本身沒有全球健康與發展部門，他們是直接捐錢給吉福惠推薦的慈善項目。

打開吉福惠網站首頁，迎面而來的第一句標語就是：「本機構尋找最能讓每一分錢發揮救命作用的慈善事業。」你若願意捐款給吉福惠推薦的二〇一九年慈善項目，每捐助兩千至三千美元，就能夠拯救一條人命。只不過，你拯救的那條命會是非洲人的性命，因為非洲人的命最不值錢。捐贈給世界其他地區的錢恐怕是浪費了，因為那些錢可以拯救更多這個世界上最不值錢的人命。

在這集 Podcast 節目中，*吉福惠研究員詹姆斯・斯諾登（James Snowden）思索的課題是，

---

* 這集節目是《八萬小時》（*80,000 Hours*）的第三十七集，該節目是由有效利他主義中心（Centre for Effective Altruism）出資製作，而這個單位的資金主要來自莫斯科維茨和圖娜的贊助。

若要拯救一條人命，被救援者的最佳年齡是幾歲。哪個年齡的人的死亡會是比較糟糕的呢，是個小嬰兒、是個十歲小孩、還是個養家的成人呢？斯諾登解釋了他的計算方法。

斯諾登解釋道：「把預期剩餘壽命的年數，乘上一個相當主觀的係數，這個係數應該要考量到的有：這個人是否擁有認知能力（cognitive function）？這個人能作為一個認知功能者活在世上規劃人生嗎？把這些數字相乘之後，最後可以得到一個大致的年齡對數常態分布。」我大約可以理解他的意思，假如把他說的東西畫成圖表，X軸是年齡，那麼圖形看起來會是變化接近Y軸處的一條鐘形曲線、或說像是一道波浪、或是軌道急升又急降的雲霄飛車。「年齡極小的嬰孩或幼童死亡，我認為數值較低……我計算的峰值，大概是落在八歲兒童的死亡。」

聽到這裡，我忍不住要先喘口氣。我自問，我是真的想要飄洋過海去見這樣冷靜（或說冷漠）運用邏輯的人嗎？這都是些什麼人吶？

我和萊文當面會晤的時候，相比於那場 Dialpad 視訊會議，他的緊繃程度也只有些微降低而已。「我們將這種方法稱為『精選重點捐贈』（hits-based giving），這有點像是創業投資的做法，你會擁有一套投資組合，即便其中許多投資——甚至絕大部分的投資——都沒有造成效果，但只要有一項真的奏效就行了，」萊文在開放慈善的會議室裡頭向我說道：「慈善家在民主社會中具有很獨特的角色，能夠承擔那些風險。政府雖然做了大量的好事，但政府受限於要對選民負責。公司企業要對股東負責，要提出季度收益報告。至於慈善家，慈善家的優勢是他有能力承擔那些風險，這樣的責任和力量也有伴隨而來的優缺點。」

美國頂級慈善家的力量大到令人匪夷所思的地步，他們捐出的金額經常是好幾個國家的GDP總和。光是亞馬遜創辦人傑夫·貝佐斯（Jeff Bezos）一個人每年就可以捐出約一百億美元，[2]而他的財富有很大一部分來自於Amazon（亞馬遜）巧妙的避稅。萊文當然不可能這樣向我解釋，但我聽懂了他的言下之意：相對於讓民選政府決定如何花錢，超級富豪可以按照自己設定的優先順序與理念，運用自己的錢去形塑這個世界。白手起家的億萬富翁，會將自身成功經驗視為自己判斷力卓越的證明，他們認為自己比政治人物更擅長解決問題，而且還比政客更加理性，因為他們不需擔心如何迎合與討好選民的問題，因此，他們既更有能力、也更有資格決定要如何運用自身的財富去幫助社會。

萊文安排了開放慈善團隊成員向我解釋他們的工作，他們精準地按照預定時間依次走進這個單調無聊的空間，坐在我的對面，這樣一來我完全不需要離開座位，達成最高的效率。第一位登場的是開放慈善評估主任摩兒根·戴維絲（Morgan Davis），她告訴我，在開放慈善創立的早期階段，他們想要解決的潛在目標包括地磁風暴（geomagnetic storm）和超級火山，但是最後他們判斷這些問題對於生命構成威脅的風險，不值得投注那麼多的資金。

聆聽戴維絲解說並不如想像的那樣令人振奮，因為她使用了創業投資資本主義（venture capitalism）的枯燥術語來敘述這些問題。「這世界上的問題很多，有一份龐大的問題清單，我們企圖根據『重要程度』（importance）、『受忽略程度』（neglectedness）、『可處理程度』（tractability）三者來為這些問題排序，」戴維絲說道：「考量這三個因素可以幫助我們下注在更好的選項上，如此便能夠評估投入處理不同問題的預期價值，推測額外的邊際資金（marginal dollar）可能如何幫助這個世界，就像是投資一樣。」到我造訪開放慈善為止，他們歷來投入最多資金的對象是「全球災難風險」（Global Catastrophic Risks）部門資助的研究，該部門資助的研究或許可以拯救未來的人類，不會因為生物工程釀成的大流行病或先進人工智慧失控意外而慘遭滅絕。

戴維絲的說明已經為接下來要上場的同事們定好了基調。

開放慈善的「農場動物福祉」（Farm Animal Welfare）團隊更關注於家禽與魚類、而不是牛，因為這樣才可以拯救更多的生命：一頭牛的肉足夠做成一千五百個四盎司牛肉堡，十二條沙丁魚只能做成一個罐頭。農場動物福祉計畫主任路易斯·博拉德（Lewis Bollard）積極解釋道：「我們努力要讓我們能夠影響到的生命個體數量最大化。」博拉德顯然知道對於像我這樣的新聽眾來說，這些理念有多麼奇怪，他的表情和善又誠懇，彷彿他衷心希望我有朝一日能夠領悟。「我們將心力投注於脊椎動物，因為我們相當確定脊椎動物擁有思考與痛苦感知的能力。」這波訊息量實在大到讓我應接不暇。

最後一位坐到我對面的人，是開放慈善的總經理亞歷山大・博傑（Alexander Berger）。博傑的年紀比我還小，他年輕的臉孔配上棕色連帽衣，讓他看起來像是個興奮的孩子，但他說起話來，卻有著哲學教授的架勢。「『慈善』（philanthropy）這個詞——我可能會弄錯它的字根是希臘文還是拉丁文——但這個詞的本意是『愛人類』。目前的慈善事業，絕大部分是捐款的人在搞自我實現，只有極少數人是明確而有自覺地，將目標設定為盡可能幫助最多的對象，」博傑一邊左右轉動他的椅子一邊說道，而我則像個大學生般奮筆疾書記筆記。博傑續道：「我們努力讓捐款者將注意力從他們的個人興趣或特殊偏好，轉移到真正盡可能幫助人們的理念上。要做到這件事情，你需要把對於具體個別需求的關注，提升到全面整體的人類需求上，這是抽象思考或知性思維的一大步跳躍。」

我很肯定博傑講這番話的用意不是這樣，但是這些話確實透露出一絲優越感：比起那些因為看到幫助棄養小狗的慈善傳單而心軟捐錢的人，有效利他主義者更有思想深度、更能慎思明辨，他們相信自己更具備拯救世界的資格與條件。

我的思考是，這種行善的模式，相當程度可以接納讓莫斯科維茨有錢到不可思議而貧者無立錐之地的資本主義；甚至以某些方面來說，前者的存在其實是仰賴於後者。假如開放慈善能將莫斯科維茨的錢，用在化解貧窮、疾病、動物權等問題的病根，而不是解決這些問題的表徵，這聽起來如何？

我得找到一個不要被他們轟出門去的表達方式，來提出這個問題。

我的問法是：「你們這種做善事的方法，會不會導致企業或腐化的政府反而避開該負的責任呢？」

博傑的身子往後靠住椅背，看來頗享受這個知識上的挑戰。他回應道：「沒錯，這是個很有意思的問題。我會用兩段話來回應。第一，我們試圖要回答的問題是，把錢花在什麼地方，可以造成最大的影響呢？第二，這個問題的關鍵在於，哪些事情是可以加以改變的？哪些部分可以加以改善？我們所選擇的，是我們認為可以改善的範疇、而不是那些在未來半個世紀內必然會陷入瓶頸的領域。」

博傑也許是看到我幾乎沒有反應，於是他轉變了話鋒。「我們盡量不涉入最嚴重的、最突顯的社會紛爭，因為各方的立場分化很嚴重，而且比較不會被人忽視，」博傑接著說：「我們未必要參與每一場紛爭才能造成影響，我們可以聰明地選擇錢怎樣花在刀口上，可以為人們帶來最大的幫助。」

讓每分錢都發揮最大的效用，並將注意力放在其他人不太捐錢的地方，如此一來，開放慈善或許可以做出更多的好事。正坐在這個空盪盪的潔白房間中的我，面對這種刻意撇除行動主義（activism）和人際關係的超然態度，不禁感覺那是極度的潔癖與呆板。

我覺得，我應該是這裡唯一一個還做不到暫且擱置私人同情問題的覺悟境界的人，於是我決定好好運用我的同理心，為莫斯科維茨設身處地著想，假如我在對的時機、在對的宿舍、想出了對的點子，因此變成超級有錢人的話，我內心其實會有所不安。說到底，莫斯科維茨之所以做出這一切，有他個人的情感因素在背後。

「假設你年紀輕輕就快速致富，你可能會對此感到些許不安，」我向博傑暗示道：「有些人的想法是，『這就是我應得的，我很了不起。』有些人則會因此產生一種責任感。」

「你講得非常精準。達斯汀以前就有寫過公開信，表達他覺得自己極其幸運，並且對於他積累的資源產生善用與管理的責任感，」博傑意會地頷首回應道：「經歷自己如此幸運的生命歷程之後，卻選擇你個人情感上熱衷的事情，這甚至可以說是某種背棄。只願意幫助你身邊的人，這樣的心態其實有點扭曲。」

畫面轉到舊金山灣區另一側的某棟高樓，我坐在另一間白色會議室中，對面坐著另一位穿著連帽衣的聰明人，看來三十歲上下。艾利．哈森斐德（Elie Hassenfeld）是吉福惠的共同創辦人兼執行長，吉福惠這間慈善評估機構在「有效利他主義」命名之前，就已經在落實有效利他主義的實質理念了。除了接管開放慈善投注於全球健康與發展的全數預算之外，吉福惠之下還有成千上萬的團體與個人會根據它的指示去做善事，大多數根據吉福惠指導行事的人，年齡都在四十歲以下。吉福惠在二〇一〇年時向機構挑選過的慈善團體挹注一百五十萬美金，預期到二〇二五年時，吉福惠捐贈的金額將會達到每年十億美金。[3]這很可能就是慈善事業的未來景象。

哈森斐德向我講述了吉福惠的源起，他講得既熟練又帶著一絲倦怠，想必他重複訴說同樣的故事已不知有多少遍。哈森斐德在一門對沖基金工作了幾年之後，他和幾位同事——裡頭包括另一位共同創辦人霍爾頓．卡羅諾夫斯基（Holden Karonovski）——決定，自己賺的錢已經遠超所需，他們要將錢捐給慈善機構。於是這幾個人組成一個小俱樂部，幾個禮拜見一次面，交流一下他們認為最值得捐錢的對象或事業是什麼。

哈森斐德繼續說道，他很贊同改善非洲飲用水品質這個理念，但要確定實際上哪些計畫的成效最好，幾乎是不可能的任務。他想要知道，他每捐出一千美元，水源慈善團體可以挖幾口水井？但是，當他聯繫這些慈善團體詢問衡量指標的時候，對方總是只寄來傳單、圖片、活動宣傳材料。哈森斐德發現，他根本沒辦法獲得自己想要的資訊。於是，哈森斐德和卡羅諾夫斯基開始靠自己研究各項慈善的成就。「突然之間，我竟然弄到凌晨三點還在研究有關腹瀉的學術論文，」哈森斐德咧嘴一笑道：「我從來沒有熬夜到凌晨三點還在讀債券市場的論文。」

哈森斐德和卡羅諾夫斯基辭掉原本的工作，籌出三十萬美元的創業基金，在二〇〇七年建立吉福惠，引入對沖基金的思維模式。「我們應用了相同的批判與懷疑觀點，」哈森斐德點頭道：「很類似人們在進行消費購買時會做的事情，你上網買手機或筆記型電腦的時候，你會想要知道有關不同產品效能的充足資訊、想要弄清楚該怎麼選擇。」

我當下立即意會到，讓吉福惠提出兩千至三千美金能拯救一條人命[4]的背後思維是什麼了，這種思維認為拯救生命與購買電子產品沒有本質上的區別。

「我認為兩千到三千美金是正確的估量，」哈森斐德語氣輕鬆，彷彿他是正在為二手車估價。「我們研究了關於慈善干預行動效果大小，以及組織成本、背景、監控，還有組織收到捐款後會如何使用的所有學術證據，然後我們製作了成本效益估算，以此為基礎，得出兩千至三千美金可以拯救一條命的結論。」

當然，有許多慈善機構在向人們勸募的時候，也有提出這類的算式，但是哈森斐德表示那些單位並不坦誠，它們的說詞缺乏事實基礎，這點令他憤慨。「宣傳標語有很多，好比『五十美分救一條命』，這些東西簡直瘋狂、非常糟糕，這樣做是錯的。然後，當我們跟人家說：『你猜怎麼著，兩千到三千美金可以拯救一條命喲！』人家卻覺得我們是在提出一份惡劣的交易，」哈森斐德搖頭道：「捐錢的人得自己決定，要不要成為接收正確資訊的聰明消費者。」

在我造訪的那個時候，吉福惠推薦的前七名慈善機構，有兩個以瘧疾防治為重點、三個以驅蟲計畫為重點，而這七個機構全部都在非洲。

「相對於其他非歐美國家，撒哈拉沙漠以南的非洲地區是全世界最貧窮的區域，也是全球兒童死亡率最高的地區，」哈森斐德解釋道：「改善受援助者的健康，可以讓捐款者對於自己帶來的影響產生信心。假如你改善了某個人的健康或者使他避免死亡，你會知道自己真的改善了遙遠地區的某人的人生。」他向我表示，相比於投資學校或教育，人的健康更容易評價：「我大約可以想見，奧克蘭的教育介入行動（educational intervention），就已經和紐約的教育介入不一樣，那就更別說是海外地區了。所以，要為教育計畫找到正確的做法，是更加困難的事情。」此外，推動教育的成本其實比防治瘧疾還要昂貴許多，根據吉福惠的估計，兩三千美金就可以拯救一條撒哈拉沙漠以南非洲兒童的性命，但是同樣的錢，只能支付美國低收入戶學生一年半的專門教育費用。

數據顯示，與其把這筆錢用於家鄉的兒童，不如用在非洲兒童身上，幫助他們遠離瘧疾，因為這樣做在經驗上會比較簡單、而且價值比較高。

哈森斐德處置目標的方法也許像是個金融家，但他給人一種溫暖的感受，他有清楚的自覺，知道這種思考方式對於像我這樣既不是效益主義哲學家、不是經濟學家、也不是對沖基金經理的人們而言，可能會產生強烈反感。

「這不是一個數學問題，」哈森斐德察覺到我的不安，他很有風度地說道：「這件事沒有標準答案，我們很清楚這件事。」

或許他們確實認為沒有標準答案，但他們肯定認為有些答案比其他答案更好，我擔心的是這種做法會導致人們相信，可以加以量化計算的東西才是最重要的。而且，我事先已經知道，他們準備好要去衡量人們難以想像的那些事情。

「我收聽了你們研究員詹姆斯．斯諾登的 Podcast，他在節目裡面討論到一些……」我幾乎要說不出口：「很有爭議性的道德難題，是你們必須面對的。」聽到這裡，哈森斐德的眉頭一鎖。「他在思考你們要怎麼根據孩子的年齡去評斷死亡的價值，」我終究還是把話全說出口了：「這真的是你們在吉福惠會思考的事情嗎？」

「作為一個機構，我們確實在試著探討這個問題，因為這和我們要做的事情關聯密切，」哈森斐德停頓了一會兒才開口說道：「有許多慈善計畫把重點放在新生兒或嬰兒，但我們很努力要弄清楚救助嬰兒與救助年紀較大的兒童、乃至養家的成年人的效果，並且加以權衡。這很艱難、這很瘋狂。為了探討這件事，我們團隊的成員也曾經問我，我對於自己的孩子在不同年齡段時的感受，目的是為了要深入探討這個課題，當然這不是絕大多數人會出現的對話內容就是了。我們試圖創造的環境，是讓人們可以自在地討論這些尷尬的話題，不會感到困窘。」

我試著在腦海中想像，站在吉福惠裡面的飲水機旁邊談論我的孩子，我發現我辦不到。進行這些對話需要充分冷靜，要讓自己進入心如止水的冷靜狀態，需要某種道德勇氣，對此我感到佩服。問題是，這樣的勇氣，真的是一種好的勇氣嗎？當你擁有此等勇氣的時候，你真的能拯救更多的人嗎？或者，這樣的思考方式，反而會要求你拋棄自己的人性呢？

舊金山地區每平方英里的百萬富翁人數，是全美國最多的；舊金山地區每平方英里無家可歸的遊民人數，也是全美國最高的。[5]但是，以目光所及來說，舊金山的遊民卻遠比百萬富翁更為顯眼。我才離開舊金山最富有居民的慈善基金會，沒幾分鐘我就看到街上到處是老舊的帳篷、破損的帆布、大型購物車、成堆的黑色垃圾袋、毯子和睡袋。這些東西的主人們就坐在塑膠箱或紙箱上，眼神警惕地盯著這些東西，那就是他們在世上僅剩的一切。雖然他們不會離開自己的「財產」太遠，但其中有很多人可能已經不在人世。每年在舊金山街頭死去的遊民數以百計，最主要

圖 7　高速公路高架橋下方的舊金山遊民帳篷（Shannon Badiee 提供）。

的死因是毒品過量，其次才是自殺、他殺或慢性病。6

彼得・辛格以「溺水的孺子」為比喻，我把他的比喻拿來應用的話，在舊金山灣區，睡在你辦公室外頭人行道上的遊民就是「溺水的孺子」，開放慈善和吉福惠的工作人員每天從他身邊走過去。開放慈善有一個重點領域叫作「土地使用改革」（land use reform），他們宣稱其目標是「減少限制過度的地方土地使用法規造成的傷害」，因為那樣的法規會造成房租上漲。雖然如此，「土地使用改革」的主旨其實是促進房地產建設和經濟成長，不是特別幫助露宿街頭的人。開放慈善網頁說明上寫著：「更寬鬆的政策[7]可以催生負擔得起的住宅，同時促進經濟活動中心的持續成長，使更多人取得高薪工作並且帶動經濟成長。」無家可歸露宿街頭者的問題，從未出現在開放慈善的目標清單上。與此同時，吉福惠的重點只放在非洲，因為善款在非洲能發揮的作用最大。*援助灣區眼前迫切需求幫助的人們，不合乎他們的有效利他主義理念。

已經在舊金山無家可歸者聯盟（Coalition on Homelessness）工作二十八年的珍妮佛．芙利登巴哈（Jennifer Friedenbach）告訴我：「你可以親眼看到巨富與赤貧緊鄰的強烈對比，窮人在富人的陰影下殘喘。」芙利登巴哈工作的那間淺色辦公樓，距離開放慈善的會址還不到十分鐘腳程。她繼續說道：「遊民的平均壽命比正常人少二十五歲左右。一個五十歲的遊民，他的健康情況大約是正常人七十五歲的水準。睡眠不足以及慢性病缺乏治療造成的相關影響，能毀掉一個人的身體。我們不應該習以為常，以為這就是舊金山生活的一個面向，可是大家並不想要思考這件事。」

芙利登巴哈表示，無家可歸者的困境問題，只能透過改變城市結構性不平等的手段來處置，慈善廚房和庇護所終究只是「治標不治本」（a Band-aid）。除非人們願意重新調整舊金山貧富懸殊問題的平衡，否則我們做的事情永遠只是一場頭痛醫頭、腳痛醫腳的打地鼠遊戲：安置某個區域的遊民，然後另一個區域又有更多遊民出現。

芙利登巴哈從來沒聽說過「有效利他主義」這個術語，但是當我解釋這個詞的含意時，她露出了一抹我懂我懂的疲憊眼神。「這只是冷冰冰的計算，我能夠了解背後的思維，但是那樣做的感覺像是給人命掛上價格標籤。考量到參與這些討論的人們，坐擁如此龐大的資源，他們進行的對話應該要比書面數字更深刻才對。」

我問她：「在你看來，舊金山最有錢的人，為什麼寧願拯救非洲的孩子、而不是去解決自己門外的遊民問題呢？」

「我覺得美國人普遍會鄙夷陷入貧困的人，」芙利登巴哈嘆氣道：「他們會這樣子指責這些人——『你這個人一定有問題』或者『你一定是有做錯事。』」

這樣的心理，或許就是這一切背後的關鍵吧，總之重要性應該不會亞於數字：將遠在天邊的窮人理想化，是件比較容易的事，你比較容易認定他們很不幸、值得幫助，但這只是因為你不會親眼看到他們。你家外頭街道上的窮人，會讓你直視貧困之人亂七八糟的現實處境，讓你看到同一個社區當中存在著貧富不均與不平等，所以你反而比較願意忽視他們、而不是去承認你所處的社會有其本質上的不平等，你只不過是碰巧擁有抽中樂透的人生而已。貧窮的非洲孩子們變成只

＊開放慈善和吉福惠會在他們的網站上公布，他們將善款用於何處以及推薦的捐款對象。至少在我撰寫本文的時候，這兩個單位都沒有資助或推薦任何關照灣區遊民的項目。

是一組數據而已、而不是你必須親身面對的令人渾身不自在的事實。

當然，許多自許為有效利他主義者的人，也有可能去幫助流浪街頭的人們；但是，即便他們真的這樣做，根據他們的歸類，這些行為只是為了造成溫馨感、只是為了讓自己感覺好一點而已，不是真的在盡力拯救最多的生命。如此，這終究是自私的行為、不是利他的義舉。

與舊金山灣區極簡主義會議室和破爛帳篷市容距離五千英里之外，威爾・麥雅斯基爾（Will MacAskill）正坐在他的牛津大學研究室裡頭，他面前有兩盞明亮的光療燈，驅散英國一月氣候的慘淡。麥雅斯基爾在二〇一五年當上牛津大學哲學副教授，當年只有二十八歲的他是全世界最年輕的哲學教授。麥雅斯基爾的書桌上擺著半滿的水杯和飲料喝完的馬克杯，幾個信封散落桌面；他左手邊的矮桌上有幅大約完成一半的一千片北極光拼圖。他的研究室門外有張懶骨頭沙發，我去的時候竟然還有個人坐在上面打盹。這裡的一切，都沒有極簡主義的氣息。

我來到這個地方，是為了看看未來世代道德觀的起源處。麥雅斯基爾穿著寬鬆的綠色毛衣，一頭凌亂的紅髮、滿臉沒修剪的鬍渣，看起來真的不像是一個思想啟發牽涉好幾十億美元運動的人物。但是，「有效利他主義」一詞便是麥雅斯基爾於二〇一〇年提出的，短短幾年之間，他的思想便得到了全球最有錢的大富翁資助。

我向他詢問道：「你對這些事有什麼感想嗎？」

「呃，感覺很奇怪。我的第一個感受是有些尷尬，因為促成這些事的人有很多，我只是當中的一個而已。不過，最後我的感覺是好的。我認為對這個世界來說，這是好徵兆，我對此感到振奮，」麥雅斯基爾的格拉斯哥口音很濃，他的發言聽起來確實很像個千禧世代的教授。他續道：「別人可能會以為我的感覺是：『哇！我做了那麼多好事，現在可以稍微輕鬆一下了。』但事實上，我感覺自己要承擔的其實愈來愈多。看到人們廣泛接受這些理念，讓我感到很溫暖。一般來講，哲學思想要對現實帶來影響，通常要經過好幾百年的時間。」

麥雅斯基爾是有效利他主義中心的主席兼聯合創辦人，這個單位是擁有一萬名利他主義者成員的社群資源庫，主要贊助人是莫斯科維茨和圖娜。他不太願意描述一個典型的利他主義者會是什麼樣子的人，他的說法是：「我擔心這樣做會導致人們的自我意識強化。」不過，他倒是很樂意回答「純粹的統計問題，也就是中位數的利他主義者是怎樣的人」，麥雅斯基爾一邊列舉特徵、一邊點動他的手指。

「應該是受過高等教育的，有哲學、理工科（STEM）、科學背景的人。我猜有點書呆子氣質是這些人最典型的特徵吧。還有，我們大多很年輕。」

這個運動發端於麥雅斯基爾十八歲就讀劍橋大學時期，閱讀了辛格的論文《飢荒、富裕與道德》。那個時候的麥雅斯基爾，就已經有在殘疾童軍團和養老院擔任義工，攻讀研究所的前一個夏天，他還在幫國際關懷協會（Care International）擔任「街頭慈善募捐義工」（chugger）。後來，他決定將自己每年九千英鎊收入的百分之五捐出做慈善，但他總感覺自己並不能真的造成什麼影響。「我經歷了一段道德動盪期，我覺得自己規劃的人生，也就是成為一個語言哲學家、一個像維根斯坦（Wittgenstein）那樣的學者，跟我內心的道德信念無法一致。」

接下來，麥雅斯基爾兩眼射出燦爛的光芒，向我敘述他是如何遇見電腦科學家轉行當哲學家的托比．奧爾德（Toby Ord）。

麥雅斯基爾說：「托比多年來一直在思考全球的貧困問題。他計畫將自己的大部分收入捐出，而且很嚴肅地看待成本效益的觀點。」奧爾德擁有的能量和樂觀深深吸引著他，他表示：「彼得．辛格的思想體系，談的永遠是義務，你只能那樣做，否則你就是做錯了。相對之下，托比充滿積極樂觀的精神。」

麥雅斯基爾因此轉而研究倫理學，並且於二〇〇九年和奧爾德一同發起「給我們能給的」（Giving What We Can）運動，鼓勵人們將自己百分之十以上的收入樂捐出來。

我詢問道：「目前為止有多少人簽署了『給我們能給的』諾言書呢？」

「共有一千四百九十二人，」麥雅斯基爾答道，彷彿我剛才是在問 Siri 似的。

麥雅斯基爾不僅是言行合一而已，他甚至超出自己提出的標準。目前，他將自己收入的百分之五十五捐出來，也就是說他每年只留下兩萬六千英鎊，其餘的全數捐出。麥雅斯基爾：「有一些要特別說明的事項。假如我的健康嚴重惡化，不久於人世，那就表示除非我現在好好使用這些錢，否則我未來就無法繼續做好事，那麼不把這些錢用掉也太荒謬了。」

出於同樣的理性成本分析原因，麥雅斯基爾決定不生小孩。「隨著時間推移，我發展出的傾向是要造成最高的影響，」他說道：「我從自己的人生獲得不可思議的價值與回報，有小孩反而會是一種干擾。」

沒有人會是一部利他主義計算機、一部將為善效果最大化的工具。麥雅斯基爾真的是這樣一個人嗎？或者這只是某種表演呢？

我開口問他：「你真的是用這種方式進行人生一切選擇嗎？」

麥雅斯基爾樂於玩味我的困惑，他嘴角浮現笑意，一面說道：「沒有。一般來說我們不會想要弄成在思考：『我現在要不要吻我的愛人？這樣會是把幸福最大化的做法嗎？』人生當中有某些領域，我們非常善於用直覺處理，情感關係就是其中之一。」

哈森斐德是小心翼翼提出他的主張，深恐不熟悉的人聽來刺耳，相對於此，麥雅斯基爾提出同樣論點的風格卻是瀟灑不羈。在一場二〇一五年的公開辯論上，英國聖公會教士賈爾斯．弗雷澤（Giles Fraser）向麥雅斯基爾提出一場思想情境考驗：假如他眼前有棟陷入火海的屋子，當中一個房間有個小孩子、另一個房間裡頭有張畢卡索（Picasso）的畫，兩者只來得及救其一，那麼他的行事原則是不是會放棄救小孩、而選擇搶救畢卡索畫作，因為售出這張畫的所得可以救援成千上萬兒童的性命。麥雅斯基爾毫無歉意地坦然表示，他會選擇救出畢卡索的畫。

麥雅斯基爾為人提供生涯或職業建議時，同樣冷靜的思維也在其中發揮作用。他在二〇一一年創辦了《八萬小時》（*80,000 Hours*）這個 Podcast 節目兼生涯建議單位，這個節目的名稱得自於一個人這輩子會花在工作上的時數總和。《八萬小時》推廣的理念之一叫作「賺錢捐錢」（earning to give），大意是你如果擁有相當優秀的技能，你應該選擇金融業職涯、而不是去慈善機構任職，因為一個投資銀行家假如能捐出自己薪水的一半，就可以支付好幾個慈善機構工作者的薪水。麥雅斯基爾告訴我，實際上已經有好幾十個人受到他的建議啟發，採取這樣的做法。

我們見面的當時，最突出的例子是山姆．班克曼－弗瑞德（Sam Bankman-Fried）。弗瑞德是在二〇一二年認識麥雅斯基爾的，當時，弗瑞德是個熱衷學習的麻省理工物理系學生，麥雅斯基爾說服他，假如他在金融業取得成功並且把錢捐出來，他能夠造成的影響是最大的。弗瑞德後來確實成為加密貨幣領域最富有的人之一，根據《富比士》雜誌估計，他二十九歲時擁有的淨資產兩百六十五億美元，[8] 而他竟然將近乎全部的錢投入公益事業。[9]

我很好奇麥雅斯基爾會將「賺錢捐錢」的理念，推展到什麼地步？

我向前挪動身子詢問道：「做一名頂級整形外科醫生並且把大部分的收入捐出來，比起去做一名急診科醫生救人，是不是前者比較好呢？」

麥雅斯基爾精神抖擻地答道：「你如果去比一比，自己當整形醫師捐出來的錢可以做多少好事，以及你在美國當個急診醫生能做的事，我相當肯定捐款可以做到的好事更多。」

我說：「根據彼得．辛格的類比，對於慈善傳單視而不見，是否和不理睬溺水小孩的糟糕程度相等呢？」

「就道德而言，是的，這是一樣的，」他這樣回覆道：「人類演化出一套道德直覺，那是在我們不可能做到拯救千里之外的人們的狀況下形成的。」麥雅斯基爾認為，人類的助人本能，是在人的善行不可能造成世界性影響的時代當中發展出來的，可是，如今人類已經可以做到具有全球影響力的善事了，但是現在的人們卻依然困在目光短淺的好人好事觀點中。人們的道德觀是原始的，我們必須進化。目前雖然只有深思熟慮的思想家才能理解這番道理，但想必有朝一日，世界上的其他人必定會奮起加入這個行列。

麥雅斯基爾說來倒是輕鬆寫意。可是，身為一個人，對於要如何善待他人這件事以全然理性方式做決定，等於是否認關於人性、人際關係、生活經驗的基本事實，而全然仰賴機器人般的數據分析。「做人」應該不只是一場將善行效果最大化的活動而已，真實人生肯定比這複雜許多，不是嗎？

我向他問道：「人在做選擇時，難道根據的不是我們活在這個世界上的個人經驗和人際關係嗎？」

「我們實際上做了什麼、和我們應該做什麼，兩者的落差確實是個問題。終極而言，我在追求的是社會規範（social norm）的轉變。想像一下，你本來可能捐款給慈善機構，希望自己盡可能多做好事，但你卻說：『不，我要把錢捐給貓咪中途之家，因為我真的好喜歡貓。』這就是社會規範造成的作用，」講到這裡，麥雅斯基爾瞅了瞅手機並說道：「我只能再談四分鐘，等一下還有別的事。」

有效利他主義者大多是受過一流大學教育的千禧世代白人男性菁英，他們受到這套藐視婦人之仁的邏輯所吸引。他們的字典中沒有謙遜這個詞，他們缺乏人生經驗，也欠缺對不同觀點的體驗。可是，他們現在卻擁有著重新定義何為「行善」的權力，他們的遊戲規則教你如何「衡量」自己做了多少好事，把無私利他的精神變成可以排名與比較的東西。他們把慈善事業化作一個遊戲，一旦生命訂出了價格，做個好人以及拯救生命這件事，就可以用分數來呈現。

電腦模擬總是可以確定最佳結果，但這個世界可不是一場電腦模擬。無論麥雅斯基爾怎麼論證，我依然相信行善不會只是一個會計問題。我們之所以幫助他人，可不是為了計算自己救過多少人次的數字、而是創造出一個我們會想要生活在其中的世界。我們不能因為數字顯示其他地方的人更需要幫助，就對於「門外」需求援助的人們視而不見——就舊金山灣區慈善事業的案例而言這包含字面意義上的「門外」。假如人們必須那麼做才能夠被當作「正確」，那我實在不想活在這樣的世界上。我們對於日常生活遇到的人們也負有責任，但有效利他主義貶損了這項責任，它忽視了民胞物與的助人真諦。

也許，我是因為不夠聰慧才沒有領悟到有效利他主義的好，我的思想顯然還不夠進化。如果真的是這樣，那有效利他主義就會導致人們認為做慈善是一項艱難的任務，唯有絕頂聰明的人才可能做得恰到好處。

麥雅斯基爾說：「我認為這將會成為一場倫理學革命。」我們僅剩的會面時間即將耗盡。「你看看科學方法的發展，好幾百年來那只是一群瘋子的地盤，從前這些人有時候還會被人綁在柱子上燒死，如今科學方法卻變得那麼普及。我認為將科學思維應用於慈善領域的話，也會有同樣的發展，」他微笑說道：「大多數的人類道德進步（moral progress），都是透過被昔人斥為荒唐的思想獲得推展。」

對於麥雅斯基爾以及受他啟發的幾千人看來，我的思考完全是屬於舊時代的邏輯。就像是量子力學家在看待牛頓力學，甚至是量子力學之於地球是平面的思想。至少有一個領域，有效利他主義者確實是完全正確。有效利他主義者是最先將慈善心力放在人工智能和生物工程流行病威脅的人。也許最後事實會證明，他們才是世界上最有先見之明的人。

就在我寫成本書將近付梓之際，吉福惠將拯救一條人命需要的金額，修改為四千五百美金。吉福惠發布了一篇標題表露憤慨的部落格文章[10]〈拯救生命為何如此昂貴？〉（Why Is It So Expensive To Save Lives），文中解釋道：「我們整體預期拯救一條性命的成本會隨著時間提高。」

山姆・班克曼－弗瑞德的加密貨幣帝國在二〇二二年十一月崩潰，八十億美金的客戶資金以及弗瑞德的所有慈善承諾，在一夕之間蒸發殆盡。一年之後，弗瑞德被判電信詐欺、合謀證券詐欺、合謀商品詐欺、合謀洗錢等罪名成立。美國紐約南區檢察官達米安・威廉斯（Damian Williams）在判決公布之後表示：「山姆・班克曼－弗瑞德犯下了美國有史以來最大的金融詐欺案之一。[11]」事後回顧看來，弗瑞德是在利用有效利他主義洗滌他病態的貪婪。這就是將情感與責任感排除於慈善之外會釀成的問題：慈善反而可能會被沒有道德的社會病態者綁架，他們認為目的就可以合理化一切手段。

當然了，麥雅斯基爾後來企圖和弗瑞德劃清界線，[12]這位有效利他主義之父想要展望未來。有效利他主義最慷慨的捐款者，愈來愈將他們的善款從拯救當今人類的性命，轉為投入救助目前尚未出生的人類免受未來惡意人工智慧的威脅。如果你注意的只是數字，那麼這種放眼長遠的觀點很有道理：只要能挽救未來數兆人類當中的一小部分，其價值就更高於當今數百萬、乃至數十億人的生命。這套數學要求你把錢用來拯救你如今還看不到的人類未來、而不是當今非洲的孩子，那就更遑論援助睡在你辦公室外人行道上的流浪漢了。

第八章

英國國民保健服務：兩萬至三萬英鎊

★折合新臺幣八十五萬二千四百至一百二十七萬八千六百元

愛德華．威利斯－霍爾（Edward Willis-Hall）剛剛睡完午覺，他包著尿布、穿著一件髒髒的白色背心，躺在沙發和電視中間的地毯上，用粉紅色的腳丫子托起一輛玩具卡車，他的金色捲髮落在厚厚的地毯上，隨著他的活動而晃動著。愛德華原本盯著電視螢幕上跳舞的動畫螢光恐龍，他注意到媽媽梅根．威利斯（Megan Willis）和我走進客廳之後，臉上露出傻呆的笑容。

長長的金黃色捲髮、藍色的大眼睛、圓潤的臉蛋，愛德華看起來應該要像個小天使才對，但是他的四肢卻一點都不胖乎。他的腳又長又瘦，無法爬行也無法踢腿，難以支撐自己的體重。愛德華的表情豐富又充滿好奇心，和一般活潑的幼兒沒有兩樣，可是他的體型反映出他的情況異於常人。

梅根將愛德華抱上我身旁的沙發，在他的大腿上放了幾本書，然後轉身去加熱他的午餐。愛德華一雙可愛的大眼睛猛盯著我瞧。

我對著正在廚房的梅根喊道：「他現在多大了呢？」

愛德華舉起食指，表示他現在一歲。

「十九個月大，」梅根一邊端著泡沫咖啡的玻璃杯回到客廳、一邊說道：「他想要跟你碰拳。」

愛德華顫抖地彎曲手指勉強做出握拳狀，伸出來要和我碰拳。

「那是他表哥在假日的時候教會他的，」梅根開朗地說道：「你要和媽咪碰拳嗎？」愛德華對著媽媽伸出拳頭。「謝謝你，」梅根道。

以愛德華的情況而言，如果是在過去、或者是身處不同的國家，他可能會連頭都抬不起來、只能用鼻胃管進食、或只能靠呼吸器維持呼吸。只要換個時空，愛德華可能只剩下五個月可活。但是如今愛德華卻能在我們的旁邊，按著吵鬧的有聲書按鈕，還要和我們碰拳，這一切多虧了一劑要價一百七十九．八萬英鎊[1]的救命藥物。愛德華免費得到救命藥醫治，因為英國國民保健署同意支付這筆費用。

不過在整個過程當中，從頭到尾得堅持奮鬥的人是梅根。「這件事打從一開始就很艱辛，」

梅根調整了一下說法，重新說道：「這件事是我這輩子最棒的事情。只是懷孕期間的每一秒鐘確實很煎熬。我懷孕的不適症狀非常嚴重，而且分娩剛好碰上疫情封城，所以我生產的時候完全只有自己一個人。」愛德華的爸爸約翰・霍爾（John Hall）在妻子開始引產的時候，不被容許進入醫院。「愛德華比預計遲了五天才出生，出生之後也不太活動，」梅根露出沮喪的笑容解釋道：「現在我知道原因了。」

新生的愛德華成功通過醫院的例行檢查，沒有任何問題。他吃得很好，夜間只會醒來兩三次。梅根當時覺得自己很幸運，生了一個好寶寶。等到愛德華四週大的時候，梅根發現寶寶的腳幾乎不動，而且他的頭顱感覺很柔軟，愛德華似乎沒有在發育，活動愈來愈少。「還有，他的呼吸非常急促……」梅根拿起手機讓我看愛德華七週大的影片，寶寶仰躺著，四肢全然靜止，雙手攤放在身邊，雙腳像青蛙腿一樣打得開開的，同時他的腹部迅速起伏，隨著每次急促的呼吸膨脹又收縮。

拍攝這支影片的兩天之後，愛德華癱瘓了。約翰週日早上帶著他去超市，回家途中，坐在安全座椅上的愛德華一直嚎啕大哭。突然之間，哭聲停止了，愛德華臉色發青，嘴巴張大、兩眼瞪大。梅根告訴我，看來依然難以置信：「他整個人變得奄奄一息……」約翰趕緊停車為他進行人工呼吸，愛德華好不容易又開始呼吸，但是等到約翰開車回到家接到梅根的時候，愛德華已經氣若游絲了。

他們一路飆車衝到醫院去，急診室為愛德華進行復甦，然後讓他進入為期一週的人工昏迷。醫生將愛德華喚醒並取下呼吸管的時候，他簡直已經變成「另外一個嬰兒了，全身癱軟。」守在病床旁邊的梅根，將愛德華的所有症狀輸入手機查詢 Google，搜尋結果最上面寫的是脊髓性肌肉萎縮症。「我讀到的第一項資訊是，患有脊髓性肌肉萎縮症的嬰兒，百分之九十五活不到兩歲。我馬上意識到，愛德華得的是這種病，」梅根彈了聲響指，接著說道：「我一讀到這個，瞬間就明白了。」

脊髓性肌肉萎縮症（spinal muscular atrophy，SMA）是種運動神經元疾病，是脊髓之中傳遞大腦信號到肌肉的神經細胞病變，這些神經細胞無法製造充足的關鍵SMN蛋白質，因此逐漸壞死，這樣就表示大腦的信號無法順利傳達到肌肉，所以肌肉會愈來愈虛弱並且萎縮。這些肌肉是說話、爬行、走路、吞嚥、呼吸等動作之必需，所以脊髓性肌肉萎縮症是兩歲以下幼兒最常見的遺傳性疾病死因。[2]

假如父母雙方的SMN1基因都有缺陷或者遺失，嬰兒就會患上脊髓性肌肉萎縮症。英國每四十人就有一人是SMA基因病變攜帶者，也就是說全英國大約有一百六十七萬人。[3]脊髓性肌肉萎縮症有不同的形態（共分四型），嚴重程度取決於患者身體能夠製造多少SMN蛋白質。全世界每一萬嬰兒就有一個患有脊髓性肌肉萎縮症，而且其中百分之六十屬於第一型（SMA1），[4]這是最常見且最嚴重的形態。幼兒如果患有第一型脊髓性肌肉萎縮症，在六個月大以前就會出現症狀，包括難以控制頭部活動、身體癱軟、躺下時呈現青蛙腿姿勢、呼吸急促與哭聲微弱。

「我當時就有注意到哭聲微弱的問題，」梅根點點頭道：「那時候他只有三四週大，我記得那時我和我媽說過：『不知道是不是因為是自己的小孩，但是他的哭聲真的不會吵到我。』」當時梅根還以為自己就是個幸運的媽媽呢。

當神經內科團隊來見他們的時候，梅根讓自己進入冷靜務實的狀態，向他們說道：「我知道我要失去他了，我會失去我的孩子。你們不需要講一些漂亮話。」

「你不應該上網去 google 脊髓性肌肉萎縮症，」神經內科醫師回應道：「現在的情況跟從前很不一樣。現在有種叫作基因療法（gene therapy）的治療方式，真的非常有效。回家去吧。你可以去查查那方面的資訊。」

脊髓性肌肉萎縮症向來是一門絕症，直到二〇一六年美國食品藥物管理局批准了基因療法「脊瑞拉」（Spinraza），[5]歐洲藥品管理局（EMA）也在二〇一七年五月跟進。脊瑞拉治療可以促進身體製造SMN蛋白質，減緩脊髓性肌肉萎縮的速度，這就意味著患有第一型脊髓性肌肉萎縮症的嬰兒[6]可以活得更久。脊瑞拉的施打方式是注射至脊椎（即腰椎穿刺），最初的四劑要在數週之內分次注射完畢，接下來患者終身都要每年注射三劑。第一年的治療費用為七十五萬美元（約五十八萬英鎊），後續每一年[7]都需要三十七萬五千美元（約二十九萬英鎊）。

一個實施國民健保的國家，需要將有限的預算分配給國民，所以實在很難去合理化這項治療的成本。英國國家健康暨照顧卓越研究院（National Institute for Health and Clinical Excellence）——大家比較知道的簡稱是「NICE」——負責決定哪些藥物的費用會由英國國民保健署支付。英國健研院自一九九七年成立以來，選藥的標準始終如一，如果某項藥物帶來一年額外壽命的成本在兩萬至三萬英鎊（或更少）之間，健研院就會批准國民保健署提供。英格蘭的脊髓性肌肉萎縮症兒童，比歐洲鄰國多等了兩年、比美國多等了三年，因為健研院是研討許久之後[8]才終於在二〇一九年批准脊瑞拉。有鑑於這是一種退化性疾病，每遲一天治療都是有代價的。

同樣是二〇一九年，在健研院批准脊瑞拉過後不久，市場上出現了有史以來最昂貴的藥物，那便是基因療法阿哌奧諾基（Onasemnogene abeparvovec），由瑞士製藥巨頭諾華集團（Novartis）推出，藥品名稱為「諾健生」（Zolgensma）。相較於脊瑞拉需要終身施打才能減緩脊髓性肌肉萎縮症惡化，諾健生只需要一劑就可以藥到病除。諾健生一劑要價超過兩百萬美元，打破歷來的醫藥價格紀錄。

諾健生官方網站（zolgensma.com）首頁上循環播放著家庭親子影片，並且呈上標語：「我永遠記得那一天，我們接受了**終身只需要一劑**的脊髓性肌肉萎縮症解藥。」一個頭上綁著蝴蝶結的小女孩站得筆直，向鏡頭露出大大的笑容並且豎起大拇指；一個金髮嬰兒開心地坐在兒童高腳椅上，吃著他的生日蛋糕。慶祝治療的里程碑、慶祝生日，這正是脊髓性肌肉萎縮症嬰兒的家長們急切想要看見的光明。

在另一段影片中，一位身穿棕色外套的女子微笑著說：「愈早治療，愈快終結脊髓性肌肉萎縮症的惡化。」女子以熱情小學老師的口氣解釋道，諾健生是由全新的、功能完全的SMN運動神經元存活基因——它「已經準備好要發揮作用了」——以及一種載體（某種無害的病毒）組成，載體會將SMN基因傳送到運動神經元細胞。她說道：「這是不是很酷呢？」

諾健生是否酷到足以證明它的價格是合理的呢？諾華集團是這麼認為的。美國食品藥物管理局在二〇一九年批准諾健生的時候，諾華執行長瓦斯·納拉西曼（Vas Narasimhan）宣稱，相比於沒有諾健生的狀況下照護脊髓性肌肉萎縮症患者終身的花費，諾健生確實對得起這樣的價格。納拉西曼表示：「我們相信，我們採取的負責做法，可以幫助患者受益於這項革命性的醫學創新，並使患者節省顯著的成本。[9]」

目前這項可以一舉治癒愛德華的靈藥，尚未獲得健研院的批准，而且這劑藥的天價高達他們房子市價的六倍之多。梅根以 @SMA_mumma 這個帳號在 Facebook、Instagram、TikTok 和 YouTube 上面創建了新的社群媒體帳戶，與其他脊髓性肌肉萎縮症患兒家庭聯繫，並且獲得來自世界各地成千上萬的追蹤者。梅根也設立了慈善眾籌網站 JustGiving 的頁面，企圖籌款將愛德華帶到美國接受私人治療。梅根接受過當地報紙的採訪，試圖爭取支持與外界捐款，她在幾個月之間募得好幾萬英鎊。可是，儘管她付出了這麼多努力，也獲得許多人慷慨解囊，相比於天價的藥費，這些錢依然只是杯水車薪。

當健研院終於在二〇二一年三月批准諾健生的消息傳來，英國仍處於新冠疫情封城狀態，愛德華已經六個月大。英格蘭地區國民保健署（NHS England）執行長西蒙・史蒂芬（Sir Simon Stevens）當時表示：「英格蘭地區國民保健署克服重重困難，讓國民可以取得這項治療，同時經歷幕後辛苦的協商，成功確保它的價格對於納稅人而言是公允的。」

我們永遠不會知道他們協商出來的價格是多少，國民保健署和諾華製藥達成的協議是永久封存的機密。[10]

「我們欣喜若狂，」梅根眼睛泛著淚光回憶道：「我們整個家族的人在視訊上喜極而泣！」

沒想到一個小時之後，梅根手機的訊息聲響起，來電的是另一位患兒的媽媽，她先前參加過健研院的委員會會議。「她傳訊息告訴我：『僅供參考，我認為愛德華應該不會符合資格。』訊息只有這麼短短幾個字。」

結果，健研院的政策是提供諾健生給六個月以下的患病幼兒使用，而愛德華剛好超出年齡限制。

「我瞬間從雲端跌落谷底，」梅根告訴我：「那就像是吊在我們面前的一根胡蘿蔔，它彷彿是在對我們說著：我可以救你孩子的命，但我不救。身為一個母親，我應該要勇往直前才對，但我真的好無助。」

這個消息的殘酷足以壓垮一個人，但梅根說她並不憤怒，她說道：「我只是很挫折而已。我並沒有天真到以為人人都能免費用藥，總是需要有某些限制存在。我自己也不想當那個做決定的人，但我還是希望他們可以更人性化一點。不幸的是，國民保健署不夠人性化，你原本會以為它有人性，直到你深入這套體制，你會意識到那純粹是一套數字遊戲。我明白他們必須如此，我願意換位思考，但他們也應該對我們有點同理心才是。」

梅根的下一步是讓世界看見愛德華，他才不是算式裡頭的某個數字、而是一個需要大家同情的活生生的孩子。「那已經滿六個月的孩子該怎麼辦呢？」梅根在接受ＩＴＶ（獨立電視台）新聞採訪[11]時向鏡頭懇求道：「這個藥物獲得批准的消息被大肆宣揚，我們全都欣喜若狂，現在我們卻覺得自己是收到了空頭支票。」

圖 8　梅根・威爾斯，和她的兒子愛德華・威利斯－霍爾（照片由梅根提供）。

「就是現在，愛德華現在就需要這種藥，」梅根告訴BBC記者道：「我們覺得自己是被遺棄的一群。我不能坐以待斃，我不能讓愛德華失去希望。這真是太殘酷了。[12]」

「我當時是刻意要讓他們有點難堪，」梅根帶著頑皮的笑容說道：「我的想法是，你們真的應該親眼去看看，那些性命取決於你們所做之決定的人們。他們不去思考會受到他們影響的人命；他們看的只是挽救某人的性命是否合乎成本效益。我希望盡量去干擾他們，使他們批准愛德華也能接受這項治療。」

梅根的方法奏效了。

國民保健署開始根據個案逐一通過年紀

較大患兒的治療，愛德華最終在二〇二一年八月接受諾健生醫治。當時愛德華已經十個月大，比其他同齡患兒還早了幾個月接受治療。梅根拒絕讓自己的兒子淪為一個數字，並且由此挽救了愛子的性命。

英國國家健康暨照顧卓越研究院從不倉卒下決定。健研院的新聞發布官告訴我，他們很樂意向我說明他們做事情的程序，只不過歷經了七個禮拜與十五封電子郵件之後，他們才終於決定適合向我說明此事的人選是誰。那位適切的人選是藥品計畫主任（Programme Director of Medicines）海倫・奈特（Helen Knight），奈特是一位健康經濟學家，十五年前加入了健研院的科技評估計畫。我原本期盼可以藉此機會，看到健研院這個掌握生死大權的決策機構背後的真實人性樣貌，看看這個在梅根眼中欠缺人性的龐大機構是由哪樣的人們組成。可是，奈特登入視訊會議的時候，她卻將背景調為模糊。我看見了健研院當中一張真實的臉孔，但卻沒有其他的線索。

即使如此，這依然是一張很友善的臉孔。奈特顯然樂於談論自己的工作，即便戴著眼鏡，她的藍眼睛仍然散發著熱情，雖然她的用詞是屬於愛用電子試算表的公務機關式措辭。

「為了達成人口健康最大化，就要讓個別病患需求與分配稀少資源二者取得平衡。這就是我們必須要關注的組織功能，」奈特一邊說明一邊點著頭，明顯對於自己可以這麼簡潔介紹健研院的任務感到相當滿意。奈特說健研院必須超然而無私心，才可以算出如何在固定的預算之內達到人口健康最大化。「病患與臨床醫師個人可能非常投入於某些方面，這確實是我們需要的，因為他們可以告訴我們哪些藥真的能帶來改變，可是我們必須要加以權衡，以確保我們得知的藥物資訊之中沒有過度樂觀的成分。」

英國國家健康暨照顧卓越研究院成立於一九九七年十二月，此單位的成立是為了回應當時報導稱有個別的國民保健服務醫院開始配給昂貴的新藥，包括癌症藥物、抗精神病藥、多發性硬化症治療藥物。這個情況導致你所屬的郵遞區號變成樂透彩券，如果你運氣夠好，得到正確的醫院照顧，你就可以得到正確的治療。健研院的創始主席麥可．羅林斯教授（Sir Michael D. Rawlins）在二〇一五年一篇回顧健研院歷史的文章中寫道：「作為一個由整體人民稅金支持的醫療系統，個別的藥物必須是人人都有資格使用，不然就是無人有資格使用。」健研院成立後的第一項官方行動，[13]就是否決某種流感藥（該藥物無法減少高風險族群的併發症，只能將流感症狀持續時間從六天縮減至五天，只要爆發一場嚴重的流感疫情，預計國民保健署將會因此支出一億英鎊）。到二〇二〇年三月為止，[14]健研院已經評估過七百八十二項科技，批准的比例為百分之八十三。

評估的程序首先是製藥公司遞交一套證據報告，概述他們開發的新藥益處，以及他們打算向英國國民保健署提出的售價。奈特告訴我：「我們尋找的是可以兼顧療效與成本的醫藥。」健研院的工作會與英國藥品和醫療產品監管署（Medicines and Healthcare products Regulatory Agency，

MHRA）合作，只不過藥監署負責權衡的是療效與安全風險，健研院評估的是則是療效與成本。

接下來，健研院會邀請病患團體、臨床專家、研究機構、英格蘭地區國民保健署等有關單位，審查製藥公司提出的證據。然後還會有一個獨立的學術小組負責審查。「珍妮，接下來的事情會變得技術性很高喔，」奈特向我提出事前警告道：「這將會是經濟建模（economic modelling）、是統計、是數字，這是在用數學方程式推算數據，以便將所有潛在利益和潛在成本全部納入。」最後一步，是一個獨立的二十四人評估委員會，成員包括臨床醫師、護士、精神病專家、統計學家、健康經濟學家以及兩位一般人，成員全是由健研院招募並支薪，委員們開會討論所有提交上來的資料，並且最終決定該藥物的成本效益是否值得讓國民保健署免費提供。

有一項在醫療經濟學領域當中至為關鍵的黃金價值，是這整個決策過程的關鍵因素。「生活品質調整後存活年數」簡稱「QALY」（發音為「夸里」），是衡量生命隨著時間變化還有多少美好——效益主義所謂的「幸福」——的一項標準。一個「夸里」，代表著一年的完美健康狀態；健康出問題導致生活品質降低的一年，其價值就會低於一個夸里；一項藥物的療效，可以用它為患者生活帶來多少夸里來評價。英國健研院官方網站上的解釋是：「生活品質調整後存活年數的計算方式，[15]是估計病患接受特定治療或干預之後的剩餘壽命，然後將每一年的生活品質得分（尺度為0分到1分）加權計算。生活品質得分的衡量通常是根據人進行日常生活活動的能力、以及免受痛苦與精神困擾的自由。」

「生活品質調整後存活年數」作為一種概念，最晚從一九六〇年代就開始出現了，然而是在英國健研院積極將夸里當作評估醫療公平的關鍵因素之後，它才獲得新的重要地位。夸里這項指標的應用遠遠超出醫療政策的範疇；英國內政部就是運用夸里，以平均壽命減去死者年齡得出謀殺奪走的生命年數，從而算出謀殺案受害者受到的肉體傷害價格為兩百零八萬二千四百三十英鎊。

「我們設定了一夸里的成本額。如果某種醫療的成本效益落在這個範圍之內，那麼使用國民保健服務的資源來支出可能就是不錯的選擇，委員會可以推薦，」奈特告訴我：「我們認為一個夸里的成本在兩萬至三萬英鎊之間算是合理的價值展示。這個金額範圍差不多是在健研院剛成立的時候就定下來了。珍妮，我跟你說實話，這個金額其實不是真的用數學算出來的。」奈特輕推了一下眼鏡，接著說道：「我覺得一開始定出這個金額，根據的是人們大約願意為一個病患的血液透析支付多少錢。」

我原本預期奈特會告訴我的，是關於國民保健署決定願意支付多少錢挽救一條生命的聰明算式，就像是英國內政部的《99號研究報告》、或是吉福惠說明當前救命金額的電子試算表。我本來以為她會帶著我一路加減，說明兩萬至三萬英鎊這個數字是怎麼算出來的。真是沒想到，這個能夠決定那麼多人命運是生是死的重要數字，居然是一種慣例、不是一套計算。它甚至有可能只是憑空想出來的。

為了確認，我開口問道：「所以，這個金額是……隨意定出來的嗎？」

看見奈特對於我的措辭皺起了眉頭，我決定換個說法再問一遍：「這個金額一開始是根據某種標準訂出來的，然後……就固定下來了嗎？」

「對，這個金額訂出來之後就固定下來了，我們沒有再更改過。業界和病患團體認為我們應該要調整。不過實際上，我們現在依然認為這大約是恰當的數字。」

我還是覺得我必須再重述一遍，我的腦袋才有辦法釐清這整件事。

「所以，兩萬至三萬英鎊這個數字，完全不是根據國民保健服務預算與使用醫療人數推算出來的……一夸里的成本金額是基於一九九〇年代血液透析費用衡量出來的，然後到目前為止都很實用？」

「是的，」奈特再次輕推了一下眼鏡，冷靜地說道：「這是一個大家都覺得合理的起始點。夸里指標是一種工具。我們知道它不完美，它不能兼顧一切，但是它很實用，因為它是所有疾病都能通用的指標。癌症病患與多發性硬化症病患的情況之間很難比較，但是夸里指標至少可以讓你得到某些共通的衡量標準。」

我想，凡事確實總得有個起始點。一夸里的金額看起來也許像是隨意訂定的，但重點在於它平等適用於所有人。每一個生活品質調整後存活年數的價格都一樣，無論當事者是什麼人、無論當事者得的是什麼病、無論當事者處於什麼環境、無論當事者住在哪裡。

問題是夸里並非一概相同。一夸里的價值會根據當事者所在的國家、當地醫療制度、你的醫療提供者（國家或私人保險公司）願意為你一年健康支付多少費用而有頗大的差異。都換算成美金的話，英國人一年的生命價值大約三萬六千美元，日本人四萬一千美元、澳洲人四萬七千美元、韓國人七萬四千美元、臺灣人七萬七千美元。[16]令人訝異的是，健康經濟學家們發現，一個國家願意為醫療支出多少錢，與這個國家的富裕程度沒有必然關係。使用夸里指標意味接受醫療資源配給，但是根據你的所在地不同，你可能獲得更大份的資源。

相關問題在美國已儼然變成敏感的政治毒藥，醫療「配給」（rationing）也成為一個有毒的詞彙。美國政府已經拒絕使用生活品質調整後存活年數來判斷健保支付的意願；巴拉克・歐巴馬（Barack Obama）禁止醫療保險計畫——也就是所謂「歐巴馬健保」（Obamacare）[17]——在成本效益分析中使用夸里指標，理由是對所有類型的疾病套用獨斷設定的統一價格，會阻礙罕見疾病藥物的研發創新。可是，即便夸里沒有被正式使用，保險公司願意為某項醫療支付的費用也是有限的，這意味計算生命價格的事情當然還是存在。專門評估藥物成本效益的領銜獨立非營利機構美國臨床和經濟評估研究所（US Institute for Clinical and Economic Review，ICER），將美國的一夸里價值估算為五萬至二十萬美元。[18]或許，假如美國人更願意探討一夸里有多少價值的話，美國人的生命價格就不會（根據個人保險理賠範圍）有這麼巨大的差異了。

但是，即便是在英國健保體系中，「生活品質調整後存活年數」的價值也不是所有人、或所有情況都一樣。「就我們絕大部分的評估而言，一夸里就是一夸里，」奈特告訴我：「可是就臨終治療而言，每夸里的價值最高可達到五萬英鎊，也就是說我們會將一夸里的價值乘以一．七倍。」要是絕症患者知道國民保健署為他們設定的壽命價值是一般人的一．七倍，真不知這究竟是殘酷還是安慰呀。

我原本還以為英國國民保健署批准諾健生，肯定是因為這種藥可以治癒脊髓性肌肉萎縮症嬰兒，使得他們得以擁有數十年高生活品質的壽命；由於此藥治療效果極佳，而病患的年齡又極輕，所以即便諾健生每劑要價高達一百七十九．八萬英鎊，國民保健署依然認定它具有良好的成本效益。結果再度出乎我的意料，實際狀況其實複雜得多，諾健生是經過健研院的「高度專門技術計畫」（Highly Specialised Technology Programme）評估，這項計畫專門檢視的是病患人數較少的罕見疾病治療，奈特表示：「我們不希望阻礙對極罕見疾病的研究。」高度專門技術計畫採納的成本效益等級，可以高達每夸里十萬英鎊。

奈特說道：「我們非常、非常謹慎考量要讓這個計畫審查哪些項目，因為這是為了極少數的患者從他處挪用大量的醫療資源。」這番話讓我想到躺在地毯上的愛德華，以及想像愛德華的生命被放上天平一端的景象，天平另一端則是他人能獲得的醫療資源。要從事這樣的概念化思考練習，需要一顆能夠客觀超脫人情的腦袋，恐怕我自己是沒有那樣的腦袋。

「這是專門針對那些我們知道企業不太可能投入資金研究的罕見疾病。我們希望能鼓勵這些領域的創新和研發，」奈特續道。在這類情況下，英國健研院樂於改變做法，批准更昂貴的藥物。「這個做法以某方面來說並不公平，因為那會導致某些群體獲得更多的資源，我們願意接受這個事實，而且我們感到心安理得。」

得悉英國健研院的健保決策未必總是根據效益主義追求「最大多數人的最大幸福」之公義理想，令人感到寬慰；健研院願意在某些情況下調整天平，以使企業可能有動力去提供「最少數人的最大幸福」。此做法等同歡迎製藥產業將研發罕見疾病藥物視為商機，然後，在此等狀況下，製藥公司總會對這樣的藥物收取令人目瞪口呆的高價，因為它們可以這樣。這是一場遊戲，是健研院與製藥公司之間你來我往的一場交際舞，製藥公司會根據國民保健署願意支付的金額去調整售價。

根據健研院的觀念，公平未必等於平等均分，公平也許會是對某些人的生命設定比其他人更高的價格。可是，恰如梅根所認知的，這依然是一場數字遊戲。作為一個脊髓性肌肉萎縮症病童的母親，梅根非常清楚預算有限，有關單位總是得在某個地方設下界限。總會有與愛德華情況類似的人，恰好處於界限之外。

同樣都是退化性疾病患兒的家長，比起默默接受健研院政策的家長，假如積極運動抗爭的家長使得他們家的孩子更早接受治療，這樣難道是對的嗎？

「通用的指導方針很難照顧到每個患有某種疾病的個人，」奈特說：「所以需要做出一定程度的判斷和取捨。」

和威爾．麥雅斯基爾一樣，海倫．奈特擅於將自己變成一部追求益處最大化的設備。我不禁想著，她有沒有可能告訴我，身為一個活生生的人，進行這些成本效益分析的感受是什麼。

我詢問道：「要做出這些決定，這些攸關他人生死的決定，會不會令人感到害怕呢？」

「我們認識到這是一項非常重要的工作，進行這項工作要承擔高度的壓力，」奈特回應道，她顯然已經全面進入模擬企業遊戲模式。「病患團體可以去遊說，他們會去找部長、找國會議員，這沒有問題，這是他們的角色發揮的作用。但我們也需要稍微說明一下，假如我們對每種藥都放行的話，那會造成什麼衝擊。」

英國健康暨照顧卓越研究院因為耗費很長的時間才批准脊瑞拉，所以反而特別有壓力得趕快開放諾健生。牛津大學納菲爾德臨床神經科學系（Nuffield Department of Clinical Neurosciences）系主任、運動神經生物學系教授兼神經內科醫生凱文・塔爾伯特（Kevin Talbot）在二〇一八年告訴《泰晤士報》（*The Times*）：「在已開發國家當中，我們是最後一個許可這種藥的國家，真的是不可思議。不管怎麼樣，我們得找個辦法將這種藥提供給病患。[19]」

塔爾伯特曾擔任過英國脊髓性肌肉萎縮症組織（Spinal Muscular Atrophy UK）的董事，目前是該組織的高級顧問，這個組織是英國患者家庭與醫療專業人士的主要資訊與支持團體。塔爾伯特肯定是這方面的專家，可是在他發表前述評論的時候，有些人卻希望他能夠把嘴巴閉上。

我來到塔爾伯特在牛津大學的研究室，室內相當簡約。他一邊往後靠在椅背上、一邊對我說道：「我遇到我原來沒有預料到的反對聲音，這些聲音來自某些患者與董事。他們認為對待健研院的態度一定要好，假如人人都根據健研院的做法去做，事情一定會好起來：你必須接受辦事本來就需要花費很長時間，而且千萬不要惹火那些人。他們認為我的魯莽會把事情搞砸，但我其實只是在陳述事實而已。」

塔爾伯特不願迴避那些會令人不自在的事實。他專門治療運動神經元紊亂（包括運動神經元疾病）的病人，以及患有第二、第三與第四型脊髓性肌肉萎縮症（SMA2, 3, 4）的成人，在他治療過的病患當中，有百分之九十五的人會在初次會診之後的五年之內死去。

「我曾經參加過一場健研院委員會聽證會。我覺得參與那場遊戲的人，跟真正坐在患者面前的醫生，屬於非常不同的角色。也許事情就是必須這麼辦，如果那些人的思維在情感層面上像是主治醫師的話，他們或許會做出錯誤的決定，他們擅長的是精算決策。但是這次的情況不能那樣辦，健研院還在那邊細細研究琢磨的時候，有嬰兒正在死去，這是不可原諒的事。」

我想這正是一切的關鍵所在：這件事不是個哲學難題或是思想實驗。在真實的世界裡，為了思考「正確」的行動而耗費時間，是會有後果、有代價的。

我們相信英國健研院存在的重要性，就是可以用正確的方法對於生死攸關的問題達成正確的答案。可是醫學不只是臨床療效與成本效益的問題而已，醫學的意義還有為病人做正確的事，醫學是一門科學、也是一門藝術。塔爾伯特在神經科診所治療過的病患中，有已經嚴重頭痛整整五年的病人跟他說自己想要自殺，也有患有晚期運動神經細胞疾病（ＭＮＤ）的病人跟他說自己很高興還活著。如果將「生活品質調整後存活年數」的「品質」簡化成數字，其中必然失去了一些什麼。

「要處理這些事情，夸里等等指標是非常枯燥的學術方法。真正的問題在於，包括脊髓性肌肉萎縮症在內，有很多疾病最後是可以找到解藥的。假如你專挑某一種疾病來談，你永遠有理由可以說，但除此之外還有好幾百種病呢。這就是為什麼，我們最終需要重新去制定製藥產業與醫療體系之間的關係，因為目前的關係是難以長久的。」

塔爾伯特是對的。價格令人目瞪口呆的脊瑞拉才剛被批准不久，價格更令人瞠目結舌的諾健生便通過了，接下來，「利梅迪」（Libmeldy）一款治療異染性腦白質退化症（ＭＬＤ）這種罕見致命疾病的基因療法推出，以破紀錄的兩百八十萬英鎊天價，創下歷來最昂貴藥物的紀錄。英國健研院在二〇二二年二月批准利梅迪，[20]這一次只比歐洲藥物監管機構[21]稍遲兩個月而已。

只要製藥公司是營利事業，人命必然會被賦予價格。但是，我們並沒有其他的醫藥研發模式，坐在牛津大學研究室裡頭的塔爾伯特反對製藥產業的剝削性資本主義一事說來輕鬆，畢竟他領的薪水是公家的錢。

要遏阻脊髓性肌肉萎縮症的出現，其實還有更省錢的方法存在。雖然及早檢查與治療能夠挽救生命，但國民保健署依然拒絕對新生兒進行常規脊髓性肌肉萎縮症篩查的建議。塔爾伯特表示，我們可以從更早的階段開始採取行動，讓每個孕婦都接受ＳＭＮ基因突變的篩查。假如孕婦有這樣的問題，就再去篩查她的配偶。假如雙方都是突變基因攜帶者，就去檢查腹中胎兒是否患有脊髓性肌肉萎縮症。塔爾伯特直言不諱道：「你可以墮胎，可以避免絕大部分的脊髓性肌肉萎縮症胎兒出生，這絕對是可以辦到的事。」一旦涉及自己的專業領域，塔爾伯特就和那些數字分析師一樣務實，他理直氣壯地說：「我們為什麼不這樣做呢？」

這是一個恐怖的問題，但確實值得一問。英格蘭與威爾斯地區每年因為胎兒嚴重心理或肉體殘疾風險而墮胎的案例數超過三千個，[22]其中有很高比例的情況是唐氏症胎兒，而且唐氏症寶寶即便來到人間，他們的生命應該沒有第一型脊髓性肌肉萎縮症患兒那麼受苦且短暫。

「我認為人們沒有對脊髓性肌肉萎縮症採取篩查與墮胎的做法，是因為新療法的大肆宣傳讓人們覺得這是一種可以治癒的疾病。但我認為事情沒那麼簡單，即便是嬰兒時期接受治療表現良好的孩子，未來還是有可能出現會致殘的疾病。到時候他們得面對的挫折與打擊，將會非常巨大！」

我問道：「即便是諾健生？」

塔爾伯特頷首道：「對。我認為還是有這種機率。」

我簡直不敢相信我的耳朵，我反問：「諾健生難道不是解藥嗎？」

「第一型脊髓性肌肉萎縮症幾乎都是胎兒還在子宮時就開始了，」塔爾伯特解釋道：「第一型患者出生時表面上看起來很正常，但他們的某些神經肌肉連結其實沒有適當組成，有些人的症狀會等到青春期甚至成年之後才表現出來，也許會變成某種晚發型脊髓性肌肉萎縮症。」

我想到了梅根分娩時需要引產的原因，就是因為還在她肚子裡面的愛德華不太活動。所以，就算愛德華一出生就接受諾健生治療，脊髓性肌肉萎縮症造成的傷害可能在他還沒出生前就造成了。

「我們根本就不知道，這些接受了一百八十萬英鎊基因療法的孩子，會不會在剛成年就出現進行性疾病（progressive disorder），變成我診所裡頭的患者。也許病情不會那麼嚴重、也許壽命不會因此減少，但這些孩子之前還能順利走路踢足球，之後可能就不行了，狀況會很類似運動神經元疾病的患者。」

以靜脈注射的方式將一劑諾健生注射到十個月的愛德華體中，總共花了一個小時。梅根說：「我的感覺只有，終於！終於結束了！他得到治療，我可以停止戰鬥了。」

愛德華第二天的變化肉眼可見。「他之前一直沒辦法彎曲膝蓋，無法將腳抬離地面。忽然之間，他抬起了一隻腳，我不禁大叫喊來約翰。真的是太神奇了！」梅根將愛德華放在小毯子上，替他換上乾淨的背心，這個時候，愛德華伸出手拿起一個水杯，對著嘴喝了起來。「從那一刻起，他各方面都出現神奇的變化。他可以說話、他能坐起身來、他能吃東西、他可以用手腳支撐身體、他能站起來。」群眾募資平台「眾籌者」（Crowdfunder）上頭為愛德華發起的活動募得十七萬英鎊，目前正用於私人物理治療。梅根的社交媒體帳號上面，從前放滿了愛德華插著呼吸管的畫面，現在最新上傳的則是他搖晃學步的模樣。

「他的身體愈來愈強壯。他以後可以變得像你我這樣正常走路嗎？我覺得應該沒有辦法。他可以推著學步車走路嗎？我覺得可以。我們真的不知道未來會怎樣，但我永遠不會說不可能。就一個脊髓性肌肉萎縮症患兒來說，愛德華表現得非常好。」梅根一邊低頭對愛德華微笑、一邊說道：「他現在很有個性了。他很調皮、很淘氣。」愛德華反過來對著媽媽擠眉弄眼，梅根繼續說：「他很可愛，很聰明——真的很聰明。他很好笑，真的是個開心果。我非常享受有他陪伴的時光。現在的他擁有未來，光明的未來。他可以成為任何他想要成為的人。」

梅根還不確定她和約翰未來還要不要繼續生孩子，他們孩子有四分之一的機率會患有脊髓性肌肉萎縮症。而且，有些嬰兒天生就對病毒載體有免疫力，這就意味他們不能接受諾健生治療。梅根說：「這麼做的風險很高。」

愛德華未來要面臨的挑戰還有很多。梅根讀到一些最新的研究，表示脊髓性肌肉萎縮症患兒應該先接受諾健生治療，後續再繼續服用利司撲蘭（Risdiplam）或者脊瑞拉。梅根解釋道：「打個比方，有一個大水箱，裡頭有裂縫，諾健生可以修補裂縫，但是補不了流失的水，利司撲蘭或脊瑞拉就是重新加入水箱的水。」

一年份脊瑞拉的費用超過三十萬英鎊；利司撲蘭口服溶液每日都要服用，一日份的價格是八千英鎊。[23]「為了爭取獲得雙重治療，我們現在正在進行第二次戰鬥。我能夠理解資金來源不是無限的，但是當你自己親生的孩子是這種情況的時候……」

目前，包含英國、法國、德國、澳洲、巴西和日本在內，全球已有四十多個國家批准諾健生。美國主要的健康保險公司與聯邦醫療補助（Medicaid），都有將諾健生納入支付範圍內。對於目前仍無法取得諾健生的國家，諾華製藥每一年會免費提供[24]一百份藥劑，以抽籤的方式贈送，這件事被暱稱為「現實版飢餓遊戲」（real-life hunger games）。[25]到目前為止，印度、巴基斯坦、墨西哥、越南都有孩子成為幸運兒。可是，全世界每年都有成千上萬的第一型脊髓性肌肉萎縮症新生兒，沒有一丁點獲得諾健生治療的希望。

梅根收到這些患兒家庭傳來的訊息時，她沒有回覆。「我辦不到，」梅根直勾勾地盯著我的眼睛說道：「他們只能眼睜睜地看著自己的孩子病情惡化。我甚至不敢想起這件事。我覺得自己情感上沒有足夠的力量和他們對話。這太痛苦了。」

講到這裡，她將愛德華抱了起來，緊緊摟在懷中。「我們很幸運可以活在英國這樣擁有國民保健服務的國家。即使國民保健服務有很多問題，但能擁有它依然是極其幸運的事。」

第九章

新冠封城：每年十八萬英鎊★

★折合新臺幣七百六十七萬一千六百元

根據《二〇二〇年英格蘭健康保護第四號法規（新冠疫情限制措施）》（*The Health Protection (Coronavirus, Restrictions) (England) (No. 4) Regulations 2020*）第五條規定，在二〇二〇年十一月二十八日禮拜六的英格蘭地區進行超過兩人的聚會乃屬違法，可是倫敦梅費爾（Mayfair）優雅的街道上在那天擠滿成千上萬無視規定不戴口罩的人們，男女老少黑白棕皆有；穿著名牌巴伯爾夾克（Barbour）之人與紋身露臂之人並肩而行，群眾一面朝著克拉里奇酒店（Claridge's Hotel）行進、一面高喊「我們不同意！」梅費爾上流住宅區的居民，困惑地從他們喬治時代建築的窗戶後面，向下窺探這一片喧鬧。

隨著英國第二波新冠疫情來襲，這不是我會選擇度過週六早上的方式，但是實際上身在此地確實令我格外雀躍。這是九個月以來，我第一次真正置身於人群之中，陌生人組成的人群、真正意義上的人群，老實說感覺很美妙。鈴鼓聲與口哨聲增添了一股嘉年華的氛圍，而且空氣中瀰漫著濃濃的大麻味。但是，假如這場活動真的是街頭派對的話，這著實是場危險的活動。到當天為止，全世界除了臨床試驗以外，尚未有人接種新冠疫苗，今天全英國確診住院者有一萬六千九百七十五人，[1] 昨天有四百五十一人因新冠死亡。[2] 還有，這裡有些人真的、真的很憤怒。

有一位塗著亮色口紅、綁著低馬尾的金髮女士，對著人行道上與遊行隊伍平行移動的幾十名戴著口罩的警察大喊道：「可恥！可恥！你們真可恥！」她手裡還牽著一個穿著粉紅色靴子與粉紅色耳罩的小女孩。「履行職責不能當作你的藉口，」女人面露嫌惡厲聲喊道：「去看看紐倫堡大審（Nuremberg trials）*吧！」

群眾舉著用手寫厚紙板或電腦列印出的標語告示牌，上頭有具煽動性的標語如「人民有權」、「人民說不就是不」，有令人沮喪的標語如「再封城就沒工作」，也有令人看了不舒服的標語，比如在比爾·蓋茲（Bill Gates）露出詭異笑容的照片上面寫著「想一想！這傢伙認為地球

＊紐倫堡大審是二次大戰後設立的國際軍事法庭，受審的德國納粹人員自我辯護常用的說法，就是他只是接受國家命令履行職責。

人口過剩，卻又說要用疫苗『拯救』你的性命！」許多標語牌上還寫了引導人們相信陰謀論的標籤，比如 #TheNewWorldOrder（「#新世界次序」：主張威權全球主義菁英正在陰謀控制世界）以及 #TheGreatReset（「#大重啟」：主張威權社會主義全球主義資本家正在利用世界經濟論壇控制全世界）。前英國工黨黨魁傑瑞米．柯賓（Jeremy Corbyn）的哥哥皮爾斯．柯賓（Piers）也來到現場，皮爾斯相信新冠病毒根本是場騙局，而且不知怎麼地，他認為這場騙局跟5G行動通訊技術有關。來到這裡的人，有一些是堅定不移的陰謀論人士，有一些就是單純厭倦封城且痛恨此政策為何不能加以質疑的人。

一位穿著束腰大衣的女士，準備稍後和她七十多歲的父母親見面並一起去旅行，他們兩人都屬於易受感染的族群。「這件事不只是嬉皮們（hippies）不想要受到國家控制而已，而是每個世代的人都說這根本是放屁。」這位女士對我說道：「我們要揭露政府的謊言與操縱，還有那些政府網站上公布的統計資料根本不合實情。」

我掃視群眾的臉龐，試圖找出路易絲．克蕾菲兒（Louise Creffield），但她目前還保持低調沒有現身。三十四歲的克蕾菲兒是個有四個孩子的單親媽媽，這次抗議活動是她奔走的成果，這是她成立的組織「拯救英國人權」（Save Our Rights UK）所舉行的第四次全國反封城大遊行。這是個近半年才成立的新組織，但目前已經有四萬人追蹤了它的 Facebook。

圖 9　反封城遊行中的聖誕老人與小精靈，2020 年 11 月 28 日。

這次抗議運動是透過社群媒體發起的。為了避免警方阻撓，抗議地點是在活動前最後一刻才在 Facebook 上公布，這裡的每個人都在用手機錄影、自拍、企圖引起外界的注意。有個人穿上全套的聖誕老人裝，肩上背著綠色袋子，脖子掛著一串聖誕小燈泡。他舉的標語牌子上頭寫著：「我們想要的聖誕禮物只有恢復自由！」他兩邊各有一個小精靈，那是兩個八九歲的男孩，他們用手指堵住耳朵。距離聖誕老公公數步之遙，還有一個穿著條紋緊身褲、戴著尖頂帽的女人推著一輛嬰兒車，車裡是個穿著精靈裝的小寶寶。

「我之所以來這裡，是因為數字核對不上，」另外一位女士告訴我：「政府在操弄數字，就像是人們總是在利用數字。統計數字可以捏造，根據你想要表達的意思去對數字動手腳。」

英國政府當然是不老實的。遊行參與者當時肯定不知道，就在這場遊行的前一天晚上，唐寧街（Downing Street）首相官邸還舉辦了祕密派對，這件事直到一年之後才遭人揭露。遊行的兩週之前，首相鮑里斯．強森（Boris Johnson）的私人公寓也辦了一場聚會，而這只是最終曝光的十幾場聚會之一而已。只不過在二〇二〇年十一月二十八日的時候，公眾都還不知道這些事情。在那段時期，即便只是和祖父母一起坐在公園長椅上，我們都會覺得很不好意思，因為這麼做違反了法規。

這位聖誕老公公在格羅夫納廣場（Grosvenor Square）附近被警察逮捕了，小精靈們也作鳥獸散。我聽說路易絲．克蕾菲兒在攝政街（Regent Street）附近撞倒了一個塑膠路障，後來遭到拘留，最終被指控犯下刑事損害、妨礙公路交通、以及組織兩人以上聚會違反新冠疫情規定。當天最終被逮捕的抗議者超過一百五十人。[3]

在發動遊行的兩週之前，我和克蕾菲兒進行了視訊通話。（這一章裡頭所有關於封城討論的談話，都是透過視訊進行，是不是很應景呢？）視訊時，克蕾菲兒正在她位於布萊頓（Brighton）

的家中，我透過畫面看到，她家中的壁爐架上擺滿了卡片，因為她四個孩子（分別是十四歲、九歲、八歲和六歲）當中有三個的生日相差不到一個月。克蕾菲兒濃密的眉毛加上鼻子和上唇穿了好幾個環，讓人知道她是個不容小看的狠角色，可是當她抱膝靠胸坐在椅子上時，又流露一股柔美的氣質。疫情爆發之前，克蕾菲兒是在當地工黨國會議員勞和．羅素－莫伊爾（Lloyd Russell-Moyle）的選區辦公室工作。後來，這位前雇主告訴布萊頓當地的《阿格斯報》（*The Argus*）[4]，他認為克蕾菲兒正在做的事情「簡直是愚蠢」。

英國首相鮑里斯．強森在二〇二〇年三月二十三日發表沉重的全國電視演講，宣布英國全境封城，當時克蕾菲兒是支持這項做法的。「我可以忍，」克蕾菲兒向我解釋道：「當時我們對這個病毒不太了解。三個禮拜還算是可以忍耐。」三個禮拜過去之後，封城的時間又延長了。「帕特里克．瓦蘭斯（Sir Patrick Vallance）在電視直播中表示，我們應當記住，英國國家統計局（ONS）的數據根據是死者的死亡證明書上註明新冠肺炎，但這未必表示他們真的有感染新冠，因為當中有很多人並沒有接受篩檢。聽到這裡，我心裡冒出一聲『且慢！』」她將雙手舉到太陽穴旁說道：「『你剛剛的意思難道是指，疫情死亡人數的數據是你們編造出來的嗎？』」

對克蕾菲兒來說，一切事物的崩潰就是打這一刻開始。面對這麼恐怖的疫情數字，我們原本深信政府會拯救我們，我們信任國民保健署；但現在連官方都明白表示這些數字其實有疑義了。

此外還有一些數字，是她無法忘懷的。克蕾菲兒是一位曾受害於家庭暴力的倖存者，她不禁想到，那些坐困家中被迫與具有家暴傾向的伴侶共處的女性，又該怎麼辦呢？最近在距離克蕾菲兒家不遠處，有個女人和她稚齡的小孩被謀殺了。「想到那些被迫與施暴者共處的女性，讓我難以忍受，」克蕾菲兒一邊說著一邊紅了眼眶。「我真的不敢去想像那些女人的感受，」她戰慄著說道：「我真的好痛恨封城。」

克蕾菲兒在 Facebook 上面搜尋有沒有質疑英國政府封城政策的團體可以供她加入，苦尋無果之後，她決定自行創建一個社團。她的第一次抗議行動是在二〇二〇年五月，但只有「包括我在內的七個人來到布萊頓海灘」。雖然媒體將「拯救英國人權」描述成一個無政府主義者、陰謀論者、極端分子組成的團體，但克蕾菲兒很渴望讓我理解，她只是在那段掌權者採取限制措施卻不理會其衝擊的時期，奮鬥爭取人民的權利罷了。「假如你是在家工作、或者你家有院子可以讓孩子玩、或者你被強制休假只領八成薪水也勉強能過，這樣你受的影響就還過得去。哪種人失去兩成的薪水還能過呢？那當然是比較富裕的人啦。假如你原本的收入跟支出差不多打平，那減少兩成薪水就會影響很大了。」

克蕾菲兒告訴我，她認為窮人被當作犧牲品、企業被迫關閉，居然只是為了那些本來也沒剩幾年好活的人。當時我就覺得很難和她爭論，後來隨著我們對新冠肺炎的認識愈來愈深，如今我更覺得無從駁斥她。但是，我也無法支持取代封城的其他做法。為了讓有比較多年可活的人少受苦，於是任由老年人死去，這樣做難道就是對的嗎？

說不定克蕾菲兒也相信有個威權主義全球大陰謀正在暗中醞釀，要以強制人們接種疫苗的方式植入控制晶片，假如真有此事，那至少她在視訊時算是隱藏得很成功吧。她偶爾會表現出一些帶有陰謀論氣息的思維，比如她說她看過ＰＣＲ核酸檢測陽性未必代表真的感染新冠的證據，還有新推出的疫苗其實不會提高生存率，以及所謂新冠疫情大流行「不是真的」。還有，她確實對於相信全球各地封城背後有黑暗勢力運作的人抱持同情態度。「你可以理解人們為什麼會陷入這種奇怪的念頭裡，」克蕾菲兒一邊在椅子上挪動姿勢、一邊說道：「政府一直在誤導、隱瞞、甚至公然捏造數據。一旦關於這件事的信任崩潰了，其餘的事你為什麼還要繼續相信呢？」

❈ ❈ ❈

那麼，新冠疫情的真實數據是多少呢？封城的真實人類成本（human cost）又是多少呢？

首先是死亡人數。要精準計算疫情期間因為感染新冠而死亡的人數，是非常困難的事情，因為不同的國家以不同的方式計算死亡人數，甚至有些國家根本沒在計算。很多死於新冠肺炎的人從未接受檢測，許多死者雖然感染了新冠病毒、但死因並不是新冠，還有許多人的死因不是新冠本身、而是新冠帶來的干擾（比如癌症病患沒有及早診斷出病情而錯過治療時機）。一般的共識是，超額死亡人數（excess deaths）——指某段時間內死亡人數與預期死亡人數的差額——是衡量新冠肺炎真實總死亡人數的最佳辦法。《經濟學人》（*The Economist*）針對國際數據集進行廣泛分析後斷定，從二〇二〇年一月到二〇二一年十一月，全球新冠超額死亡人數約有兩千兩百萬，這是官方紀錄全球新冠死亡總人數[5]的三．五倍。

觀察個別國家的新冠肺炎超額死亡數字，會發現一些令人訝異之處。迄於二〇二一年十一月為止，美國的超額死亡人數大約是一百二十萬到一百三十萬之間，比官方紀錄的一百零二萬六千九百五十一例新冠死亡人數多出百分之二十。俄國的超額死亡人數約為一百二十萬到一百三十萬，是俄國官方紀錄的百分之兩百，印度的超額死亡則是官方紀錄的百分之一千一百。可是，英國的超額死亡人數（十六萬至十七萬）居然比官方紀錄（十八萬二千九百一十二例）少了百分之十。德國和法國的情況也一樣，德國超額死亡（十三萬至十四萬）比官方紀錄（十四萬三千一百七十七例）低百分之七，法國超額死亡（十一萬至十三萬）比官方紀錄（十五萬一千四百一十九例）低百分之二十。歐洲的情況未必普遍如此，西班牙和義大利兩國的超額死亡人數都高過官方數字，但無論你怎麼看，幾十萬超額死亡人數都是巨大的生命損失。但是，至少在某些歐洲國家，真實情況似乎比官方數字稍微好一點。

其次是封城。中國政府率先於二〇二〇年一月二十四日在武漢所在地的湖北省實施封城，強制人們留在家中，對於當時世界其餘地區來說，這樣的限制措施簡直無法想像。當時普遍的想法是，只有威權政府才可能實施此等策略，西方自由主義民主國家的公民根本不願意遵守這種東西。可是，隨著疫情日益嚴峻，義大利和西班牙的醫院走廊停滿了遺體，封城的做法也迅速蔓延開來。來到同年四月初，全世界已經有超過四十億人——也就是全球一半以上的人口——被要求或命令待在家中。[6]在當時還沒有疫苗的情況下，大家的共識是遏阻病毒傳播的最佳辦法，就是盡量讓人與人保持（社交）距離。

封城並不能消滅新冠病毒，封城只能舒緩疫情、減緩傳播速度。與此同時，根據世界銀行（World Bank）的估計，[7]封城導致一．一五億人陷入極端貧困狀態。密西根大學（University of Michigan）的健康經濟學家團隊，對美國疫情前六個月的封城措施進行了成本效益分析，該團隊發現封城拯救的美國人命介於九十一萬三千七百六十二人至兩百零四萬六千三百二十二人之間，但是，因為封閉經濟活動[8]造成的經濟衰退，也許造成八萬四千人至五十一萬四千八百人失去生命。此處的數字範圍非常廣，所以對於估計實際上有多少人因為封城被拯救或被害死，幾乎等於沒用，不過即便只看最低值，這兩項數值的差異還是很巨大。美國政府在二〇二〇年春季與夏季實施封城行動所拯救的人命，比起因為封城帶來的經濟傷害而死去的人數，至少多出十倍有餘。

然而，封城造成人們死亡的原因不只是貧困而已。光是在英國，二〇二〇年因酗酒直接導致死亡者就有八千九百七十四例，相較於二〇一九年增長了百分之十八．六[9]。國民保健署委託研究的報告顯示，封城期間的過度飲酒問題，[10]在往後二十年間可能帶來兩萬五千例以上的超額死亡人數。據英國的全國家暴援助專線（National Domestic Abuse Helpline）報告，從二〇二〇年四月到二〇二一年二月，來電與聯絡量增加了百分之六十一。[11]根據「統計女性死因計畫」（Counting Dead Women）記錄，封城前三週發生了十六起家庭暴力謀殺案，比過去十年同一時段[12]的平均數多了百分之七十。二〇二〇年的四月到九月相較於二〇一九年同一時段，[13]因為受虐或忽於照顧而導致重傷或死亡的兒童人數增加了百分之二十七。以上所說的是可以統計的數字，而且還只是疫情限制措施立即導致的肉體傷害；精神傷害與發育傷害可能要經過幾年的時間才會浮現。

最後是我們為了封城拯救人命所付出的代價。全球各地的政治人物都意識到，實施封城是合乎成本效益的決策。紐約州長安德魯．古莫（Andrew Cuomo）在壓力之下，於二〇二〇年五月五日宣布放鬆限制。「我們重新開放的速度愈快，經濟成本就會愈低，但人類成本就會愈高，因為會有更多人因此失去生命。朋友們，這是一個我們必須做出的決定，」古莫在一次電視演說上表示[14]：「問題回到人命的價值是多少。沒有人敢公然承認，但這確實是我們真正應該討論的問題。對我來說，人命的價值是無價。」

英國政府抱持相同的態度。當時的財政部長里希・蘇納克（Rishi Sunak）於二〇二〇年三月十七日公開承諾，會「不惜一切代價」（whatever it takes）[15]幫助英國度過危機。蘇納克發表聲明道：「我們支持就業、我們支持收入、我們支持企業、我們會幫助你保護所愛的人。為了做到這些事，我們不惜一切代價。」在這次發言當中，他重複說了六遍「不惜一切代價」，這是他在疫情期間的招牌口號，簡直像是某種咒語。英國這個擁有國民健康服務並謹慎分配醫療資源的國家，通常只願意支付每生活品質調整後存活年低於三萬英鎊的醫療干預行為，現在它竟然準備不惜一切代價，去支持能遏阻疫情的非醫療干預行為。

要「不惜一切代價」必然有代價，你不需要是個數學教授也會知道這件事，不過關於這個代價究竟是多少錢，倒是由愛丁堡大學統計學教授賽門・伍德（Simon Wood）真正算了出來，文章刊登在二〇二〇年十月的《旁觀者》（*The Spectator*）週刊[16]上頭。關於封城政策花費的金額，英國預算責任辦公室（Office for Budget Responsibility）的資料顯示有五千五百億英鎊的額外借款。[17]封城政策所拯救的壽命年數，根據衛生和社會照護部（Department of Health and Social Care）的分析，共有三百萬生命年（life year）。[18]用後者除以前者就可以得出，一生命年值十八萬英鎊，這大約是國家健康暨照顧卓越研究院常態拯救一條人命願意付出之金額的六到七倍。伍德教授說，直到全國總共損失兩千萬生命年之後，封城政策人命代價的支出水平才會變成與健研院常態支出標準相符。

伍德教授在他的愛丁堡大學個人介紹網頁上寫道：「統計學這門學科的意義就是要忠實解釋數據。統計學未必總是個受歡迎的學科，忠實解釋數據很困難，比較不老實的解釋反而比較能吸引人。」這段話放在他個人簡介的開頭，上方放了一張本人笑容可掬的照片，旁邊還有戴著太陽眼鏡的企鵝跳舞動畫。我設想這些話的背後，一定有什麼引人入勝的黑暗故事，我決定要去打聽打聽。

在愛丁堡大學的研究室裡，伍德教授正對著一面寫滿潦草筆記的白板向我解釋道：「很多科學領域都有往這種對立模式發展的傾向，有點像是法庭上的兩造對峙。你以為科學家不會做這種事，但選擇性找證據的事情其實很多。『我提出了自己的理論，我想要找到證據支持自己的理論。』人確實會被這種動機吸引，不是嗎？」

我內心發生一陣共鳴。「新聞業也是這樣子啊。我們會挑選像你這樣的學者研究出來的數據來提出主張，」我說道：「但我覺得這樣好像還可以，畢竟我們沒有說自己是科學家嘛。」

「這個嘛……」伍德教授將頭歪向一邊，無框眼鏡底下的笑容燦爛，他望向窗外，試圖找尋一種不失禮貌的否定說法：「我認為這件事真的很困難。人人都有自我支持的心理傾向。我不知道這件事要怎樣才能克服。」

伍德決定計算以封城拯救人命的代價，是因為他看到兩組發布於二〇二〇年前幾個月而內容非常不同的數據，並且從中看出了端倪。第一組資料來自武漢，內容是疫情初期新冠肺炎的風險等級。伍德說：「不是說這種新型疾病不嚴重或不可怕，但是我們似乎在應對之中完全慌了手腳。」

第二份資料是麥可・馬穆教授（Sir Michael Marmot）意義重大的研究，[19]此報告在二〇二〇年二月更新，顯示自二〇一〇年以來，英國最富有與最貧窮地區的預期壽命差異原本就不小，而這個差距隨著時間愈來愈大，超出了十年。

伍德說，收入水準處於底層的人其實應該可以像頂層的人一樣長壽才對。假如政府有心採取必要行動，那些早逝的情況理當能夠避免。在二〇二〇年年初時看來，工黨和保守黨似乎都有意消弭不平等的問題，保守黨大選獲勝，而「升級計畫」（levelling up）是他們大選宣言的一大重點，承諾要透過政府干預和公共支出來調整英國富裕與貧困地區之間的天平。可是，伍德認為保守黨政府在反對黨沒有反對的情況下，最終選擇將數以十億計的英鎊用在拯救人們免於新冠威脅、而不是脫離貧窮。

伍德說，每一生命年十八萬英鎊這個金額「絕對是最起碼的數字」。他只有使用政府借款的數字來估算封城成本；要是將GDP損失也算進來，相對於健研院的常態標準，「那真的是很大一筆數字」。你可以自己算算看，答案是拯救一條命的成本是每年至少三十萬英鎊。

封城限制對所有人都一視同仁（雖然誠如克蕾菲兒所說，有些人感覺沒那麼強，還有政策制定者本身恐怕並沒有那麼嚴肅看待），但每個人面對的風險高低卻不同。自二〇二〇年三月十四日以下一年，英格蘭與威爾斯地區五歲至十四歲兒童死於新冠的機率是 1/660,000、五十五歲至六十四歲的成年人是 1/730、九十歲以上的老者則是 1/19。[20] 隨著學校關閉，教師與學生家中年長親屬也許獲得保護，但是年輕人卻得面對完全不成比例的行動限制措施。「我認為應該根據風險概況去管理疾病，」伍德聳肩道：「就新冠肺炎來說，不同族群的風險因素可能相差一萬倍、甚至十萬倍，但我們卻選擇對所有人都一視同仁，這種做法確實很奇怪。」

但我們這是不得已而為之呀，難道不是嗎？

我表示：「將風險最高的族群完全隔離，這不是不可能的事嗎？他們需要有人照顧，他們需要有人來探望。」

伍德瞇起眼睛道：「確實有很多人提出這樣的論點，我不能確定這個說法的真確程度有多高，但我們採取的是極端做法。」伍德說，二次大戰期間，英國人曾經將城市的兒童撤離到鄉間家庭中寄住以策安全，同理，我們為什麼不能將多代同堂家庭中的老人安置到飯店空房裡呢？

「有那麼多人志願擔任協助國民保健服務的義工，甚至多到國民保健署都停止招募人手了。所以真的沒有必要讓護理人員一直變換照顧的對象，這樣反而會增加傳染的風險。」

接著伍德又說了一些聽起來像是異端的言論。

「其實呢，關於實施嚴格封城與居家令有必要性的說法，如果你去查看支持的證據，就會發現證據很薄弱、很牽強。許多統計證據都顯示，尚未執行封城之前，感染率已經在下降當中了。」伍德在新冠疫情之初看過五種不同的官方數據來源，並且發現各項資料都顯示，雖然死亡人數依然在增加當中，[21]但傳染情況在還沒實施封城居家令之前已經有所趨緩。「所以，要達成封城政策宣稱的效果，我們其實並不清楚封城措施是否就是必要手段。」

我說：「你應該知道你講的內容，聽起來有多麼令人難以接受吧。」

「這些嚴格限制所有人行動的極端措施，可能根本沒必要施行，這是一個會讓人不敢去多想的念頭——那樣做其實是個巨大的政治錯誤。某種程度上，那麼做是可以理解的：隨著死亡人數愈來愈多，政治決策者很難只是作壁上觀，靜靜等待雨後天晴。用某些大動作的作為來表示『我們正在努力處理一個我們沒辦法真正控制的東西』，在政治上會很受歡迎。而且，當時社會上肯定也在疾呼這麼做。」

「可是封城限制肯定是有效果的吧。人與人只要彼此保持距離，就不會互相傳染了呀。」

伍德回答道：「數據確實顯示封城降低了感染率。我的意思不是封城完全沒用，問題只是封城不是扭轉疫情的必要條件。」根據他的觀點，全面封城之前採取的那些措施理應足夠，全面封城已經過度。「這樣做是割雞用牛刀，砸大錘開核桃。所有的模型都會告訴你：『使用大錘子的話，核桃會被砸碎。』但是卻沒有人在探討：『所以我們需要一把多小的鐵錘呢？』」

「所以我們應該做的，就是任由更多老人死去嗎？」

「唉，是的，沒錯，」伍德回答的時候，再次聳了聳肩。他肯定知道這番話聽起來有多麼逆耳，他自己說起來也是顯得很不自在：「這件事的關鍵在於，到最後是哪些人要折壽。另一種選擇是接受更多人死於新冠，以防止更多更多的人因為其他原因失去生命。」

但是，這種選擇在當時並不是一個可以公然放上檯面的選項。這項策略忽略了實施封城之際的未知數：新冠致死的風險、哪些族群風險最高。我想起凱文．塔爾伯特醫師說過，健研院在嬰兒們正在死去的時候還在「細細研究琢磨」要不要批准脊瑞拉實在是「不可原諒」。即便還沒有掌握正確數字確定拯救生命免於新冠威脅的代價，政府就必須做出重大決策。

「投入大量心力與資源去保護老人與合併症患者，這樣做是正確的，但你付出的資源等級，不應該達到超出你願意對任何人民健康情況的支出水準，」伍德將目光投向窗外，繼續說道：「否則，不同的脆弱族群就會出現高下階級。那些因為經濟不平等導致生活條件惡化而早逝的人們，就是被拋棄的脆弱族群。」

當我初次閱讀伍德的文字時，我沒有預料他的立場會是這麼左傾。當然，伍德刊登在《旁觀者》上說明如何計算出一生命年價格十八萬英鎊的文章當中，提到了貧窮與不平等的問題，但那可是保守派兼右派立場的《旁觀者》雜誌呢。伍德告訴我，向《旁觀者》投稿對他來說著實是一項「重大挑戰」，但是他試圖接觸的所有左派媒體，都不願意刊登他質疑封城合理性的文章，這種情況讓他覺得莫名其妙。更有甚者，連學術期刊都不願刊登他二〇二〇年五月的研究成果，也就是呈現封城之前新冠感染率已經下降的論文。伍德光是說明他的論文被多少單位拒絕的事情，就講了十五分鐘，過程中始終眉頭緊鎖，表現出大惑不解的模樣。從頭到尾，沒有任何編輯批評過他使用的研究方法、或指出他的分析成果有何明顯錯誤，但他卻吃了一頓又一頓的閉門羹。這篇論文在二〇二一年九月終於刊登之前，他已經被五種學術期刊拒絕過，而且當論文好不容易刊出的時候，幾乎沒什麼人還在關心封城究竟有沒有道理，因為封城基本上已經結束了。

我覺得我可以體諒拒登伍德論文的期刊編輯們。每一個參加反封城遊行手持狂想標語的人，其實代表著幾千個困在家裡頭時時刻刻敲著鍵盤搜索任何不義或陰謀線索的人。對於那些除了質疑封城合理性之外還質疑許多事情的人們來說，像是伍德這種身分的數學教授寫出來的論文，肯定會被他們當成支持自身想法的完美助力。

「有許多反對封城的運動，都和特定的世界觀或價值觀有密切關聯，」我說道：「你是不是覺得，假如你去質疑當時的社會共識，你就會像反疫苗人士一樣遭人抹黑呢？」

「沒錯，我覺得應該是這樣。人有一種傾向，就是將所有與自己意見分歧的人，全部都歸成一類。最極端的正反觀點是最能夠傳播的，因為它們要傳達的訊息非常明確。如果真實情況比正反極端對立更加複雜，現實的複雜性反而會被忽視。」

公眾對於科學有信心的基礎，在於科學期刊不會無緣無故拒絕發表研究優良且充分的論文。否則，陰謀論者就可以理直氣壯地拒絕接受科學共識，無視科學共識有極為完整的證據支持。假如人們得知科學期刊編輯居然拒絕刊登可能具有政治性的研究成果，那憑什麼人們就應該相信接種疫苗的益處、或者氣候變遷的危險呢？

要和伍德談話原本令我感到緊張，就像是我無法確定克蕾菲兒的立場，我也不曉得伍德是否認同抗議封城運動中各種天馬行空的懷疑論。可是，伍德與十一月那天早晨到梅費爾遊行的人們，幾乎沒有任何共通處，他們唯一的交集就是質疑封城措施。伍德反對封城但支持疫苗，他告訴我：「一定是腦袋有點問題的人才會反對疫苗。」伍德相信人為因素造成的氣候變遷，他說：「氣候模擬專家可是花了幾十年時間測量、確認、改良呢。」可是，他卻活在一個人人都要選邊站的時代，讓數據說話意味著他不歸屬於任何一方。

我感到緊張的另一個原因，是我擔心這次談話會不會充斥我無法理解的數學專業。結果我發現他所說的一切我都能懂，因為這個課題說到底畢竟不是統計學，而是關於我們想要追根究柢卻不被允許跨越的界線，涉及那些被認定為太危險而不該提出的問題——即便那是數學問題。

有時候，人必須得問出那些令人難以承受的問題，好比拯救一條人命的成本是多少。有效利他主義者提出這樣的問題時，我的感受是冷酷、不人道，但突然之間，如此提問的意義呈現，因為拯救一條生命的價格問題不只涉及價值，也涉及正義與公平。假如你不願意問出這個問題，你要堅持生命無價、拯救生命不惜一切代價，那麼你有可能釀成自毀的局面，那便是為了在當下拯救人命而毫無限度地採取行動，導致更多人在未來喪失性命。或者，你可能會做出你從來就沒想過要做的決定，好比為了讓新冠肺炎患者多活健康的一年，付出國民保健服務願意為幾乎任何患者治療支付的六年壽命成本。好比封城措施或者F－35武器系統計畫，這樣不惜成本的解決方案與不設限制的支出，最終可能把我們帶到自身從來沒想要追求的處境。

如今賽門．伍德已不再追問有關新冠肺炎的問題。「我現在盡量讓自己不要再去觸碰這個課題，因為它所牽涉的文化戰爭實在有點令人煩心。我導致自己變成某些同事眼中的局外者。我相當肯定，有很多人對我投以異樣的眼光，覺得我是個怪人，而這居然只是因為我忠於數據並且表達了這些主張。」才剛講完這些，伍德綻放的笑容又從他的眼鏡後面透了出來，說道：「不過，如果查看數據之後，我為了迎合所謂眾人的正確立場而決定什麼都不說，我的感覺應該會更糟糕吧。」

澳洲墨爾本市創下了全世界最長的封城時間紀錄，共計兩百六十二天。直到二〇二一年十月二十二日已有七成人口完整接種疫苗之後，限制措施才放鬆。迄於當時，澳洲全國的新冠死亡人數紀錄為一千五百九十例，顯示澳洲的「清零」（Zero Covid）政策雖然不意謂零死亡，但其表現顯然遠優於絕大多數國家。

墨爾本最有影響力的居民之一，就是效益主義哲學家彼得．辛格。辛格啟發了數以百萬計的素食主義者，以及數以十億美元計的慈善捐款。辛格是個堅守觀點絕不妥協而深具爭議性的人物，在人類情感最容易激動的狀況中採取冷靜（或冷漠）的計算。在我見到辛格思想對於有效利他主義者的巨大影響之後，我感覺終於是時候了，我要當面問問他，對於人類該如何應對這個數十年來最大的生存危機，他有什麼看法。

辛格在一九九九年當上普林斯頓大學的生物倫理學教授（Professor of Bioethics）之際，有輪椅殘疾人士發起運動堵住大學主要建築物出入口，抗議辛格於其一九七九年著作《實踐倫理學》（*Practical Ethics*）中提出的論點，也就是殘疾新生兒的父母親應當被准許可以終結嬰兒的生命。早在威爾・麥雅斯基爾和艾利・哈森斐德這類人出現之前，任何為生命訂定價格以求拯救生命的方法，幾乎都有受到辛格的影響。辛格同意從家中與我聯繫，也就是封城兩百六十二天期間他待的那個家，當我收到回覆的時候，我原本的預期是他將會批判封城政策。辛格所相信的效益主義或功利主義流派被稱為「結果主義」（consequentialism），這套思想最終會促使人們——比如那個 Podcast 節目上的吉福惠研究員——去計算最糟糕的死亡年齡是幾歲。辛格肯定會認為，為了拯救高齡長者而要這麼多年輕人做出巨大犧牲，一定有問題的吧？

「不，我不認為封城是錯誤的做法，」辛格說道：「我認為，澳洲封城措施整體上拯救的人命很多，比起封城帶來的不便與困難，這麼做是值得的。」

「考慮到年輕人死於新冠的機率那麼低，限制那麼多年輕人的行動難道是合理的嗎？」我反問道：「要求年輕人待在家裡，其實主要就是為了拯救老人的命呀。」

辛格緩緩點頭道：「這點確實應該納入考量，大多數沒有封城就會病死的人，已經過了大半人生。所以這件事情值不值得，取決於封城對年輕人造成的困頓有多大。」他繼續解釋，這類困頓很難量化計算：要確定因某種疾病死去而損失的壽命比較簡單，要獲知兒童一年沒去上學的長遠代價比較困難。

我聽懂辛格的意思了。比起新冠造成的死亡人數，封城造成的傷害更難量化。死亡比痛苦更容易計算，要測量封城帶來的傷害規模、誰受到的傷害最大，以及決定此事與染上新冠死亡相比孰輕孰重，絕對不是件簡單的任務。

細細琢磨這件事的過程中，我更加意識到，對於拯救生命的代價探討愈深，我對於當初令我作嘔的那些問題就愈能泰然處之。難怪麥雅斯基爾會認為這樣叫作道德進步，只是我依然不確定這究竟算不算。

無論辛格對於封城的評價如何，他都認為以生命無價為名而號稱「不惜一切代價」的政策——也就是疫情期間英國政府與紐約州州長採取的政策——在道德上是錯誤的。「我認為，政策制定者在某些時刻不去試圖為生命設定價格，其實是不道德的，」辛格告訴我：「能夠訂出數字是有優點的，因為這樣你就不會受到身分可以辨識、因此對你而言較為顯眼的人們，在直覺上帶來的衝擊所左右。」

我說：「新冠疫情是否證明人性確實有這一面，那就是我們會受到直覺上的衝擊所左右呢？一旦面對眼前有真實的生命陷入危難，我們的情感會被挑起，然後我們就會變得不在乎數字，想要不惜一切代價去採取行動。」

「人們確實會有這樣的傾向，」辛格不動聲色地說道：「可辨識身分的受害者會觸動人們的內心，但以數字呈現的受害者就不會，但是，如果我們對此傾向有自覺的話，我們就能試著去克服它。我們或許能某種程度成功克服這種傾向，但可能沒有辦法達到百分之百。所以，我認為，若能察覺這種人性傾向的危險，並意識到人很容易受此傾向影響，事情便能有所改善。」

如果要運用生命價格去拯救生命，必須抱持的思維是要將同情視為「危險」、要「抗拒」周圍人事物對我們造成的「內心衝擊」、要「壓抑」助人的本能直覺，那麼，這種做法潛在的危險性，其實比為了拯救他人性命而浪費金錢更高。造福人類竟然意味著否定我們的人性，那怎麼可能是件好事呢？

「將個人情感連結消除，不是也有代價嗎？」我問道：「我們這樣等於是在否認自己的同情心和同理心。」

辛格回應道：「你說得沒錯，可是，假如同情心會導致我們對於自己有感情的對象過於偏袒，這樣就不是好事了，不是嗎？」

封城措施能夠拯救人命，正是由於我們偏心自己有感情的對象。封城之所以能奏效，就是因為大家同意，大家之所以同意，是因為我們對彼此有愛。想到我們沒必要卻出家門，可能意外導致爺爺奶奶、鄰居朋友死去，是這種念頭讓我們願意遵守規定。為了彼此活著、讓大家活著，這是我們願意付出的代價。抗議者高喊「人民說不就不」，這句話本身沒錯，但是，即便面對不斷變化的疫情數字與偽善的政治人物，我們依然一再說「是」，因為拯救人命這件事攸關我們的良心、以及自己與其他人類成員的連結。為了減少他人遭受的嚴重生命威脅而讓自己做出巨大犧牲，即便這種犧牲長遠而言會對我們造成更多的傷害，這樣我們心裡終究比較能過得去。就算讓我們在知曉相關後果的情況下重新做一次決定，我很肯定還是有很多人依然會選擇居家防疫。

第五部

人的價格

第十章

人質平均贖金：三十六萬八千九百零一美金★

★折合新臺幣一千二百一十四萬四千五百一十六元

「我們當時還在二樓床上，就在這邊，」克莉絲指著天花板說道：「那天是禮拜五，就在早上快七點的時候……」

「電話響了……」史蒂芬接著說。

「是史蒂芬最小的妹妹莎拉（Sarah）。我馬上知道有重要的事情，因為莎拉幾乎不會打電話給我們，」克莉絲又接著說。

「我們家的人彼此並不親近。」

反觀結婚四十三年的史蒂芬和克莉絲．科萊特夫婦（Stephen & Chris Collett）卻是心有靈犀一點通，隨時可以彼此接話，他們是並肩合作的夥伴。史蒂芬從前是個農夫，克莉絲則負責務農之外的所有事情，管帳、打理家務與照顧兩個孩子。他們賣掉農場之後在薩福克郡（Suffolk）買了房子，那是人人夢寐以求的退休園地，房子外的庭園一直延伸到河畔，庭院裡有游泳池、有溫室、還有給孫子玩耍的攀爬設施。我們現在就坐在這間房子的廚房餐桌旁，我望見外頭有隻黑色雉雞在盛開的木蘭花下神氣地走來走去。

到二〇〇九年十月二十三日星期五為止，他們只在這裡住了一年而已，那天早晨的電話來得太早了，恐怕不太妙。莎拉來電的原因，是因為姐姐瑞秋（Rachel）與姊夫保羅・錢德勒（Paul Chandler）的遊艇林瑞瓦爾號（*Lynn Rival*）發出緊急信號。當時五十八歲的保羅與五十五歲的瑞秋已提早退休，航海環遊世界，他們的位置應該是在東非外海的塞席爾群島（Seychelles）附近。莎拉想弄清楚出了什麼事，但始終聯繫不上錢德勒夫婦。

「她一整晚都沒睡覺，」史蒂芬繼續往下說道：「所以我跟她說：『我會接手處理。』」

錢德勒夫婦先前九月分回英國參加史蒂芬和克莉絲女兒的婚禮時，他們曾經在談天過程中聊到這個緊急警報。「我們實際上討論了相關的風險，但他們說風險很低，」史蒂芬告訴我：「他們只是笑笑地聊過去而已。他們最擔心的事情，反而是在夜間被自動駕駛的油輪撞到。」

當時莎拉沒有參加史蒂芬女兒的婚禮，家裡的大哥奧布里（Aubrey）也沒有。他們四個兄弟姊妹通常只有在婚禮或喪禮上會碰面，但也不能保證所有人每次都會出席；他們從來沒鬧翻，但就是共通點太少。

「他們就是很不一樣的人，」克莉絲聳聳肩道：「奧布里是會計師，而史蒂芬是個農夫……」

「瑞秋搬去倫敦，念了倫敦政經學院（LSE），當上公務員，」史蒂芬接著說道：「我母親早逝，母親走的時候，我就知道這個家要散掉了。」

史蒂芬和瑞秋是老二跟老三，相差三歲，兩人保持著聯繫。克莉絲說：「但後來我們結婚了，瑞秋跟保羅結婚了。我們是鄉下人，我們有小孩子要顧。」錢德勒夫婦選擇不生小孩，到二〇〇九年時，他們已結婚近三十年，兩人搬到坦布里奇韋爾斯（Tunbridge Wells），買下一艘遊艇的共同所有權，愈來愈將時間花在修繕船隻，並且存錢準備將遊艇徹底買下，環遊世界。科萊特夫婦繼續一週七日的農場勞動，種植馬鈴薯、洋蔥與大量香芹。「我們過著不同的人生。」

即便他們後來鮮少見面，此時史蒂芬接手了尋找妹妹的事情。他去查看瑞秋和保羅的網誌，但網誌沒有更新任何內容，兩人的衛星電話也關機了。史蒂芬聯絡英國駐塞席爾的高級專員公署（British High Commission），對方認定錢德勒夫婦只是不小心發出緊急信號，因為信號僅持續傳送大約二十分鐘，不過，對方還是承諾會派出空中與海上搜索單位尋找林瑞瓦爾號的蹤跡。史蒂芬還去遊艇論壇上發布文章，希望瑞秋和保羅看見訊息的話能和他聯絡。當天稍晚，英國外交部家庭司來電，告訴史蒂芬搜索行動無果，但請他不用擔心，因為錢德勒夫婦非常有可能正按照計畫前往坦尚尼亞，在美麗的印度洋海域中航行，完全不知道家鄉發生的騷動。

然而，來到禮拜一，外交部再次來電。外交部人員說，英國ＩＴＮ（獨立電視新聞）報導人員現在正在保羅九十八歲老父的屋外，準備發布錢德勒夫婦被索馬利亞海盜（Somali pirate）綁架的新聞。

全世界每年被綁架的人數以萬計。[1]當一個人遭到綁架勒贖（不是被銀行搶匪當作肉盾的人質、也不是恐怖分子當作政治籌碼的人質）的時候，他等於變成拍賣會上被標價出售的商品。全球綁架勒贖案例當中只有百分之三屬於綁架外國人士，[2]但是外國人質的贖金卻是高昂的。在那些政府孱弱、執法失能、貧富懸殊的地方，綁架之事便會猖獗不衰。根據區域政治環境與安全形勢的變化，綁架盛行的地點也會轉變。在二〇〇九年的時候，擄人勒贖的活動重鎮是索馬利亞。

「外交部從來沒交代我們『別對媒體發言』，」史蒂芬一邊說道、一邊取下眼鏡放到餐桌布上：「我心想，你不應該去逼問一個九十八歲的老人，他會崩潰的。」所以史蒂芬聯絡了ＩＴＮ，對方解釋他們收到索馬利亞那邊傳來的消息，有一對駕著遊艇的英國夫婦被劫持了。ＩＴＮ透過遊艇論壇上面關於這對失蹤夫妻的討論，推斷被綁架的一定是這兩個人。史蒂芬雖然還沒來得及消化這麼多訊息，但他自告奮勇要代替保羅的父親接受採訪。於是ＩＴＮ僱了一輛計程車過去，直接將他從伯里聖埃德蒙茲（Bury St Edmunds）郊區一口氣載到倫敦。

「進入攝影棚，好像是突然進入一個完全不一樣的世界，一個光鮮亮麗的世界。」那些家喻戶曉的主播們，紛紛上前向史蒂芬致意表達同情。「這裡有一大堆電腦螢幕。他們在對一切訊息進行篩選，要用最快速度得到他們要的資訊。」他覺得自己好像是在好萊塢災難電影裡面，飾演一位退休的香芹農。

不知道是靠什麼方法，但ＩＴＮ團隊透過電話聯繫上了保羅和瑞秋。「我發現自己非常難以面對這件事，」談到這一幕，史蒂芬淚水盈眶：「他們顯然非常害怕，周圍有守衛，他們還不清楚發生了什麼事。他們哭了，我也哭了。」

克莉絲補充道：「當時他的雙手都在發抖。」起初我不以為然，克莉絲人還在薩福克郡，史蒂芬的通話是在倫敦，她怎麼可能知道這件事呢？但我隨即茅塞頓開：克莉絲是在新聞畫面上看到的！史蒂芬和他嚇壞的胞妹通話的現場錄影，成為晚間新聞的頭條內容。

對方在第一次通話完全沒有提出任何要求，[3]史蒂芬甚至完全沒有和綁架錢德勒夫婦的匪徒說到話，但情況顯然再嚴峻不過。從二〇〇九年的一月至九月，索馬利亞海盜就犯下了一百六十四起海上綁架案，[4]要求的贖金金額愈來愈巨大。幾個月之前，有一艘沙烏地阿拉伯的超級油輪遭到擄船勒贖，根據報導，索馬利亞海盜收到三百萬美元贖金[5]才放船放人。海盜覺得綁架獲利極為豐厚，於是觸角愈伸愈遠，甚至航行到塞席爾群島去尋找新獵物。

保羅和瑞秋又不是石油大亨，他們過得很節儉，大部分存款都投到這艘遊艇上。他們沒有投保綁架險。史蒂芬放大嘴型告訴我：「我相信他們應該是為了省下十五英鎊，所以沒有投保。」史蒂芬決心要把訊息傳達出去：海盜抓錯目標了。於是在短短幾個小時之間，他接受了 BBC News、Sky News（天空新聞台）和 Channel 4 News 等新聞台的採訪。沒想到，很快就有人告知他，這樣做乃是大錯特錯。

有一家專精海事法的律師事務所，向史蒂芬提出會面的要求。

「他們向我們提供了大量的無償協助，」史蒂芬緩緩點著頭、堅定地望著我的眼睛說道，彷彿他心中有很多想要告訴我但出於道義必須保密的事情：「他們強調，閉起嘴巴是關鍵。千萬不要對任何人發言。」

這家律師事務所警告道，強化保羅和瑞秋的公眾形象，反而會導致換取他們性命的價格提高，談判這種事情需要謹慎處理。史蒂芬補充道：「他們介紹了一位先生，他為我們提供了極大的幫助。」他的頭點得更加頻繁，但他講出來的內情卻更少了。

「一位專家，」正在廚房中島旁準備涼拌沙拉當午餐的克莉絲插嘴道：「我們就把他們稱為專家吧。」

「我們的這位專家，就是先前處理埃索石油（Esso）油輪案子的談判專家。那艘船加上它載運的貨物，總共值三．五億英鎊呢！」史蒂芬不可置信地眨了眨眼。

我反問道：「這些見多識廣的人們為什麼願意無償替你們奔走呢？」

史蒂芬聳聳肩道：「他們能看得出來，我們陷入一個遠超出我們控制範圍的情況裡頭。而且，先前人們支付贖金的情況，反而讓情勢變得更糟糕。」

史蒂芬相信律師事務所和經常受僱於石油公司的綁架談判專家所說的社會責任感，雖然我不是那麼肯定這件事，但這些幫助對史蒂芬來說顯然非常受用。律師說這個家必須指定一個人擔任談判代表，並且組成家庭成員小組來決定要支付多少贖金。

史蒂芬說他不介意擔任談判代表，但他只願意根據自己有多少錢去協商贖金金額。「這下問題大了，因為我確實有很多錢，」史蒂芬這麼告訴我，突然間顯得有些不好意思：「我剛在一年前賣掉農場，賣了一大筆錢。」

這時克莉絲暫停切捲心菜的手、抬起頭插話道：「對我們來說確實是很多錢，但又不是幾百萬英鎊。」

史蒂芬瞧了她一眼之後笑著說道：「是幾百萬英鎊沒錯。我們獲得的金額是原本預期的兩倍。」

史蒂芬和克莉絲辛苦了大半輩子，一週七天全年無休，償還巨額房地抵押貸款，好不容易到退休時積攢出一筆財富。說巧不巧，瑞秋和保羅遭到綁架的時機，居然是史蒂芬這輩子唯一有時間進行談判、有金錢支付大量贖金的人生階段。這筆錢原本是這對夫婦的養老金。

「我當然不希望弄到要賣掉我的房子，」克莉絲說：「我不希望事情走到那種地步。」有些家庭成員堅決反對支付贖金。「對於他們讓自己陷入這樣的處境，其實家族各方都不免有些怨言，」史蒂芬小心翼翼地措辭。而且，英國政府的政策是絕對不涉入支付贖金的問題。

那位「專家」最初建議史蒂芬與政府當局合作。於是，有兩位倫敦警察廳的警官驅車到薩福克郡，為他提供了一部錄音機以及綁匪來電時該說些什麼話的指導。「訓練的內容是……」史蒂芬聲音逐漸壓低，然後忍俊不住化作一陣笑聲。「我們坐在椅子上，不看到彼此的臉，其中一位警官會扮演綁匪模仿粗獷非洲口音——那個口音我實在模仿不來——然後教我如何不答應給贖金。我應該去強調被綁的人都只是無辜貧窮的水手，對方的要求遠遠超出他們的能力範圍，而我只是個可憐的農民，之類之類的。」

史蒂芬家中的辦公室便成了談判指揮中心。他在電腦螢幕四周貼滿便條紙，上面寫著自己要說些什麼、按照什麼順序說、還有提醒自己對方來電時一定要按下錄音鍵。

前幾個星期的進展十分緩慢。索馬利亞那邊的聯絡人應該要會說英語才是，但事實不然。這個聯絡人叫作歐瑪爾（Omar），他幾乎天天打電話，但有時候史蒂芬人不在書桌前。有一次史蒂芬是在開車途中接了電話，當時大約是聖誕節期間，大雪鋪地。「我們去完沃爾舍姆（Walsham）的肉店，正在回家的路上，」克莉絲回憶道：「當時史蒂芬開了免持聽筒，然後他們讓保羅接電話。我只能一聲不吭。保羅說他們把他和瑞秋分開來了：『我不知道該怎麼辦，我不知道瑞秋現在在哪裡。』保羅一直說那裡天氣很熱很熱。我卻在車子裡頭坐著凍到發抖。」

每次歐瑪爾讓保羅或瑞秋接電話時，他們總是懇求史蒂芬賣掉坦布里奇韋爾斯的房子、領光他們的銀行存款或者任何事情來支付贖金，換取他們的人身自由。史蒂芬告訴他們這不可能，因為他們被綁架了，所以銀行不會釋出他們的存款。綁匪將保羅和瑞秋分開監禁之後，他們的情緒變得非常低落。保羅的隱形眼鏡藥水快用完了，他擔心自己不久以後就會看不到東西。瑞秋的臉被綁匪拿槍托揍過，掉了一顆牙齒。

一段錢德勒夫婦的影片寄到了Channel 4新聞台。影片中打赤膊的守衛毫不遮掩面部，拿著AK－47步槍抵著保羅和瑞秋的腦袋。

瑞秋在鏡頭前乞求道：「懇請英國政府、英國人民和我們的家人，盡一切可能跟這些人談判，贖回我們的性命。」

保羅則說：「我非常確定，[6]假如之後沒有收到回音，一個禮拜之內他們就會直接把我們殺了。」

如果拍攝這段影片的目標是為催促肉票的家人趕緊採取行動，影片實際上卻造成反效果。雖然錢德勒夫妻的情緒很沮喪，但他們看起來吃得不錯、身子很乾淨、健康狀況良好。綁架事件之初，當局便告知這兩人的家人，綁匪重視保羅和瑞秋生活需求的程度甚至高於自己。「他們每天會宰一頭山羊，把肝臟給保羅和瑞秋吃，因為他們認為肝臟是最棒的部位，」史蒂芬露出怪表情說道：「事情很明白，要是他們死了，他們就一文不值了。」

即便是警方也承認，付出某種形式的贖金終究不可免。「他們一開始就跟我說：『想要擺脫那些人的話，你不可能一毛錢都不給。』但是他們先警告我們，只要談到錢的問題，他們就會退出。」這是警方的最高指導原則。後來事情發展到某種地步的時候，警察就表示：「你們得自己決定要不要支付贖金的問題。」

之後警方就完全退出了，換成那位「專家」接續登場。

史蒂芬說，家族的人認為他們或許能以十萬美金贖回瑞秋和保羅，逼不得已的話，他們最多願意給到四十萬美金。史蒂芬原先的出價是兩萬美金「來支應對方的開銷」，但這對於歐瑪爾來說可不是個恰當的開局，他說瑞秋與保羅的性命要價一千萬美金。史蒂芬依循專家的指導堅守兩萬，對方開價慢慢降低到六百萬，史蒂芬也逐步將出價提高到九萬美金。

史蒂芬記錄下的討價還價過程，讀來令人心驚膽跳。

「我們的協商不能用百萬美金當單位，只能用千元美金當單位，你能懂嗎？他們沒有保險、我國政府不會幫忙，這裡只有我一個人還有我能籌到的錢而已，」史蒂芬在一月中旬的通話中表示：「我可以給你九萬美金，我們趕快把這件事情解決掉，你了解嗎？」

歐瑪爾似乎是有聽沒有懂。時間來到一月底，一個叫阿里（Ali）的傢伙取代了歐瑪爾的位置，阿里以前在紐約當過計程車司機，英文還算過得去。談判終於開始有所進展。

阿里把要求的贖金降低到五十萬美金。

史蒂芬提高到十六萬五千。

阿里又把價格抬高到八十萬。

然後又增加到一百五十萬。

然後竟然變成兩百萬。

史蒂芬緊守十六萬五千美金。

阿里降到七十五萬。

史蒂芬將出價提高到二十三萬五千。

六十五萬美金？

三十五萬！

五十八萬美金？

三十五萬！

五十二萬美金？

三十八萬！

史蒂芬說：「談判是分段進行的，但對方會突然之間失聯兩個禮拜甚至更久。你心裡會想，到底發生什麼事了？」

我凝視史蒂芬誠懇真摯的臉龐，試圖想像他表現出強勢談判態度的模樣，但我真是想像不出來。

我問他：「你以前有很多談判的經驗嗎？」

「沒有。但我搞過買賣議價的協商，買賣農作物和牲口。」

「你會感覺你是在對自己妹妹的生命議價嗎？」

面對這個大問題，史蒂芬沉思了一會兒。「這件事變成了一場討價還價的比賽，你得有勇氣說出強勢的言詞，比如『他們如果真的死了，那就死了吧』這一類的話。」

講到這邊，我們開始享用午餐。克莉絲做了一份完美的培根起司鹹派，派皮手工製作，頂部烤得金黃。我不禁想到，當時丈夫在隔壁房間為小姑的安危來回議價時，克莉絲就是在這間美麗的廚房裡頭做她的事。

「經歷這一切，你的感受是什麼呢？」我問克莉絲道。

「這個嘛……」她深呼吸之後說道：「人家跟史蒂芬說，不要讓任何人知道討論的內容。我們結婚那麼多年，這麼多年來我們一起務農。他從以前就會說：『我不能什麼事情都跟你講。』」克莉絲瞄了餐桌對面的史蒂芬一眼。「起初幾個禮拜我們吵架的次數，比我們結婚以來的總和還要多。」

但是克莉絲已經習慣了。「我扮演好我的角色。我不會一直問他問題。」

經歷八個月的囚禁之後，保羅與瑞秋夫婦的贖金最終敲定為四十四萬美金。一開始的計畫，是讓克莉絲拿著提袋去伯里聖埃德蒙茲的巴克萊銀行（Barclays）提領現金，但稍後他們意識到要把這麼多疊鈔票弄去非洲實在有困難。所以，他們將錢匯到了肯亞奈洛比（Nairobi）的一家銀行，然後僱用了兩個保安人員搭機（而且是搭頭等艙）去當地領錢，保安在奈洛比僱了飛行員和飛機，再將現金裝在可以承受空投衝擊力的袋子裡，準備好二〇一〇年六月十四日當天的交錢事宜。

史蒂芬道：「阿里同意的做法是，他會坐在阿達多機場（Adado Airport）跑道的盡頭處，那是俄國人以前在西索馬利亞地區蓋的老機場。」

克莉絲接話道：「我們那天凌晨四點就起來了。」

「交錢時間是當地的一大清早。」

「當時那位專家人也在這裡。保安將錢空投下去之後，我坐在樓梯上，聽著他們在辦公室裡面的動靜。我感覺有點超現實。我心裡想著：『太好了！事情終於要結束了！』」克莉絲舉起雙手說道。「結果當然是還沒結束。」

阿里原本保證，海盜清點贖金之後就會釋放瑞秋和保羅。但是錢袋空投之後，阿里的電話就再也打不通了。五天之後，史蒂芬收到一條訊息：

你很清楚他們不會接受四十四萬美金，而你拒絕了另一項提議，所以這不是真正的數目，趕快把錢付了。

海盜不願意接受這個金額，他們現在說他們要一百萬美金。

即便是現在，史蒂芬都對這則訊息難以啟齒，他搖搖頭，臉上露出絕望的神色。

「之後的情況只有恐怖可以形容，」克莉絲說道：「你還能怎麼辦呢？」

我詢問：「你還有支付更多錢嗎？」

「沒有，」史蒂芬答道：「阿里每兩個禮拜就會連絡我們一次，這個情況又持續了好幾個月。我們一再告訴他：『我們已經沒有更多錢了。』」

最後，事情的轉機居然是一個來自萊頓斯通（Leytonstone）的前計程車司機，一個似乎完全對錢沒興趣的人。達希爾．阿卜杜拉希．卡迪耶（Dahir Abdullahi Kadiye）透過英國外交部與史蒂芬聯繫上，他說他來自索馬利亞，老家就在阿達多，在一九九七年獲得英國庇護成為移民。卡迪耶的小孩子告訴他，他們看到新聞上面錢德勒夫婦求助的消息之後覺得很丟臉，連學校都不敢去。卡迪耶想要把事情導正，而且他完全不要報酬。

瑞秋和保羅被綁架剛滿一年之際，卡迪耶啟程前往阿達多。「我們有通話過一兩次，但他希望聯絡不要太頻繁，我猜他可能是擔心有人竊聽。突然之間他來電了，他說他計畫隔天早上把那兩個人弄出來。」講到這裡，史蒂芬的聲音突然顫抖起來，他的眼眶滿是淚水。「他真的辦到了。」

就在二〇一〇年十一月十四日的凌晨兩點五十分，史蒂芬被卡迪耶的來電喚醒，他接起電話，說話的人居然是瑞秋，她和保羅及卡迪耶正坐在一輛車的後座上，車子正朝著奈洛比駛去。

瑞秋吃力地說道：「謝謝，謝謝，謝謝。」

直到今天為止，仍然沒有人知道卡迪耶是怎麼讓錢德勒夫婦獲釋的。把兩個人關押三百八十八天的成本肯定不低，人質的飲食有米飯、義大利麵、山羊肉、茶葉和糖，僱用守衛要工資，還要提供讓守衛心情愉快的恰特草（khat）。根據保羅後來的估計，這幫人每個月要花費將近一萬兩千英鎊。[7]當時有很多報導宣稱綁匪後來又獲得更多贖金，宣稱英國的索馬利亞人社群提供了金援，[8]或宣稱英國發展預算支付了額外的贖金。

但是，在我提起這些報導的時候，克莉絲馬上說：「那都是胡說八道。」

「所以英國政府沒有出錢嗎？」

史蒂芬答道：「沒有，沒有。這樣做完全不符合他們的規定。」

「我們也從來沒有期望從政府那邊得到任何東西，」克莉絲補充道：「辛苦的納稅人憑什麼要替提早退休的富有夫婦付錢呢？我們一直以來都是準備要靠自己掏腰包。」

史蒂芬正在用手帕拭淚，情緒非常外顯，我不禁忖度著，真不曉得他在那一年多的時間裡是怎樣控制情緒、保持冷靜，並且拋出像是「他們如果真的死了，那就死了吧」之類的話。

我問他道：「你會不會認為，你和瑞秋不是很親近這件事，反而讓你成為表現比較好的談判者呢？」

「講老實話，我一點都不覺得我擅長談判，」史蒂芬這麼回答，還抽了一下鼻子。

「你也看到啦，到現在，他想起這件事還是很難過呢，」克莉絲溫柔地面向她的丈夫微笑說道：「我覺得史蒂芬太為人著想了，他不適合當談判代表。」

擄人勒贖這種犯罪，對人質來說非常折磨、創傷嚴重，但人身相對安全。根據統計，在有危機應對專業人員介入的案例中，最終有百分之九十七的人質活著回家，那沒能回到家的百分之三受害者，或者是原本身上有傷或有病、或者是逃跑過程中出了意外。[9] 整體來說，錢德勒夫婦算是運氣很差，絕大多數案例的談判時日都遠遠低於他們被監禁的三百八十八個日子。

贖金金額大增導致郵輪開始固定僱用私人保安武力，海盜從二〇一五年之後大量銷聲匿跡，如今索馬利亞已經不是全球綁架活動的淵藪了。不過，撒哈拉以南的非洲依然是全世界綁架率最高的地區，奈及利亞、南非和莫三比克尤其猖獗。美洲的排名緊跟其後，主要原因是因為墨西哥的綁架率奇高。全球的擄人勒贖案當中，歐洲的比例不滿百分之一。總體看來，全球綁架率在上升當中，贖金金額也是愈來愈龐大。全球擄人勒索的平均贖金，在二〇二一年度是三十六萬八千九百零一美元，比新冠疫情之前的二〇一九年度高出百分之四十三。此外，二〇二一當年的最高單筆贖金要求，是高得嚇死人的七千七百三十萬美元。[10]

我之所以知道這些數字，是來自化險集團（Control Risks）公布的資訊。海斯科克斯保險公司（Hiscox）是劫持與贖金（kidnap and ransom，K＆R）保險市場領導者，[11]也因此（非自願地）成為最有名的「談判專家」，化險集團則是海斯科克斯僱用的風險應對諮詢機構。化險集團對於他們要公開的資訊非常謹慎，雖然他們會公布最高單筆贖金的金額，但不會透露具體的對象和地點，而且，化險集團公布的全球平均贖金數字可能偏低，畢竟他們不會在網站上提供讓敵人可以參考的行情價。

化險集團明明有新聞辦公室，但他們卻不和媒體接洽。我寄出一封電子郵件，詢問他們願不願意跟我談談，談什麼都行。最後，我收到對方的婉拒信，而那可能是我歷來收過最有魅力的一封回絕信。對方通訊團隊的成員回覆道：「關於您在撰寫一本關注為生命訂定價格議題的書籍，我相信您執筆必定非常明智且客觀，但無論如何，我方無法與這樣的書產生關連，這是我方不願涉及的領域，很遺憾。」事實上，這個範圍明明是化險集團自從一九七五年以來就相當專精的領域，他們每一天都在為人命訂價格。對方的信件還補充道：「我方企圖將會被犯罪分子加以濫用的資訊排除於公共領域之外，故向來盡力保持低調。」

勒索贖金這種事在人類史上已經存在幾千年，但是隨著劫持與贖金保險類別的出現以及專業談判人員的興起，勒贖談判的過程遂於二十世紀變得正規化。在《財富雜誌》（*Fortune*）排名的全球五百強企業當中，有四分之三的公司投保了劫持與贖金保險。這是一項非常特別的保險，保單內容必須保密，這種保險模式才有可能運作。由保險公司在背後支持的每場談判，談判進行的情況是會裝作人質的情況與錢德勒夫婦一樣沒有保險，然後談判者像是史蒂芬．科萊特那樣缺乏專業。

❈ ❈ ❈

安雅．肖特蘭（Anja Shortland）是倫敦國王學院（King's College London）的政治經濟學教授，我們現在正在離她研究室不遠處的一間咖啡館裡頭，她一邊吃著熱十字麵包、一邊告訴我，她是如何變成與壞蛋打交道的權威。肖特蘭確實很有政治經濟學教授的架式，戴著眼鏡、掛著識別證、身穿黑色開襟羊毛衫，但是這個頭銜其實並不能完全說明她的專長，因為肖特蘭的研究恰恰是不能應用經濟學原則的領域。

「這種市場相當棘手，」肖特蘭帶著一絲德國口音解釋道，但不仔細注意還真聽不出來：「因為在這種市場中交易的雙方，一邊是法律實體（legal entity），另一邊是黑社會或非法世界，而且交易環境的互信程度非常低。」肖特蘭的專業研究領域[12]包含綁架、藝術贓物、骨董、勒索軟體（挾持你電腦或網路資料勒索錢財的惡意軟體）。一般來說，為了維護商譽或擔心傷害聲譽的壓力，會促使買賣雙方公平交易，況且，不履行合約的下場，就是由政府來強制執行。肖特蘭道：「我的問題意識是，你要怎麼樣和你根本不信任的對象、只會進行一次交易的對象締結契約呢？」

談到擄人勒贖，肖特蘭說答案就在劫持與贖金保險本身。會投保這項險種的人或組織，基本上是有理由重複前往高危險區域者，這就意味著潛在的綁匪與潛在的人質之間，產生了某種超出法律範圍的形式規範。「所以，投資期限（time horizon）不在於當前的關係，而在於與所有保險公司的長期關係。」這也就是為什麼，即便被釋放的人質可能作證揭發綁匪身分，釋放人質還是符合綁匪的利益。當人們必須考量風險以求符合劫持與贖金保險的資格時，綁架情事通常可以避免。實際遭遇綁架的受害者，通常是那些對風險缺乏了解的人，他們或者沒意識到自己進入了有敵意的環境，或者不知道該採取什麼作為，不知道該向誰尋求保護。

肖特蘭說明了各種必須前往政府控制力薄弱區域的人，如資源開採公司員工、非政府組織人員、記者等等。此時，我的思緒忽然回到十幾年前，當時我為《未報導的世界》（*Unreported World*）系列電視節目擔任海外特派員，在從事這些令人振奮的冒險旅程之前，我得填寫很多枯燥無聊的表格，表格數量多到不可思議的地步。

「我要前往阿富汗、奈及利亞、宏都拉斯等有危險的環境進行報導，」我告訴肖特蘭：「每次旅行之前，我都得填寫海斯科克斯保險的表格。」肖特蘭點點頭。我說：「但我從來沒搞清楚這些表格是幹嘛的。」

肖特蘭回答：「沒有錯，就是這樣。假如你知道自己投保的內容是什麼，然後你把這些告訴綁匪的話，你等於是破壞了自己的保險。」

「意思是說，被保人知道得愈少，他們就會愈安全囉？」

「正是如此。」

看來我那時應該是安全無虞，因為我對此事幾乎一無所知，虧我還是個調查記者呢。

我詢問：「哪種人最有可能淪為綁匪的目標呢？」

「像你這樣的人呀，」肖特蘭露出淘氣的微笑回答道：「像那些坐在白色 TOYOTA 越野車上的乘客。綁匪其實不知道車子裡面的人是誰。大多數的綁架並不是預定好要抓的對象是誰。」

之前不管我是到哪個地方去，公司都規定我和團隊要保持行動低調，只能搭乘當地司機駕駛的破舊車輛。「我還以為那是老闆關懷我們的安危，但我現在猜想這是為了符合保險的規定，這樣一來，我們即使出事，老闆也不會破財。」

「你幾乎講對了那個術語，這叫作『關懷責任』（duty of care）。假如你老闆任由你的行動引起注意，他就沒有履行他的關懷責任。」

當年保羅和瑞秋被綁架到沙漠地區囚禁的時候，我還是個海外特派員，那時我唯一不被允許前往的地區，就是索馬利亞。「我還以為那是因為索馬利亞太危險了，」我說：「原來是因為保險範圍不包含那個區域，我如果在那邊出事了，保險不會理賠。」

「其實你說的是同一件事呀！」肖特蘭笑著說道：「有些事從頭到尾就不是個好主意。就我們談的課題來說，缺乏市場（missing market）不是市場失靈（market failure）、反而是市場運作良好的徵兆。」*

肖特蘭表示，也許你以為劫持與贖金保險的存在會鼓勵擄人勒贖犯罪，但實情並非如此。受保人其實是「最難下手的目標」，因為為了符合保單生效的條件，受保人需要採取所有能避免被綁架的必要措施。此外，倘若受保人真的被抓為人質，導致談判專家介入的話，綁匪不太可能透過贖金獲利。「綁匪在長時間看押人質之下，投入大量人力、資本、社會投資，那些參與談判的人員會將贖金金額往下壓，壓到最後就算贖金有一百萬美金，綁匪都沒有多少賺頭。」

肖特蘭解釋，決定人質性命值多少錢的起價，起初只是綁匪憑空想像的數字，那是個出於發財夢的漫天喊價。「這能夠讓你了解你的談判對象是怎樣的人，推敲出他的心態、還有一筆大錢

* 因為該地區太危險、風險太高，故保險公司不願將該地區納入保單範圍，這是市場對高風險的合理反應，所以才沒有市場。

對他的意義是什麼。假如對方要求一千美金，你就知道他只是個孩子，」肖特蘭笑著說道：「如果你覺得這不算很貴，於是就說：『那很好，我願意付錢。』那接下來他就會把要求的金額加倍。」

當然啦，假如這個錢你給得起，你的直覺反應會是在對方首次出價的第一時間就趕快接受，因為你希望你愛的人能夠立刻平安返家。綁匪向你出售的東西，對你而言是無價之寶。這件事就像是蓋亞保險公司的納德・阿薩利姆所談的價格彈性、對生育治療懷抱希望的價格，一旦你所愛的人性命堪憂，你願意付出任何代價。

我說：「就理論來講，你會盡量能付多少就付多少，對嗎？」

「沒錯，問題在於對方不知道那會是多少。所以這取決於綁匪認為他們正在和誰談判，這件事就像是把濕毛巾扭乾，」肖特蘭一邊說道、一邊用修長的雙手握拳並作出擰毛巾動作：「假如你是負責談判過程的人，你某種程度可以控制，要遞給綁匪怎樣的一條毛巾。是男人的毛巾？是倫敦國王學院的毛巾？還是倫敦勞合保險社的毛巾呢？」

我很喜歡她生動的比喻，並且接話道：「或者是英國政府的毛巾。」

「這樣說不太合適。讓我來講的話，我會說是德國毛巾。你給了德國毛巾的話，到時候要被擰乾的就不是一塊濕布，而是一條大浴巾了。」

肖特蘭說，綁匪提高暴力威脅的程度，反而是個吉兆，因為這意味著人質被釋放的時機快到了，這個威脅其實代表擰乾毛巾的最後一次使勁。在這種暴力威脅下，除非你真的沒有多餘的錢來贖人、或者危機談判專家建議你裝作沒錢，你才可能反抗。

支付四十四萬美元的贖金之後，錢德勒夫婦依然沒有獲釋的原因，也許正是因為即便史蒂芬努力表現出自己只是個窮困的退休香芹農夫，但索馬利亞的綁匪認為毛巾還沒擰乾，也就是還沒榨乾他的錢。支付贖金的幾天前，史蒂芬向阿達多市長穆罕默德・亞登（Mohamed Aden）申請使用機場的許可，結果亞登居然向史蒂芬索求兩萬美金的「保安費」，經過討價還價之後以一萬八千美金成交。史蒂芬認為，肯定是亞登去通知海盜自己身上還有錢，叫他們繼續勒索。（後來，比利時法院於二〇一六年審判穆罕默德・亞登協助索馬利亞海盜罪名成立，[13] 判處有期徒刑五年。）

肖特蘭相信，綁架保羅和瑞秋的匪徒後來應該很後悔，因為他們用了十幾個人、甚至幾十個人看守這兩人超過一年，最後肯定得不償失。「每個人都欠債，或者借了槍、或者借錢買恰特草。到最後，他們不得不進行理性的思考：這門生意划算嗎？我們真的有賺錢嗎？我們到底得到什麼？他們最終會失望，發現自己就算沒賠本、也是沒賺頭。這就是關鍵了，到那種地步，沒有人會大喊：『太棒了！再幹一票。』」

要進行一場成功的贖金談判，談判者需要準備好某種反常心態，你得違背你的直覺、本性、理性。欲速則不達，你的態度愈急切，事情反而愈拖延，表現出愛與關心，只會造成更大的痛苦與傷害。為了盡速讓所愛之人平安回家，你得有周旋的耐心，拒絕他人籌款的提議，你腦中與心中的警鈴大作，但你必須克服。你得閉上眼睛、摀住耳朵，始終保持鎮定。

假如你不謹守紀律，最終付出過高的贖金，這不只會導致未來被綁架的人處於更大的風險中，還有可能危及自己家人的人身安全。肖特蘭舉了石油大亨尚保羅・蓋蒂（John Paul Getty）的例子，蓋蒂的孫子尚保羅・蓋蒂三世（John Paul Getty III）於一九七三年的羅馬被黑手黨綁架，對方一開始開出的贖金要求是一千七百萬美元。面對被綁架的孫子發出的乞求，蓋蒂起初的回覆是：「我只要付一分錢，以後我就會有十四個孫子被人綁票。」

「即便對於小蓋蒂三世來說，這是個令他失望的爺爺，」肖特蘭評論道：「但是蓋蒂確保了其餘家人的安全。」（最後，在孫子的一只耳朵被割掉並送到某家羅馬報社之後，蓋蒂支付了兩百二十萬美元的贖金，蓋蒂三世在經歷五個月的囚禁之後獲釋。）

我詢問道：「如果你沒有投保、也沒有專家告訴你行情，那你該怎麼議價、怎樣避免支付過多贖金呢？」

肖特蘭喝完了杯中最後一口咖啡。「像是錢德勒夫婦的案例，他們雖然沒有投保，但是對保險公司來講，這個案子顯然會影響市場行情，」她解釋道：「所以他們才會有專家來提供免費的協助。」突然之間，一切都變得明朗了，史蒂芬之所以有專家來協助，那是因為史蒂芬可能做出傻事，破壞贖金的行情價，為保險公司帶來麻煩。這些企業的慷慨大方，其實是在符合自身利益的前提下義利兩全的產物。

贖金談判就是個這麼黑白顛倒的領域，肖特蘭透過另一個例子，說明美國和英國政府拒絕支付贖金的政策，為什麼可能反而導致英國和美國公民的生命陷入危險。肖特蘭說：「假如你抓來的人質之間有差別，有些人質可以賣出高價、有些人質所屬的政府表示不理會此事，這樣一來，假如你去殺死美國或英國人質，可以讓法國人質的贖金翻倍，這麼做就會很划得來。」

「可是，要是英國政府會出錢的話，那不會導致綁架英國人變得更有吸引力嗎？」

「是這樣沒錯，但是當你要對一輛 TOYOTA 越野車下手的時候，你怎麼會知道裡面坐的是不是英國人呢？」

在劫持與贖金的領域裡，我們一般的直覺反應再度完全出錯：綁匪在抓到人之前，又不會知道他們抓到的是不是其本國政府願意支付贖金的法國人或德國人。從肖特蘭的口音，你完全猜不到她拿的是德國護照。英國人總不會沒事跑去外國揮舞英國國旗並大唱〈不列顛稱雄〉（Rule, Britannia）吧，至少正常人應該不會這樣做吧。

當然，贖金價格會根據國籍不同而有差別，而且不僅僅是人質的國籍而已。綁匪所在地區不同，自然也會有不同的開銷。肖特蘭說：「關押人質一個禮拜，在尼日河三角洲要花一萬美金，墨西哥要花十萬美金。這樣你大概就能有點概念了。」化險集團那邊擁有全球各地區當前贖金行情與關押肉票時間的數字，以及資料變化趨勢的資訊，但是他們永遠不會公開這些訊息。這些資訊都是見光死，一旦暴露就會完全失效。

綁架談判的重點難道只有數字嗎？還是這其實算是一門技藝——做買賣的技藝——要依靠數據也要憑藉情商。好比那位讓史蒂芬和克莉絲印象深刻的、充滿個人魅力的專家，又好比那位優雅拒絕我採訪要求的化險集團危機管理顧問……這件事情與個人魅力之間的關聯性究竟有多高呢？

「我認為這點非常重要。危機應對人員必須透過另外一個人來呈現他的個人魅力，」肖特蘭張大眼睛說道：「他們會聰明地挑選性格最適合從事談判的那個人，那個人可能不是你的父親、不是你的丈夫，也許是你的叔叔或舅舅，一個關係比較疏遠的人。在錢德勒夫婦的例子上，危機應對人員確實做了正確的事。」

克莉絲正在將碗盤放進洗碗機。「別人會以為，一旦人質獲釋，創傷便宣告結束，」我說道：「對你們兩個人來說，這件事有沒有帶來什麼長遠的影響呢？」

史蒂芬低下頭盯著桌子，回覆道：「公允地說，我認為是有的。」「事情過程中，我很擔心史蒂芬會中風，因為他承受的壓力實在太大，」克莉絲說：「我告訴你，那個時候他變得很難相處，簡直不是我認識的那個史蒂芬。他很容易不耐煩，他的情緒很憤怒。那時候我們兩個人都變得很易怒。」

事件過去已經好幾年了，但史蒂芬仍然對英國外交部餘怒未消。史蒂芬堅信外交部第一時間已經知道錢德勒夫婦遭到綁架，卻從未告知家屬消息、也沒有在關鍵的前幾天提醒他們遠離媒體。兩人依然對記者充滿怒氣，記者逕自在他們家門口蹲守，公開他們女兒婚禮的照片，並且散播家人不願支付贖金的傷人謠言。「我們什麼都不能說。我們什麼都不能評論，」克莉絲說道：「就像英國皇室那個樣子。」

瑞秋和保羅最後將他們經歷的故事賣給《每日郵報》（*Daily Mail*），[14]還簽了出書契約，他們將獲得的收益用來償還史蒂芬的付出。史蒂芬說：「最後算下來，我們損失的錢不算太多。」

英國皇家海軍後來發現林瑞瓦爾號，還將它送回英國去。錢德勒夫婦告訴《每日郵報》，修復這艘遊艇是他們克服創傷的唯一方法。兩人在二〇一〇年十一月十五日更新的網誌內容[15]寫道：「經過長時間被迫中斷，我們現在已經『去過』索馬利亞，不久之後就會恢復正常運作。」

林瑞瓦爾號一旦修復完成，他們立刻再次啟航。

綁架瑞秋和保羅的海盜當中，有七人在二〇一二年八月被肯亞法庭判處有期徒刑二十年，[16]只不過罪名是因為襲擊一艘法國漁船。截至目前為止，參與綁架錢德勒夫婦的三十多名海盜，沒有一人因為這項犯行受到司法判決。

當我問起史蒂芬現在跟瑞秋及保羅的關係如何時，他仰頭哈哈大笑。笑完喘過氣來之後，史蒂芬說：「他們加入了反疫苗陣營。」

這件事我已經知道了，我有在看錢德勒夫婦的網誌，現在上頭充滿「實驗性疫苗」[17]危險性的貼文，文章下的標題比如「站在歷史正確的那一邊」。

「英國封城期間他們滯留在加勒比海，」史蒂芬補充道：「我覺得他們是在那邊受到陽光的影響，因為那些言論都是在這之後出現的。」

「我們跟反疫苗根本扯不上關係，」克莉絲皺起眉頭道：「我都等不及要讓我們兩人去打疫苗了。」聽見這番話，史蒂芬再次哈哈大笑起來。

我表示，我覺得這一切都來自於他們對於何謂自由有不同的理解。

可是他們兩個人都搖了搖頭。

克莉絲開口道：「我們就是很不一樣的人呀。」

第十一章

奴隸：四百美金起跳★

★折合新臺幣一萬三千一百六十八元起

當群眾伸手搭住阿里尤．納伊德里斯（Aliyu Na Idris）的肩膀，要他面向他們的手機鏡頭時，他看起來有些不知所措，但出現在那支影片裡頭[1]的納伊德里斯是在微笑著。他感到高興，也許是因為自己終於得到一些關注吧。那部影片拍攝的當下，納伊德里斯已經在奈及利亞第二大城卡諾（Kano）的街頭走了五天。他戴的黑色毛帽與身上穿的阿森納足球隊（Arsenal）球衣滿是灰塵，掛在身上前後兩面厚紙板廣告已經破舊不堪，肩上連接紙板的繩子也磨損得很嚴重，但是厚紙板上面的訊息依舊十分醒目，前後兩面都用黑色簽字筆寫著一樣的大寫字母：

出售此人

20,000,000 奈拉

在二〇二一年十月下旬，兩千萬奈及利亞奈拉（Nigerian naira）大約等同三萬六千英鎊或四萬八千美金。[2]納伊德里斯的名字、電話、銀行帳戶也都寫在上面，有意思的買主可以立即轉帳，他的設計頗能順應數位時代的變化。不出意料，納伊德里斯的推銷宣傳迅速爆紅，這位來自卡杜納州（Kaduna state）的二十六歲裁縫短暫成為了名人。

「決定賣掉自己就是因為窮。我學了一門技能，但是我沒有資本，所以我做不出成績，」納伊德里斯接受 Trust TV 新聞台採訪時這麼說道。他坐在某間客廳沙發上接受採訪時，身上依然套著那兩面牌子。[3]「我的計畫是找到買主之後，一千萬奈拉（兩萬四千美元；一萬八千英鎊）給我家人，五百萬（一萬兩千美元；九千英鎊）繳稅給政府；兩百萬送給幫我找到買主的人（五千美元；四千英鎊）；三百萬奈拉交給我的主人保管，用來支應我生活的不時之需。」納伊德里斯說，他本來打算在卡杜納州賣身，但是卻始終沒遇到買主，所以才轉移陣地到卡諾，因為卡諾是奈及利亞北部有錢人的聚集地。他說他已經收到報價，但對方出價仍低於他的開價，所以他還會繼續兜售自己。

這件事或許只是某種噱頭而已，納伊德里斯的廣告不是卡諾和卡杜納州本地的豪薩文（Hausa）所寫、是用英文寫的，而英文是要在網路走紅的全球通用語文，他接受採訪時講的也是英語。但是，納伊德里斯在對答中表現出一股急切與誠懇，而且將自己的計畫講得很詳實，這些現象讓我相信他應該沒有造假。他甚至在賣身所得使用明細當中，納入了人口走私的佣金。

納伊德里斯可能沒有直接這樣講，但他的作為等於是企圖將自己賣為奴隸。

在接受 Trust TV 採訪的隔天，卡諾州的伊斯蘭教法警察便將他逮捕並且送回家去。「他的作為在伊斯蘭教當中是被禁止的，[4]」教法警察指揮官哈倫・阿維西納（Harun Ibn Sina）當時這麼告訴BBC記者：「無論你的條件或處境如何，你不能夠賣身。」納伊德里斯才開始在奈及利亞的社群媒體上走紅，就立刻消失得無影無蹤。廣告牌上的電話號碼變成空號，沒有記者再去追蹤他在卡杜納州老家的生活。日常的貧困，不能算是新聞。

暫且撇開宗教律法、國法或國際人權法講的東西，人口的買賣其實是歷史常態，幹這件事的有人口販子和奴隸商人、有時候是家人、有時候人們是把自己賣掉。就和娼妓、擄人勒贖等世界上最古老的勾當一樣，無論法律怎樣禁止，人口販運都不會灰飛煙滅。在貧富懸殊的區域，以及因國界、種族、性別等條件差異而造成人與人權力懸殊的地區，販賣人口的活動依然蓬勃未艾。

在人們會公開拍賣奴隸的時代，為人命訂價不是件令人羞於啟齒的事。奴隸就是富人的商品：換算成今日的價格，古埃及的男性奴隸大約值兩萬五千英鎊；羅馬帝國的角鬥士值一千六百英鎊；[5]美國南部州的「務農壯年男性」則可以用大約三萬一千英鎊買到。[6]奴隸制度是從十九世紀開始被訂為違法，法國、瑞典、葡萄牙、荷蘭在一八一〇至一八二〇年間禁止奴隸制，英國於一八三三年跟進，美國則是一八六五年。聯合國大會在一九四八年通過《世界人權宣言》（Universal Declaration of Human Rights），其中第四條明確表示「任何形式的奴隸制度與奴隸貿易都應該予以禁止」。[7]從此之後，我們不會在大街上公然買賣人口，但販賣人口的事情卻從來沒消失。

美國CNN（有線電視新聞網）的臥底攝影組，在二〇一七年祕密拍攝到利比亞的黎波里（Tripoli）郊外的一場祕密拍賣會，拍賣了十二個尼日移民，一人底價只要四百美金。[8]不過，為了適應現代，如今奴隸貿易的型態已經轉變，被買賣的人口絕大多數並沒有被戴上手銬拍賣。或是在人口販子的驅使下、有時則是在自己家人的鼓舞下，為了讓自己與所愛的人過上更好的生活，這些人是自願前來的。當他們出賣人身跨越國界時，他們通常會預支自己到達目的地後的工作收入，來支付自己通往淪為奴隸之路的旅費。在他們離開家的時候，他們並不清楚自己的人身自由已經被賣掉了。

有時候，賣掉你的人居然就是最愛你的人。在納伊德里斯穿著廣告牌在卡諾街頭遊走的那段時間，阿富汗各地便有數百個家庭正在兜售他們的女兒，一個女兒只賣五百美金。[9]被賣掉的很多是女嬰，飢餓難當的父母親將女嬰賣為童養媳，全阿富汗只有百分之五的人口擁有足夠的糧食。[10]根據Sky News報導，迄至二〇二二年二月為止，在阿富汗北部偏遠的卡迪斯村（Qadis），幾乎家家戶戶都賣過女兒。[11]賣女兒所得的錢名義上是聘金，但小女童一旦能開始做家務——有些甚至只是剛學會走路——就會被送去新家庭中。這些小女孩既是童養媳，也是奴隸。

販賣人口活動最顯著的地區，或許是世界上最貧窮的國家，但人口販運的事情其實在世界各地皆有。光是二〇二二年的英國，被移交給內政部處理的現代奴隸制潛在受害者案例便有一萬六千九百三十八人。[12]根據國際勞工組織（International Labour Organization）的估計，全世界過著有如奴隸般生活的人，在二〇二一年便有五千萬人，[13]比二〇一六年還要多出一千萬人，其中兩千八百萬人被迫勞動、兩千兩百萬人困在被強迫結婚的狀態。以二〇二〇年而言，在被查獲的人口販運受害者當中，女性占了百分之六十以上。（這個比例低於二〇一六年的百分之七十二，[14]部分原因在於新冠疫情導致性剝削人口販運的上報狀況減少。）

現代奴隸制雖然對象不限性別，但買賣一個人的價格主要是指女性的價格。現代人口買賣的單價當然會因為被賣的人、地點、買主身分等因素而不同，但整體而言卻比古羅馬時代和南北戰爭前的美國廉價許多。英國內政部二〇〇六年的訪談研究報告顯示，被賣到英國的人口販運受害女性，平均售價只有三千至四千英鎊。[15]

納伊德里斯犯的錯誤，第一是把自己的售價訂得太高，第二是賣身行為太過高調。要是他願意將價格訂低一些，然後更低調一些，要找到買家應該沒有問題才是。如果他是女人的話，找到買主的時間可能還會更短。

「坐，」門口那個戴著帽子跟口罩的男人開口道：「選顏色。」

櫃檯上的陶瓷招財貓向我招手，引導我的視線望向椅子上方牆上擺的一整排小瓶子。從「馬拉加酒紅」（Malaga Wine）、「林肯公園天黑黑」（Lincoln Park After Dark）再到「女服務生沒我紅」（I'm Not Really a Waitress），凡是你能想像到的顏色，這裡都一應俱全。多麼令人快樂的名字、多麼令人快樂的顏色。我困在「搖滾明星橘」（Orange You a Rock Star）跟「卡津香辣蝦紅」（Cajun Shrimp）之間，不知道該選哪個好。

我很喜歡去做足療美甲。我喜歡在夏天的時候，可以低頭看見亮晶晶的腳趾甲，非常適合穿著涼鞋。足部按摩可以讓我獲得一個小時的寧靜時光，並且換來雙腳幾個禮拜的美麗。這間店是我會去的幾家足療店之一，而且位於我倫敦住處的附近，至少從我開始住在這兒的時候，這家店就已經存在了。我第一次光臨這裡，是因為我預約不到大街上的高級沙龍，還有這裡的 Google 評價看起來不錯。這家店的門面雖然有難看的霓虹燈以及防盜鐵窗，但是店裡的功夫確實是很不錯，而且很便宜，整套服務比其他地方硬生生便宜五英鎊。於是，我變成回頭客，屢屢光顧，但是到二〇二〇年之後，我卻再也不去了。

二〇一九年十月二十三日，有人在艾塞克斯郡（Essex）某工業區的一輛貨櫃車內，發現三十九個已經死亡的越南人，其中有三十一名男性、八名女性，當中有十人還是青少年，最年幼的是兩個十三歲的男孩。這些人被鎖在封閉的空間裡頭已超過十二小時，在高溫與漆黑之中窒息而死。司機是在凌晨一點十五分發現他們全數死亡，所有人都擠在這個狹小的貨櫃中，緊緊相依，甚至有一對伴侶是相擁而死。[16]海關文件上登記的貨品，是一批越南餅乾。[17]

他們人生的最後一程是跨越北海的貨櫃船，有些人徒勞無功地撥打了一一三，那是越南的緊急救難號碼。這個貨櫃是從比利時澤布呂赫港（Zeebrugge）運至艾塞克斯郡的珀弗利特（Purfleet），在抵達目的地之前的兩個小時，二十六歲的范氏茶梅（Pham Thi Tra My，音譯）在貨櫃中傳出了一封簡訊。「爸爸媽媽，真的、真的很對不起，我的外國之旅失敗了，」范氏茶梅寫道：「我快死了，我沒辦法呼吸。爸爸媽媽，我真的很愛你們。媽，我很抱歉。」[18]

范氏茶梅的父母親抵押土地借來價值一萬九千英鎊的金錢，支付她前往英國所需的費用，他們相信女兒抵達英國之後所賺的錢，一定可以清償所有的債務。茶梅的母親阮氏芳（Nguyen Thi Phong，音譯）告訴Sky News：「茶梅的目標本來是賺到夠多的錢，幫助爸媽修理房子。」[19]裴氏南（Anna Bui Thi Nhung，音譯）只有十九歲，她的家族湊足了八千英鎊要將她送出國，她原本的計畫是到英國的某家美甲店工作。[20]二十歲的阮定隆（Nguyen Dinh Luong，音譯）原本也是作此打算。

過往十年之中，最有可能被視為人口販運受害者[21]而被移交給英國內政部處理的案例，每一年都是以越南人最多。他們前來英國，要麼是到大麻種植園、要麼是去美甲沙龍工作。[22]隨著偷渡到英國的越南人人數日益增長，英國的美甲店數量也是與日俱增。到二〇一九年時，全英國的美甲沙龍已經超過三千五百間，數量比五年前增加了百分之五十六，[23]如今在倫敦的某幾個區域，一條大街上有四家美甲店並不算是稀奇的現象。＊

截至我下筆時，英國已經有十人、比利時有十九人因為艾塞克斯郡貨櫃車慘劇被判有罪，罪名從人口走私至過失殺人皆有。但是這對於遠在越南的死者家屬，並不能帶來多少安慰的作用。除了要忍受喪失至親至愛死得慘絕人寰的痛苦之外，許多家屬還因為籌集這場絕命之旅的費用而負債累累。當時的英國內政部長普莉提．帕特爾（Priti Patel）發推特（tweet）表示她「對這起慘劇感到震驚且悲痛」，[24]但無論是英國政府還是越南政府，都不同意支付將遺體送返越南的費用。當然，死者家屬完全得不到任何賠償。

事件過後的幾個禮拜，英國各商業大街掀起了一股反省潮。從非法外勞與勞工虐待管理局（Gangmasters and Labour Abuse Authority，GLAA）、[25]反人口販運慈善團體，[26]乃至於英國美容業協會（British Beauty Council）[27]與《造型師》（*Stylist*）雜誌[28]——就是你去做美容時會放在腿上的那類漂亮雜誌——都公布了如何發現當地沙龍是不是奴隸制共犯的實用指南。我們讀了指南，我們點頭稱是，然後我們低下頭去看著自己的手和腳，避開與那些戴著口罩為我們提供廉價美容服務的人眼神對視，英國的美甲店依舊生意興隆。[29]

貨櫃車慘案發生之後，我又去了我家附近的那家越南足療美甲店。我只又去過一次，當時是第一次疫情封城過後沙龍紛紛重新開張。這家店在這裡已經很久了，而且是位在主要道路上，幾分鐘路程之外就有一間警察局，所以這家店裡頭肯定沒有偷渡販運的奴隸在裡頭工作吧？我跟自己說，疫情過後應該要以行動支持在地的店家，結果我人到達那邊才發現那家店根本不需要我的支持，裡頭簡直人滿為患。我要結帳的時候卻發現，當時全世界都在用感應式支付了，但他們還是只收現金，感覺很不對勁。我享受的廉價高檔服務，會不會其實是現代奴隸制的產物呢？那次經驗之後，我開始對這件事感到困擾。所以我決定再去一遍實地調查，並且在手機備忘錄上面列出指南告知的完整檢查清單。

剛走進店門口，一股刺鼻的味道便迎面而來（「這間沙龍有沒有刺鼻的化學藥品味道？」），

＊例如倫敦瑞士小屋區（Swiss Cottage）的芬奇利路（Finchley Road）和南華克區（Southwark）的沃爾沃斯路（Walworth Road）。

不過五分鐘之後我就習慣了。帶著帽子和口罩的男子確認我有預約，叫我坐下（「門口是不是有個態度專橫的男人？」）。我看到椅子後方牆面上的架子放著裱框的證書，看起來是合法的證書（「員工是否受過恰當的訓練？」），但其中一些看來是十五年前頒發的，而且上面寫的越南名字根本不知道是誰。金色畫框裡頭的價目表列著：唇上除毛只要三英鎊、修眉四英鎊、手部美甲十英鎊起、足部美甲二十三英鎊起、手腳美甲只要三十英鎊起（「價格是否太便宜了？」）。

店裡的電話始終響個不停。負責接電話的女子對著話筒說道：「我們今天每個時段都約滿了，得等到下禮拜喔。」即便這家店天天營業，從早上十點開到晚上七點，還是應接不暇，店裡每個椅子上都有客人（「這間沙龍是不是總是在營業？」）。這家店除了電動指甲刀的吱吱聲和烘乾機的轟轟聲之外，就是電話鈴聲，店裡不播放音樂，店內員工和顧客之間沒有交談（「店員是否不情願與顧客互動？」）。足療椅周圍地面上到處是白色的腳皮屑（「衛生是不是優先考量？」）。

輪到我的時候，一直在接電話的女人揮手示意我去某一張黑色按摩椅，那張按摩椅上面有些地方貼了黑色大力膠帶，顯然是在修補合成皮的裂口。女子向椅子邊的臉盆撒了藍色浴鹽，然後將手輕輕按著我的膝，想要表示親切的意思，她說：「稍等一下，我的朋友馬上會來替你服務。」（「相關指示是不是由第三者向你提出？對方是否告訴你稍待片刻，會有另一個人來幫你修指甲呢？」）女人一邊說，手一邊指著另一位穿著白色圍裙正在為某個顧客進行收尾服務的女員工（「員工是否有休息時間？」）。這位女員工走到水槽邊，沖洗為前一位顧客摩指甲的銼刀（「是否有換一副清潔消毒過的工具？衛生是不是優先考量？」）。以上說的這些事情，我以前居然從來沒留意過。

接電話的女人轉向我旁邊穿著酒紅色瑜珈褲的女士。「你今天好嗎？」女人微笑問道：「你等一下要出門嗎？」那位女顧客將視線暫時離開手機，她說她讓老公顧嬰兒，來這裡寵溺自己一下。此外，我發現我還可以聽見二樓有人走動的聲響（「有沒有人是住在沙龍店裡頭？」）。為我服務的女員工拿著沖洗過後的工具走到我旁邊，將工具放進小塑膠籃裡。她沒有自我介紹、也沒有和我打招呼，只是打開了按摩椅的按摩功能，按摩滾輪猛地將我的胸腔往前推，說舒服也不是、說不舒服也不是。她戴著藍色口罩與厚厚的眼鏡，我看見了鏡片後面那雙疲憊的眼睛（「員工看起來是否很疲勞？」）。她的頭髮有幾縷灰白，感覺上跟我年齡相仿（「員工年齡是否比你預期的還要小？」）我現在才意識到，這兩個女人我其實都有見過，她們以前都幫我做過指甲，她們應該都在這裡工作好幾年了（「員工流動率是不是很高？」）。

我的美甲師戴上了白色乳膠手套。「你今天好嗎？」她接著問道：「你等一下要出門嗎？」

也許這是員工被要求要說的台詞，講兩句表達友善的態度，然後就沒了。店裡沒有任何一個顧

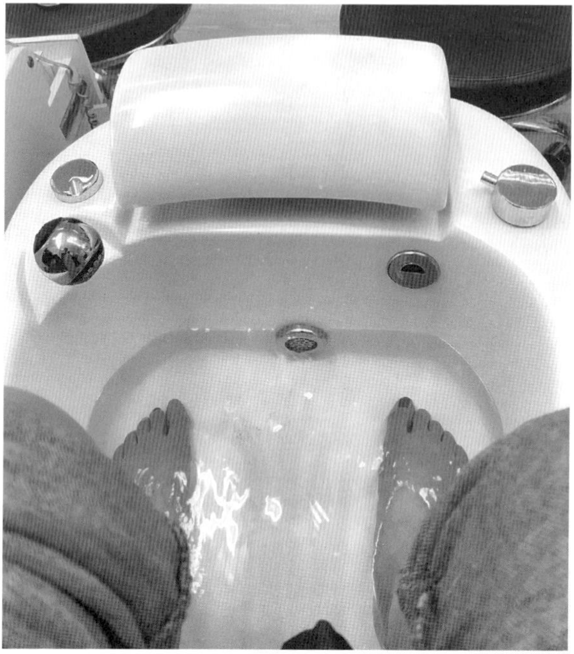

圖 10　我做的 23 英鎊足療美甲。

客在和美甲師說話，即便是正在做手指甲的客人因為無法滑手機而失去不說話的藉口，他們依然保持沉默，盯著窗外灰色的道路。路上有一輛警車駛了過去。

美甲師輕拍我的左膝，示意我應該將左腳從水盆中提起來，擺到紫色的毛巾上，然後開始幫我的腳進行護理。她剪除我腳趾上的肉刺和乾皮、修剪我的指甲，然後用一把髒髒的銼刀在我的腳拇指周圍磨呀、搓呀、刮呀。她每過一陣子，就會用越南話跟當時也正在旁邊工作的接電話女子以及門口的男子講話（「工作團隊成員彼此是否有互動？」）。男子輕鬆地和她們兩人聊天，有時還逗得她們咯咯發笑（「經理在附近時員工是否特別緊張？」）。其實我也不確定誰才是經理，是門口的男子、還是負責接電話的女子呢？我有點懷疑他們是不是在談論顧客，笑談我們的腳皮有多麼粗糙。

美甲師從小塑膠籃裡拿起一柄刀片（「工具是否有消毒？」），戴著手套的一隻手牢牢握住我的足弓，另一隻手開始削掉我腳跟上的死皮，她低著頭，脖子幾乎彎了九十度。她皺著眉頭說道：「皮膚很硬喔。」（「員工工作時是否沉默不語？」）我對於自己非常怕癢覺得很不好意思，我得盡力克制自己把腳從她手中抽出來的本能，也對於自己的厚繭感到很難為情。她在我的小腿上抹上乳液，來了一陣有些心不在焉的按摩，修腳皮對她來說顯然比較有樂趣。她將水盆中的水放掉，排水發出咕嚕咕嚕的聲響，接下來，她開始小心翼翼地幫我的腳趾甲塗上指甲油。

我持續去足療美甲已有二十多年，但這卻是我第一次思考是誰在幫我做指甲、又是怎麼做的。我列出的檢查表上面還有很多欄目沒有打勾，有很多我看到的情況並不符合提醒事項。所以他們可能不是奴隸，但他們依然是被剝削的勞工；一小時又十五分鐘的美甲護理療程，只要二十三英鎊。美甲師的時間、經理的時間、材料費、倫敦的租金、水電費用等等成本全部加起來，二十三英鎊夠嗎？我以前從來沒想過要算算這筆帳。

「很美的顏色。」美甲師說道，我知道這句話的意思是完成了，我可以離開那張恐怖的按摩椅，走到等候區坐著。來到等候區，美甲師將我的雙腳擺到烘乾機出風口下，便逕自去為下一個顧客服務。負責接電話的女子過來收錢，是的，他們現在還是不接受信用卡。我走到美甲師的身邊，直接拿小費給她，她用越南語和接電話的女人說了幾句（「經理是否容許員工經手金錢？」）。

當我們正在役使奴隸時，也許我們並不想面對這個真相；我們想要獲得便宜的東西，但是當它便宜到有合法性的疑慮時，我們便想給自己找理由不要去理會，繼續享受好處。奴隸和廉價勞工的分野非常模糊，模糊到難以辨認。確認這件事究竟是誰的責任呢？是我、是市政府、還是警察？只是因為他們剛好是在廉價美甲店工作的越南人，我就認為他們是被販運的人口，我這樣是不是有種族歧視呢？或者，奴隸制其實已經被高度納入現代生活的一環，乃至於即便它近在咫尺，我們卻依然缺乏警覺。

我離開了美甲店，卻仍然沒有得到答案、只獲得一雙漂亮的腳。

吉吉（Gigi）的雇主一家，在倫敦海德公園（Hyde Park）旁的四層樓度假屋度過他們的夏天，但吉吉卻是睡在洗衣間的地板上。「那裡有地毯，」她沒有芥蒂地說道：「但是，那裡實在不是個適合睡覺的地方。」

這棟位於貝斯沃特路（Bayswater Road）的房子就正對著海德公園，但雇主規定吉吉不能出門。「每天早上醒來，我都會盯著窗戶看，海德公園真的很漂亮。」

吉吉從來沒想到自己會變成一名家傭。她在馬尼拉讀的是心理學，之所以離開菲律賓去工作，是因為父母與祖父母的情況需要她這麼做。菲律賓經濟高度依靠像吉吉這樣的海外勞工，菲律賓有百分之十的GDP是海外務工人士匯回家鄉幫助家人的錢。[30]當時仲介說這是一份行政助理職，可是吉吉抵達沙烏地阿拉伯的時候，她卻發現她的工作是收銀員。工作三個月之後，吉吉卻得到通知，商店所有人——一位為沙烏地皇室擔任顧問的創業投資家——的十一歲女兒需要一名新保姆，吉吉因此被派去老闆家裡工作。「我不知道這份工作還包括做家務，各式各樣的家務。」她的工作時間從清晨六點開始，凌晨兩點才結束。「我幾乎沒有睡覺時間。」雇主每個月只付給她九百沙烏地里亞爾（riyal），大約等同一百九十英鎊。

這家人每年會來英國待上六至八個禮拜，他們第一次帶吉吉來英國是二〇〇九年，她使用的是家庭傭工簽證。她的護照蓋完章之後，雇主就把她的護照收走了。待在英國期間，她完全沒拿到工資，卻得每週工作七天，負責煮飯並打掃這間大房子，睡在燙衣板的旁邊，吃的是那家人的剩菜。

「這一家人很有錢，他們有十三輛車！好幾輛荒原路華（Range Rover），有最棒的那些車

圖 11　「家務工之聲」聚會。

子。」

我問：「可是他們卻沒付你工資？」

「對啊！」吉吉憤慨地回答：「你知道嗎？真的很悲哀耶。他們那麼有錢，卻不付我工資。」

我們談話的地方，是倫敦工會團結聯盟（Unite the Union）總部的一間會議室，「家務工之聲」（Voice of Domestic Workers）這個團體每週日都在此處聚會。雖然現在有人權組織、移民律師、政府部門會為現代奴隸制受害者發聲，但家務工之聲的組織與管理者是曾經親身經歷過這些事情的人。為了知曉今日身為奴隸的生活處境為何，我花費好幾個禮拜的時間，找尋願意向我說明的人，終於我來到這個地方，這裡充滿了擁有第一手認識的人們，讓我發現當代的奴隸就在我身邊、就在我住的地方，默默地被納入現代生活的一部分。

家務工之聲開放所有人參加，但大部分來這裡的人和這個團體的創始者瑪麗莎・貝戈妮亞（Marissa Begonia）一樣，都是來自菲律賓的女性。他們來此聚會彼此學習，獲知自己擁有哪些權利，此外家務工之聲也是個社交團體，每週日的大聚會大約有三十位女性定期參與。吉吉也來了，畫著閃亮眼影和深紅色口紅，並穿上她最好的禮拜日衣服，亮麗的紫色雕花天鵝絨上衣。她手中捧著一件黑色人工皮草大衣，告訴我雇主家庭的大人和小孩子是怎麼跟她說話的。

「那會讓你覺得自己好像不是人。他們會說：『你是個動物。你是個大便。』問題是，我已經能講流利的阿拉伯語，所以我是能聽懂的。」

對吉吉來說，二〇一三年讓一切都變得不同了。這一年，老闆的弟弟也參加度假，於是吉吉除了原本的工作之外，還要額外照顧老闆弟弟的三個小孩。她得到的指示是每天午飯過後，帶著孩子們到海德公園的黛安娜王妃遊樂場（Diana Memorial Playground）。老闆弟弟給吉吉買了一隻手機，方便隨時聯繫。下午的時候，她會再帶孩子們到附近的女王道保齡球館（Queensway Bowling Centre）去遊玩。

「我就是在那裡遇到這些菲律賓女士們，」吉吉點頭道：「我們有聊過，我和她們說了我的處境。有個女士跟我說：『唉呦，你應該離開那些人。』我很害怕，我對英國簡直一無所知，我在這裡沒有任何認識的人，我要怎麼活下去呢？可是我覺得我再也受不了了，所以我真的離開了。」

可是吉吉的故事並沒有幸福的結局，雖然她確實逃出那個苛刻的沙烏地家庭。某天吉吉趁那家人出去吃午飯時溜走了，她聯絡她在遊樂場遇到的菲律賓女人求助，對方將她交給另一位菲傭之前，卻要走了她的首飾。那位菲傭威脅吉吉為她工作幾個禮拜，否則就要向警察告發她。後來，在保齡球館遇到的女士協助她再次逃出來，找了一份有支薪的工作。第一份工作是為格德斯綠地區（Golders Green）的五口之家幫傭，每週工資有三百英鎊，但後來雇主因為擔心她的移民身分而把她解僱了。之後吉吉又到康登區（Camden）的某家庭工作，最後是肯辛頓區（Kensington）的某個家庭。

來到二〇一八年，吉吉心上懸著的那塊大石頭終於還是砸了下來，英國移民與邊境管理局（Immigration and Border Control）官員突襲了吉吉與幾個菲律賓女性合租的住處。說到這裡，吉吉把妝容都哭花了，她流淚說道：「我在廁所躲了快要半小時。」直到今天，吉吉也沒弄清楚誰是告密者。官員與她面談之後把她移交給國家轉介系統（National Referral Mechanism），一套評估人口販運潛在受害者的體制。吉吉說：「經過五年的等待，我現在還是困在國家轉介系統裡頭。」

什麼？我肯定是哪裡聽錯了吧。我趕緊問道：「你等了五年，是要確認他們是不是把你視為人口販運的受害者？」

「沒有錯，」吉吉答道：「想像一下！那種不能工作只能枯等的痛苦，還有提心吊膽的不確定感，維持整整五年。」「他們每週給我三十五英鎊的津貼，也就是一天五鎊，」吉吉不禁笑道：「想像一下！」

我想像不了，我無言以對。

「吉吉，你知道的，我得問你這個問題，」我開始發問道：「英國內政部有沒有提議將你送回菲律賓呢？」

「有。」

「那你為什麼不回去呢？」

「我回菲律賓之後要怎麼重新開始人生呢？我什麼都沒有。我的家人要靠我養，我爸媽身體都很差，看病很花錢。即便我想要回去好了，我在菲律賓能有怎樣的生活呢？這就是問題的癥結點。」

吉吉寄錢回家，從來沒間斷過。她最後一份工作做了將近十年，當然這份工作是祕密的、非法的，所以她不願向我透露她的姓氏。她為肯辛頓的某個六口之家當住家幫傭兼保姆，地點就在自然史博物館（Natural History Museum）附近。

「我的雇主是個銀行家，他人很好，」吉吉微笑道：「他一直能理解我的處境，即便後來我被逮捕了。」吉吉一週工作五天，時間是早上八點到晚上六點，每週工資六百英鎊。「他們出去度假的時候還想要帶我一起去，但是因為我沒有證件，所以沒辦法。可是這家人真的很好，即使他們出了遠門，還是持續付我工資！」

講到這裡，吉吉笑得很開懷，對於能夠擁有支薪的假期，她非常感恩。她在全世界物價名列前茅的城市當中最富有的區域連續工作十年，支領每小時十二英鎊的薪水。吉吉知道雇主很重視她，因為倫敦的家務傭工供不應求。「需求很大，我親眼看過，假如你透過仲介用正規的方式找人，時薪會是二十英鎊。」其實，一個倫敦銀行家肯定付得起這個價碼。

我詢問吉吉，她認為自己算不算是個奴隸？吉吉緊抱那件黑色人工皮草大衣說道：「這是現代的奴隸制，存在於有錢人聚集的區域。我希望被人當成一名工作者，因為我是靠工作賺錢。」吉吉的怒氣針對的是導致她容易受到剝削的移民制度，而不是那些選擇剝削她勞力的人。「我們是在幫忙那些家庭，」她說道：「這是個正正當當的工作。」

隔壁那間會議室正在熱鬧地上著英語課，傳來陣陣女子們的歡笑聲。「我們全都有著相同的處境，」吉吉說：「來這裡的好處是，你可以與朋友見面、可以與人聊天，可以學電腦、學英文等等。如果我沒有加入這個團體的話，我真的不知道自己會變成怎樣。我是現代奴隸制下的犧牲品，但是沒人知道這件事，以前連我自己都不知道呢。」吉吉露出一副難以置信的樣子笑了起來：「以前我只知道自己在工作。」

不讓吉吉意識到這件事，也許符合其餘所有人的利益吧。

林恩・卡巴耶蘿（Lyn Caballero）今天同樣精心打扮了一番，塗上鮮豔的綠松石色指甲油，將太陽眼鏡刻意夾在黑白條紋連身裙的領口。「我每個禮拜天都會來這裡，」卡巴耶蘿告訴我：「我在英國沒有一個認識的人，家務工之聲的成員就是我在這裡的家人。」

卡巴耶蘿已有整整八年不曾與菲律賓的家人團聚。她有三個孩子，當年她離開菲律賓北甘馬仁省（Camarines Norte）達特市（Daet）的時候，最小的孩子只有八個月大，她告訴我：「我今年四十一歲，小女兒已經九歲了。」卡巴耶蘿的眼睛睜得渾圓，彷彿難以相信她和孩子已分開那麼久的時間。和吉吉一樣，卡巴耶蘿是經由中東輾轉來到英國，她將每個月一千五百沙烏地里亞爾（約三百二十英鎊）的薪資，全部都匯回菲律賓老家。

她的沙烏地阿拉伯雇主舉家搬到約克郡（Yorkshire），為的是讓三個小孩上英國的私立學校，所以將卡巴耶蘿也帶去了。她的工作從清晨六點開始，做早餐、準備孩子們的衣服、送孩子上學、買菜、買生活用品、打掃四層樓的房子、整理床鋪、接孩子放學、做飯、替孩子刷牙。這家最小的孩子是個四歲小女孩，她半夜經常上廁所，都要卡巴耶蘿帶她去。卡巴耶蘿全年無休，沒請過一天假、沒放過一天假。

「那些小孩有時候會踢我、推我。最小的那個，只要沒得到她想要的東西，就會向我吐口水。他們跟我講話的態度，好像我是他們的平輩，」卡巴耶蘿說這番話時的聲音在顫抖：「我不知道跟他們說了多少遍：『你要尊重我，我來這裡照顧你，卻沒有在我家照顧我的小孩。我的小孩知道我是個好媽媽，我寄錢回去給他們，讓他們有飯吃、供他們讀書，但我卻得在這裡照顧你、而沒有照顧他們。』」

此時隔壁課堂上又傳來一串歡笑，我們忽然之間陷入沉默，兩人臉上都掛著淚珠。

卡巴耶蘿照顧的那些孩子們，會在大庭廣眾下對她表現藐視的態度，當她到校門口接送他們放學時，這種態度引起旁人的側目。但是，卡巴耶蘿始終保持沉默。她的雇主扣留了她的護照，還會先把當月薪資扣到下個月再發，雇主發出的威脅是，假如她惹麻煩的話，就會向警察舉發她、或者將她賣到別的家庭去。不過，卡巴耶蘿有時也能收到意料之外的獎勵，雇主會設定任務，完成的話就會發獎金，比如教那個五歲小女孩學會騎腳踏車，達成的獎金就有五十英鎊。經過三個月之後，卡巴耶蘿積攢出近一百英鎊，她決心把這筆錢匯給自己的孩子。

某日將雇主孩子送到學校之後，卡巴耶蘿在校門口搭訕了一位英國媽媽，詢問對方能不能幫忙匯款，因為她自己沒有身分證。「她跟我說：『你如果有護照的話，你就可以自己去匯錢呀。她應該就是在那個時候發現，我手上沒有自己的證件。』」

一個禮拜後，兩名警官在校門口找上了卡巴耶蘿。她擰著手中的面紙對我說道：「我很害怕，因為這是第一次有人這樣和我說話，而且還是在大街上。」她跟警察說，她的雇主正在等她，而且雇主不允許她隨便與人交談。警官隨即把警徽掏出來給她看。「這個感覺就像是……」卡巴耶蘿用手指在自己頭頂上比劃了旋風的符號。

才經過五天，卡巴耶蘿便獲得國家轉介系統的正面決定，這意味著她得到留在英國的酌情居留許可。雖然她現在從事工作已經合法，可是她還沒辦完相關證件。卡巴耶蘿之後找到的第一份工作，是擔任一位殘疾女士的居家看護員，每週七天都要工作，依舊是奴隸般的勞務。「她只付我每兩週兩百五十英鎊的薪水，我實在不得不辭職，我無法忍受這麼低的收入，而且還完全沒有休假。」後來，那位殘障人士竟然憤怒地向英國稅務及海關總署（HMRC）舉報卡巴耶蘿沒有國家保險號碼（National Insurance number）。她找了第二份工作，是為住在倫敦肯辛頓大街（High Street Kensington）的一位九十二歲老者擔任看護，但條件也沒有好到哪裡去。接下來新冠疫情爆發，卡巴耶蘿被雇主禁止離開那處房子，那老頭有時候甚至竟然拒絕支付她薪水。「我很害怕。當時要找另一份工作很困難，所以我繼續為這個人工作，一週七天，還要等他願意付錢給我的時候才能領工資。」

如今卡巴耶蘿在為富勒姆區（Fulham）的一個五口之家擔任保姆兼家務工，每週工作五天，早上十點到傍晚七點。現在一切事情都符合正規，她有合理的薪水、有帶薪假，她有繳稅、有繳納英國國家保險，好到幾乎不像真的。確實，因為再過幾個月，卡巴耶蘿的簽證到期，她的證件會失效，這一切又會結束了。

「我回菲律賓也找不到別的工作，我年紀太大了。而且，我回菲律賓領的工資沒辦法養家餬口，我現在是家裡的頂梁柱，這一切都是為了我的家庭。」

我問道：「你會想要回去嗎？」

「我當然想，」卡巴耶蘿的眼神透露出強烈渴望：「但問題出在政策，出在這裡的制度。一旦你選擇回去，你就不能再回來了。」

在去照顧別人家的孩子之前，卡巴耶蘿每天早上都會跟自己的孩子說話。有時候孩子會傳訊息來、有時候是視訊通話。「可是有的時候，尤其是我的小女兒……我十二月的時候哭了一次，當時我想要和她說話，結果她……」卡巴耶蘿扭過頭去背對我，模仿小孩子發脾氣的樣子。「她希望我回菲律賓，她說：『你老是說你保證、你保證、你保證！』之後她就不想和我說話，」卡巴耶蘿嘆道：「我只能試著跟她解釋，一點一點解釋，她才慢慢能夠理解。」

隔壁的英語課應該快下課了，我們能聽見椅子在地板上拖動的聲響，大家準備要禮拜日聚餐啦。卡巴耶蘿起身，整理一下裙子，然後給了我一個擁抱。

「抱歉。」我說道。

「沒關係，」卡巴耶蘿回答：「再把自己的故事說一次，確實會痛。但我知道我如果分享這些事，可以幫到其他人。這些事可以開闊人們的思維，讓人知道這種事情正在發生，而且是真實地發生在這裡，在英國。」

肯德基炸雞桶、可樂與芬達汽水瓶散落在會議室的桌上。咪咪．加瑪斯蔻（Mimi Jalmasco）遞給我午餐，一個裝了沙拉、薯條和粉絲的紙盤子。咪咪是吉吉最好的朋友之一，兩人同樣亮麗耀眼，咪咪身穿黑色套裝，頭髮染成桃花心木色。

「我有時候可以理解，雇主為什麼不願意透過正規仲介找人、或者要找沒有合法證件的人，」加瑪斯蔻跟我說：「這件事就發生在我身上。」她解釋，之前她曾經在倫敦埃奇韋爾區（Edgware）的一個家庭工作，但是等到她取得簽證之後，那家人卻將她解僱了，因為他們付不起要替她繳的稅。「或許他們沒有有錢到以正規的方式僱人，」加瑪斯蔻停頓一下繼續說道：「但我不能說他們沒有錢，因為他們畢竟有錢去請人來做家務。」

廉價美甲、廉價洗車、廉價計程車、廉價的家務幫手，這些是你可以自己動手但不想做的事，你想要少花一點錢享受到這些小小的奢侈。如果你覺得自己有資格享受一下，即便你覺得價格低得有點不合理，你依然會付錢。在十九世紀之前那個奴隸制合法的時代，受益者是社會上最富有的那群人，如今，受益者則是我們這些既要奢侈享受又想要便宜的人。

我說：「他們想要某些東西，但不願意為此付出合理的價格。」

「沒錯。但我們也希望家務幫傭有活兒可以做，能夠找到工作。」

「你找工作會有困難嗎？」

加瑪斯蔻斜著頭看著我，好像我問了一個非常愚蠢的問題似的，說道：「家務幫傭的需求一直都很龐大。」

加瑪斯蔻經歷的故事，現在我已經聽得很熟了：她被無良人力仲介交給富有的中東雇主，然後備受虐待、威脅和剝削；在前往英國的旅途中，她的護照被沒收；她選擇逃跑，但之後在倫敦遭到進一步剝削；她被認定為人口販運受害者，但永遠在擔心下一次的簽證許可決定。此外，加瑪斯蔻也避免去批評那些支付她奴隸般工資的英國人。

「他們是好人，即便是那些沒為我繳稅的雇主，也會讓我放銀行假日（bank holidays）。」

我說：「你不應該對此覺得感激才是。」

她答道：「我很感恩，因為我知道會虐待人的雇主是什麼樣子。」當然了，真要說的話，她明明是持續處於被虐待的狀態，只是虐待的程度高低有別而已。

咪咪、吉吉和林恩的雇主肯定有能力支付她們應得的工資，他們只要根據預算去調整一下工時就好了。但是這不只是金錢問題而已，人之所以想要擁有奴隸，是因為他們想要徹底的控制和絕對的權威。奴隸只是主人的財產，只能聽從主人的差遣，仰其鼻息而活。奴隸缺乏自主權，正是人們想要畜養奴隸的一大原因。

一旦你被賣掉，你覺得之後還能找回自我嗎？卡巴耶蘿說她不能確定。

「我喪失了尊嚴、失去了自信。你會根據他們的指示做事，簡直把他們當成神。有時候我會自問：『難道我是一頭動物嗎？』可是，為了自己小孩的未來、為了自己的安全，你只能逆來順受，乖乖聽話。」

加瑪斯蔻雖然逃離奴隸制的魔爪，但她說她至今依然受到奴隸制的餘孽所害。她說她去過國會大廈參加一場活動，當場所有人都稱呼她是一個人口販運的「倖存者」（survivor）。「我真的算是倖存者嗎？一個得不到適當援助的倖存者？一個不能返鄉探望家人的倖存者？他們叫我倖存者，但是焦慮、創傷、擔心下一輪申請結果的恐懼，全部還在那邊呀。我是個依然困在陰陽界的倖存者，」講到這裡，加瑪斯蔻已經全身僵硬：「這就是為什麼我跟他們說：『不要叫我倖存者。』」

第六部

人體的價格

第十二章

遺體（不含運費）：五千美金★

★折合新臺幣十六萬四千六百零四元

距離鳳凰城天港國際機場（Phoenix Sky Harbor International Airport）只有五分鐘車程，一棟單層的香草色建築物內，加蘭德·石里夫斯（Garland Shreves）正在引導一群退休人士走進一間巨大的冷凍庫。這群人穿著搭配亞利桑那州天氣的短褲短袖，所以他們紛紛縮起肩膀，雙臂交叉在胸前和肚子上，因為冷凍庫裡真的好冷。他們的四周都是鋼製貨架，架上堆滿用塑膠膜包覆起來的「包裹」。

這段宣傳影片[1]播放到這裡的時候，「包裹」裡面裝的是什麼已經不必多說了。石里夫斯穿著稍微有點皺的西裝和領帶，頭髮灰白，臉龐略顯風霜但神情誠懇，他面向一盆棕櫚樹坐著解釋道：「對於參加參觀行程的家庭，我們非常強調的一件事情，就是他們可以提出問題。他們會看到人體組織被包裹並分類標示的狀況。」

石里夫斯從事的是一個關於屍體的行業，他在自家公司的殯儀館與園地中對遺體進行火葬與埋葬，並且透過自家的組織銀行（tissue banking）公司來販賣遺體。來此參觀的人們、還有這段影片預設的觀看對象，是那些願意考慮將自己或親人的遺體捐贈給「生命研究公司」（Research For Life），讓它對整體或部分遺體進行銷售的人。

在氣氛喜悅的合成音樂背景下，攝影機的鏡頭跟著十幾位參觀團成員往前走，他們正在沿著一條窄廊行進。石里夫斯打開一扇門道：「我很快速地解釋一下他們現在在做什麼。」裡面是個明亮的空間，有六名穿戴藍色手術服、醫用髮網、拋棄式鞋套、口罩的人，正在專心處理輪床上某個打了馬賽克的事物。他用驚訝的口氣說道：「他們正在進行一個肩部的處理程序！」鏡頭轉到一個沒有窗戶的房間內，參觀的人們坐在擺有餅乾和咖啡的桌子旁，聆聽石里夫斯的簡報。「你們不用支付任何費用，這是個免費的項目，我們所做的一切絕不會花你一分錢，」石里夫斯一邊說著、一邊搖著頭，並且張開雙臂、掌心朝下，彷彿連他都不敢相信居然有這麼好的事情。

這份交易相當簡單：捐贈者（與其家屬）同意石里夫斯的公司將遺體支解，並將各部位出售其他機構牟利，相應於此，家屬便無須支付任何喪葬及火化費用。選擇這套做法的人為數可不少：生命研究公司網站上寫道，他們自二〇〇九年成立以來「已為一萬多個家庭提供過服務」。[2]

「開放參觀對我來說很重要，因為這證明我們的用心以及透明，」影片中石里夫斯的旁白聲音說道：「我們認為公眾有權利來實際看看什麼是組織銀行。」

維持透明公開並不是石里夫斯的義務，美國的組織銀行業幾乎不受監管，該行業處於法律的三不管地帶並且利用著這樣的條件。雖然在美國出售移植用的器官並不合法，但是，任何人提供遺體或器官牟利幾乎沒有違反聯邦法律之虞，無論你是否擁有相關專業或訓練。

從定義上來看，「遺體捐贈」（body donation）就是個無私利他的行為，捐贈者不可以有謀利的行為。販賣屍體牟利一事，幾乎在世界上所有地區都是違法的，即便有死者本人同意也不行。在這個虛擬實境與3D成像技術使任何模擬活動都有可能的時代，醫學院依然認為親手處理人體，對於學生理解人體構造及運作至關重要。世界各地每天都有上解剖課的學生在解剖屍體，大一醫學院學生第一次看到屍體，通常就是在解剖台上。人們將自己死後遺體捐贈給醫學院時，理論上不應該有任何人可以從中獲利才是。

可是，在醫學和軍事研究領域中，培訓人員、產品革新、解剖教育都需要人類遺體。國際上對於「新鮮」遺體的需求愈來愈高，醫學院和大學解剖單位的大體捐贈數量不足以滿足。於是有石里夫斯這樣的美國企業家出現，供給上述需求，他們是身處商業世界的促成者，也就是捐贈者與解剖人員之間的中間人，有人些把他們稱為「遺體掮客」（body broker）。

這些「遺體掮客」為了獲得人們的遺體，會把事情做到什麼地步？他們如何為遺體設定價格？他們從中獲利多少？又是怎樣的人會將出售遺體當作自己終身的職業呢？

沒有人曉得這個產業的規模究竟有多大。美國組織銀行協會（American Association of Tissue Banks）是美國遺體交易領域唯一有威信的仲裁機構，而該協會認可的公司僅有七家，當中有四家位於亞利桑那州，[3]石里夫斯的公司便是其中之一。（在亞利桑那州去世的人有百分之七選擇捐贈自己的遺體，[4]大約為一年四千人。）路透社（Reuters）在二〇一七年進行過一次調查[5]——也許是來自該行業外部唯一一次整體性的調查——調查結果顯示全美共有三十四家私營的組織銀行，並且揭櫫該行業的領銜者是總部在鳳凰城的「科學關懷公司」（Science Care），而其所有者是一家價值數十億美元的私募股權企業，每年收入兩千七百萬美元。科學關懷公司不開放外界參觀內部設施，也極少與記者打交道，在我三度寄送電子郵件之後，他們最終回了只有一行字的信，表示該公司「沒興趣參與」我要寫的這本書。每存在一間資本額以百萬美元計的組織銀行，就意味著幾十家獨立活動的遺體掮客機構，他們的郊區倉庫散布全美各地。雖然這些公司都屬於合法，但他們往往在暗處運作，像吸血鬼避開陽光那樣避免遭人檢視或審查。

石里夫斯會對公眾敞開大門，誠屬於這一行當中的異類。新冠疫情爆發之前，他每年會舉辦四次開放參觀活動。但是在我聯絡他的那一天，他剛好確診在家隔離，這對我來說反而是件走運的事，因為他覺得很無聊，所以很樂意和我通電話，我想聊多久都行。我們大約談了兩個小時，石里夫斯（幾乎是）有問必答，他只有一個條件：我絕對不能稱呼他為「遺體掮客」。

我們開始對話還不滿三十秒鐘，他便開門見山宣告：「如果你稱我為遺體掮客，那我會稱你是個妓女。」

我完全沒料到這番話，於是我說：「解釋一下你的想法吧。」

他答道：「沒問題。我討厭這個稱呼，跟女記者討厭被稱為『妓女』是同一個道理。你工作，人家付你薪水，你會說：『我是專業人士，我是個記者，你把我和妓女講到一起，這是羞辱！』那麼，當你稱呼我為遺體掮客，你等於是要我同意，正確執行這件事所需要的專業、或技能、或方法，並不具有那樣的價值。你想要貶低這件事情，把我們講成某種黑暗的、邪惡的傢伙。」

這種開門見山的方式真不是一般帶勁啊，我還擔心石里夫斯是不是因為確診而神智異常，不太能接受採訪哩，不過我隨即想起在網路上看到與他相關的訊息，這本來就是他的說話方式。石里夫斯在二〇二〇年時以共和黨候選人身分競選亞歷桑納州參議員，但沒有選上，還有，他曾經評論聲援黑人社群抗議警察暴力的亞利桑那倡議網絡基金會（Arizona Advocacy Network and Foundation）根本是「認證的狗屎」（certified shitbags）而引起爭議。「我永遠都會做自己，我這個人就是這樣。你可以看得出來我是貧民區長大的，因為你如果惹到我，我一定會告訴你，」石里夫斯當時告訴記者道：「我要怎麼說就怎麼說，我發自內心，我要做的事我自己深信不疑，這是當前政治欠缺的東西。」[6]

石里夫斯向我保證他很好，他一週前確診，但他之前該打的疫苗都打了。他嗤之以鼻地表示：「這次危機讓一大堆製藥公司發大財了。」雖然生命研究公司處理遺體沒錯，但疫情卻對這間公司帶來財務災難。「捐贈大體的人數從每月一百人下降到幾乎為零，因為大家都得了新冠，沒有人會想要接受新冠死者的遺體。」他說疫情第一年讓公司虧損了超過兩百萬美金。「那可是好大一筆錢呢！」

生命研究公司是間家族企業，擁有近五十名員工，包括加蘭德．石里夫斯的妻子勞麗（Laurie）和他們四個孩子當中的三個。「公司的所有者是我和我太太。我的孩子們等於是在殯葬業這個圈子長大的，他們從生命研究公司成立之初就在裡面工作，」石里夫斯突然將聲音壓低道：「你關注的重點在這個行業。但我想要告訴你的是，你真的不知道我實際上在做的事情是什麼。我也不確定我是否希望你到時候提到很多內容，因為這是公眾視野看不見的東西。」

「好的……」我的筆尖停在筆記本上：「那就請告訴我，你可以告訴我的部分吧。」

「嗯，這應該能幫助你理解，我對這個行業為什麼了解這麼多。」

到。」

「好的。」

「我是檢察官辦公室的第三號人物。你知道這件事嗎？」

我確實知道，因為他有寫在他的 LinkedIn（領英）個人履歷上。我說：「我在網路上有看到。」

「你真的有看到呀？哇。我能說的只有這樣……有很多政府機構會定期聯絡我。他們會說：『嘿，加蘭德，你和你太太擁有一家組織銀行，你能幫忙我們看看這個案件嗎？』各式各樣的政府部門會定期來向我諮詢。」

「這聽起來很有趣，」我說：「你可以再跟我多說一些，假如你願意的話。」

「我們還是把重點放在組織銀行吧，」石里夫斯簡直是用低聲回覆我：「但是我想要讓你知道，我做的事情比你想像中的複雜而且更加多面向。」

關於多面向的事至此展示完畢，石里夫斯開始跟我說明人類遺體變成人體組織的歷程，流程如下。接到死亡通知的兩到三個小時之內，生命研究公司人員就會將死者遺體裝進冷藏箱，用一輛外觀毫不起眼的白色貨車將其運送到廠址。實驗室的工作人員稍後開始對遺體進行評估，記錄其狀態，是否有任何疤痕、刺青、瘀傷等等。再來是抽血檢查，看看是否死者患有愛滋病、肝炎等傳染性疾病，這類疾病會導致大多數研究環境無法利用這具遺體。

勞麗和家族的服務團隊負責聯絡死者的直系親屬，並記錄他們所謂的「醫學社會史」（medical social history），以此作為遺體最佳用途的指引。實驗室的主管會查看客戶要購買的項目（有時候是整具遺體，但大多數情況是身體特定部位），並且制定出一套「切割方案」，來決定遺體出售的方式。接下來遺體會根據計畫分割，送到石里夫斯的客戶那邊——他們稱之為「最終使用者」（end user）。

每一塊組織都有獨一無二的編號，可以進行追查。石里夫斯表示：「最終使用者不得將樣本上的編號移除、不得對樣本進行『再分割』、不得將樣本提供給第三方。」最終使用者必須將人體組織存放在安全上鎖的地方，僅有接受過訓練的人可以處置。「樣本使用過後的銷毀必須提供證明，他們如果沒有要在自身場地將樣本銷毀的話，就必須送回我們這邊處理，我們不會額外收取處理費。我們樂意這麼做，因為這樣一來我們就能百分之百確定樣本確實銷毀了。」

石里夫斯對屍體處理的熟悉程度遠高於科學研究，他十六歲就開始從事殯葬業，從那時到現在已經有四十年。他二十多歲時開了第一家殯儀館，如今他的家族總共擁有四家殯儀館。

「人家都以為遺體捐贈這件事有很多油水可以撈，是天上掉餡餅。你的做法如果是正確正當的，我現在就可以跟你說，事實不是如此。我和我太太現在能夠擁有這樣的生活水準，是因為我為政府做事的年薪有六位數美金。而且我的殯儀館比我的組織銀行還要賺錢。這件事的內情其實很悲哀。」

如果不是為了金錢，怎麼會有不是科學家的人要做這件事情呢？

石里夫斯信誓旦旦向我保證，這是出於要把事情做對的信念，還有要從內部改變整個產業的志向。「我感覺大體捐贈組織對於死者家屬的服務不是做得很好。因為我個人有從事殯葬業的背景，我覺得我可以把這件事做好。」

石里夫斯認為他的殯儀館與組織銀行業務之間沒有利益衝突問題。「我絕不允許我的組織銀行在殯儀館內從事業務，」石里夫斯鄭重聲明道：「我從來沒有、絕對不在我的殯儀館裡面向家屬提到遺體捐贈，你也不會在我的殯儀館裡面看到任何相關的宣傳資料。法律並不禁止我們這樣做，但我認為這樣做是不當的。」石里夫斯的聲音有一股義氣，顯示他意識到這背後存在更高層次的道德責任、而不是本能上對於說服死者家屬捐出遺體的做法感到厭惡。「我認為在殯儀館裡面搞組織銀行是不正確的，」他繼續說道：「我認為在殯儀館內切割遺體是不應當的。」

連這一點也需要說明清楚，確實令我非常訝異。

石里夫斯為自己設定更高的道德標準是正確的。美國最臭名昭彰的那群遺體掮客本身也同時從事殯葬業，梅根·海絲（Megan Hess）在二〇二三年一月因詐欺被判處二十年有期徒刑，因為她和她母親雪莉·科赫（Shirley Koch）在科羅拉多州經營的殯儀館，跟亡者家屬收取一千美金火化費的同時，卻將遺體祕密支解出售牟利。[7]領有合法執照的殯儀館主管亞瑟．拉斯伯恩（Arthur Rathburn）在二〇一八年因為詐欺顧客以及違反危險物品運輸法，[8]被判處九年監禁：拉斯伯恩的組織銀行將紅色李施德霖漱口水灌入野餐冰箱，用以運輸割下來的人頭，另外，他還將生前罹患愛滋病與肝炎的屍體[9]運輸販售。在拉斯維加斯郊外，南內華達州遺體捐贈服務公司（Southern Nevada Donor Services）與谷地火葬場墓園（Valley Cremation and Burial）共用同一片場地；而且，當衛生檢查員於二〇一五年前去檢查倉庫的時候，居然發現一名男子在庭院中用水管噴水來解凍屍體，人體組織和血液都這樣流入當地街道的排水溝裡。有一位替遺體捐贈公司支解遺體的殯儀館員工，竟然只被指控犯下輕微環境汙染罪。[10]

在這類案件當中，即便是最詭異噁心的例子，遺體掮客最多也只會被判處詐欺、或是違反環境保護與衛生法規。針對拉斯伯恩案子的調查，導致聯邦調查局突擊了他的一家供應商，也就是總部在鳳凰城的生物資源中心（Biological Resource Center）。調查局特別探員回報，他們發現一個裝滿男性陰莖的冰箱，還有「頭部被割除的巨大軀幹和一顆較小的頭顱縫合在一起，簡直像是科學怪人的樣子」。生物資源中心的老闆叫作史蒂芬．戈爾（Stephen Gore）——沒錯，就是「血腥的史蒂芬」（譯按：gore 有血腥殘忍的意思），這是他的本名。戈爾承認自己出售有感染疾病的屍體，而且在處理遺體的方式上欺騙亡者家屬。戈爾當時表示：「我應該對於說明書上的遺體捐贈過程更坦白告知才是。」[11]

美國殯儀協會（National Funeral Directors Association）正在試圖推出一套「遺體捐客法案」，他們說，「遺體被當作原物料般在這個缺乏監管的全國性市場[12]中販賣」，而這套規範將能確保此後遺體捐贈者家屬不會再「對於親人遺體被營利事業拿去賺錢卻不知情。」可是，石里夫斯對此卻表示，殯葬業者的目的是讓生命研究公司這類企業受到管制，因為前者乃是將後者視為競爭對手。

「這些人是既得利益者。他們不希望要捐贈遺體的人，前往像我們公司這樣的大體捐贈組織，因為這樣一來，遺體就不會送到當地殯儀館火化了。這樣你懂了嗎？我希望可以讓人們有選擇。親人死後為更崇高的目的服務，能夠為某些家屬帶來極大的安慰與平靜。反觀殯葬業者，事實是他們想要把未來的一切醫療希望全部火化埋葬起來。」

不必支付親人的火葬費，或許也會為某些家屬帶來安慰和平靜呢。石里夫斯肯定能意識到，這是讓窮人與其家屬願意向他捐贈遺體的誘因吧。

「在美國，你要找便宜的火葬場，只要四百九十五美元、五百五十美元就能找到了，」石里夫斯語帶不屑地說道：「所以，要說貧困的家屬才願意會將親人的大體捐贈出來，根本就是放屁。我們有追蹤過統計資料，愈富有、受教育程度愈高的人，反而愈有可能捐贈自己的遺體。你知道嗎？事實上我們公司根本沒有服務過貧困的遺體捐贈者，我們沒有跟任何政府或地方公立喪葬單位簽過任何協議或契約。」

石里夫斯再次為自己設定令人難以想像的高道德標準。美國許多地方政府發現，放棄濟貧喪葬，將遊民、無家可歸者、窮人的遺體捐贈給組織銀行，可以節省大量經費。田納西州的沙利文縣（Sullivan County）從二〇一一年開始，[13]就將家屬窮困無力治喪的死者遺體，交給一間叫作「美國恢復生命公司」（Restore Life USA）的企業處理，這樣名字的公司竟然處理的是這種事情，感覺很不對勁吧。

為石里夫斯說點公道話，大學機構和非營利遺體捐贈組織也會定期提供免費火化的服務，只不過這些單位不像是營利的組織銀行那樣，擁有宣傳大體捐贈的營銷預算。

石里夫斯像念咒語般不斷重複這句話：「你是想要火化或埋喪未來醫學的希望嗎？」他的心神進入了某種狀態，在未來醫學希望的樂觀精神鼓舞下，他彷彿是在從事一場聖戰。「假如你的大腦有腫瘤，準備要動手術，你會希望醫生是第一次動腦部手術，而且是第一次使用新儀器嗎？」

我表示：「當然不願意。」

「我們所做的事情，重要性便是在此。這也是為什麼我們不能夠繼續讓殯葬業者和其他單位好比大學機構，去貶低或詆毀我們這類企業扮演的角色，我們是促成科技創新造福美國人民和全世界的重要角色。」

石里夫斯口中的科技創新，指的是新型的外科手術技術與儀器。設計醫療設備的公司會使用石里夫斯銷售的人體組織來開發產品、使產品通過臨床試驗、並訓練外科醫生使用產品。「今日的醫學奇蹟不是憑空出現的，那是大體捐贈者幫助工程師設計、幫助醫師訓練的綜合成果，」石里夫斯情緒高漲地說道：「假如你是在一九七三年撞斷髖關節，你只能大約再活三個禮拜。今天你受一模一樣的傷，接受髖關節置換手術，當天就能站起來走動。就是因為有這些大體捐贈者，才讓這樣的醫學得以成真。」

要不是生命研究公司網站上面放的同意書內容，似乎是要簽署者同意石里夫斯將捐贈的大體出售給任何他選擇的對象[14]——我一邊和他談話、一邊開啟了同意書的檔案——我會認為他說的一切都很值得贊許。

「你們的同意書表格上面寫的是，你可以向『大學、醫院、醫療設備組織、研究單位、其他組織銀行、生物科技單位、中介機構、或其他生命研究公司認定合適的對象』提供人體組織。」你不覺得你列出的範圍非常廣泛嗎？」

「確實。」

「任何人都可以向你購買人體組織嗎？」

「不。」石里夫斯的回答突然變得簡短了。

「哪些對象會被你拒絕呢？」

石里夫斯稍事停頓之後說道：「假如你不屬於醫療教育或研究領域，你就會被拒絕。這樣很好，我知道你是在我的網站看到這份同意書表格。殯葬業者總是說：『他們不願意讓顧客知道內容。』他們在說謊，而我今天就會和你一起拆穿這個謊言。」

石里夫斯深吸了好一大口氣。

繼續說道：「殯葬業者首先會告訴亡者家屬、我們的國會和立法者：『他們假裝他們在做研究！捐贈者以為研究就是在組織銀行的設施裡頭進行的！』這真的是放屁！」講到這邊，石里夫斯幾乎是用吼的了：「我的同意書第一行寫了什麼？粗體字寫的是什麼？『**生命研究公司本身並不從事研究或醫學教育，而是充當授權者與合格使用者之間的橋梁。**』」

「沒錯。可是加蘭德，你在第八條款寫的是：『生命研究公司保留修改、暫停、取消、或其他方式改變其服務方式的權利，恕不另行通知。』這不就意味著你還是可以做任何你想做的事嗎？」

「我不能去更改你同意的條件。讓我給你舉個例子罷。我可不可以使用你的授權，用於軍事測試的目的呢？答案是不行，我不能這樣做。我不可以把大體拿去進行彈道實驗、不能拿去做爆炸實驗。」

聽到這裡，我的雙手不禁抱住了頭。

「常常有退伍老兵打電話來給我，他們跟我說：『加蘭德，我活不久了，我想要對那些為美國奮鬥的弟兄們做出貢獻，對拯救戰友盡一份心力。我想捐贈我的遺體給美軍，他們可以拿去做實驗，要射擊、要爆炸都隨便。』」石里夫斯繼續說道：「我現在覺得這是很好的用途，我這樣做也完全合法，但是我這家公司的名字叫作『生命』研究、不是叫『死亡』研究，所以我不做這件事。而且，我列出的同意書內容也不允許我這樣做。但我知道，有些公司會這麼做。」

會這麼做的其中一家，便是組織銀行巨頭科學關懷公司。石里夫斯的同意書跟這家公司的遺體捐贈同意書比起來真是小巫見大巫，像是兒童餐跟成人菜單的差別。[15]科學關懷同意書表格的第二十條寫著，人體組織可能會用於『模擬傷害、創傷、衝擊、撞擊、中彈、爆炸』，並且可能用於『研發交通、軍事、體育、執法領域的保護裝置』，還會用於『改善或矯正人體表層或美感方面解剖學缺陷的整形技術訓練』。」也就是說，假如你將遺體捐贈給科學關懷公司，你的大體可能被拿去當作車禍撞擊測試的假人、或是鼻子整形手術的實驗品。

要讓我選的話，我還寧願被拿去做炸彈測試呢。

針對出售後的人體組織用途，石里夫斯也許制定了一些標準，但是除了讓「最終使用者」簽署契約之外，他其實沒有什麼辦法能確保對方遵循規定行事。

「我們會盡一切努力監督把關，」石里夫斯道：「這點你聽了應該會高興，因為你擔心我會濫用人體組織。你看看同意書第十三條我標成粗體的地方：『**簽署者須同意，第三方對於捐贈大體執行的任何行為，不可要求生命研究公司為其負責。**』你知道這點為什麼是好事嗎？因為我對顧客百分之百公開透明。任何告訴你他們非常清楚最終使用者用途的組織銀行，如果他們沒有真的站在旁邊緊緊盯著，那都是在鬼扯。你並不知道那些人最後會將捐贈者的大體拿去進行什麼用途。」

公開透明顯然是石里夫斯的一大絕招，也是生命研究公司的招牌。他的公開透明立場讓我壯了膽子，於是我問出了我打這通電話最想問的那個問題。

「加蘭德，一具人類遺體值多少錢呢？」

「我會回答你的問題，但請讓我先問你一個問題。為什麼記者總是認為金錢是這件事最重要的部分？為什麼要這樣子？」

這個問題讓我思考了一陣子。「這個嘛，因為人們對於遺體或遺體部位可以賣錢這件事感到很訝異，而我企圖了解這件事背後的原理。」

「組織銀行是一間公司，電費、員工薪水、員工福利、退休金、買貨車、加油、培訓、保險、貸款都要花錢，這些支出的成本要好幾百萬美金，所以最終使用者必須付費才能獲得樣本，這究竟有什麼好訝異的呢？」石里夫斯的嗓門又開始大了起來：「我向最終使用者收費，是因為他媽的沒有人會免費送我東西。假如你沒有相應的收入，要建立成功且擁有影響力的事業根本是異想天開。」

他停下來喘口氣後道：「好了，問你要問的錢的問題吧。」

「好。你可以告訴我相關的金額嗎？」

「我跟你說，大家都想要知道：『唷！一顆頭值多少錢？一隻腳值多少？一隻手值多少？一根手指值多少？這塊值多少？那塊值多少？』」石里夫斯的口氣聽起來已經像是在洩憤了：「我實在是聽到很厭煩了。有些人有獵奇心態，聽到我們出售人體部位就覺得很興奮、很刺激，這讓我很反感。總之，一家公司如果沒有成本回收系統，根本就沒辦法運作。這件事就是這樣啊，不然要怎樣！」

「你說的固然是。但是，難道做這件事一定要營利嗎？」我想問這個問題，但我終究沒有啟齒，我放棄了，或者說是我卻步了吧。我感覺這個問題不會得到好的回應，石里夫斯的狀態也不會想要回答這個問題，就像他不想真的告知我價目表一樣。

我最後說出口的是：「加蘭德，你對這個領域真的很有熱情耶！」

他答道：「你看出來了嗎？」

當然了，包括石里夫斯的價目表在內，遺體價格其實不是什麼祕密。事實上，石里夫斯在二〇一五年時就曾經跟電台記者透露過[16]：一顆「新鮮的」冷凍人頭賣五百美金、一隻腳掌賣兩百美金、軀幹價位在一千五百到一千八百美金之間、膝蓋部位賣三百多美金、一隻手一百二十五美金。當時他還說，假如遺體狀態良好，全身可以賣兩千至三千美金。因為控告史蒂芬・戈爾的民事訴訟案，生物資源中心公司向法院提交了二〇一三年的價目表：去除肩膀或頭部的整副人體賣兩千九百美金、有頭顱的軀幹賣兩千四百美金、整條腿賣一千一百美金。[17]路透社在二〇一七年的調查比較了七家遺體捐客公司的價目、報價和銷售之後總結出平均價碼：頭顱五百美金，一隻手兩百五十美金、一條腿一千三百美金、完整遺體五千美金[18]——以上皆不含運輸費。

以上所說都是受到市場驅動的價格，會根據供需變化波動。相較於整具遺體，將遺體支解成不同部位出售總是更有利可圖。眾「身」平等，所有遺體的要價都一樣，男人、女人、黑人、白人、老人、年輕人，只要沒有病，死者身分對於他的遺體價格沒有影響。死神還真的是對所有人一視同仁呢。

活人器官的價格比死人身體昂貴得多。除了伊朗之外，買賣人體器官在世界各國幾乎都是違法的。伊朗有政府辦的基金會，媒合腎臟的賣家和買家，規定的價格是一顆腎臟四千六百美元左右。[19]只要是人們絕望到願意出售腎臟的地方，腎臟黑市總會存在。根據二〇二一年阿富汗黎明新聞頻道（Tolo News）報導，阿富汗公共衛生部的資料顯示，過去五年間，阿富汗西部的赫拉特省（Herat Province）就有一千人出售了自己的腎臟，一顆腎臟平均售價是三千八百美元，[20]那些選擇賣腎臟的人們，每日工作收入還不到兩美元。在器官移植總體需求當中，器官捐贈的數量僅占百分之十，由此，據估計，每年黑市活動價值高達十七億美金，[21]此外，被販運的人口經常被摘取腎臟、肝臟和角膜。聯合國毒品和犯罪問題辦公室（United Nations Office on Drugs and Crime）[22]表示，被摘取器官的人若能獲得報酬，一個器官的費用會是在五百至一萬美金之間。

一旦涉及「可自然再生」（naturally replenishable）的人體組織時，法律的界線就會變得更加模糊，網際網路作用大增，美國情況尤其是如此。你可以上「多捐骨髓」網站（moremarrowdonors.org），以每次三千美金的代價[23]出售自己的骨髓。根據髮質和頭髮長度，你可以在「線上賣髮」（OnlineHairAffair.com）等網站上拍賣自己的頭髮。在「母乳佳」網站（onlythebreast.com）上，母乳的價格為每盎司一美元。[24]在美國，捐血一次大約可以賺三十到五十美金。[25]（這筆收入吸引了一大堆陷入困境的美國人，包括毒蟲在內，此事釀成了一九七〇年代和八〇年代的血液汙染醜聞，數千名英國血友病患者因為注射了美國進口的血液產品，[26]感染上愛滋病與肝炎。）價格差異雖然很大，但是在美國，女性出售配子（卵子）的收益大約會是男性賣配子（精子）的一百倍。作為有生育力的健康女性，只要自己意志堅決，光是靠出售自己的身體組織，在美國一年就可以淨賺六萬美元以上，不危及健康、不釀成死亡。＊

在美國這個自由國度，你很容易感覺到萬事萬物都能買賣、都有價格，然而，人類遺體交易的範圍其實遠遠超出美國本土，即便是那些立有嚴格禁止販賣人體部位法令的國家，其實也不排斥購買進口貨。光是科學關懷一家公司，就有對全球五十多個國家[27]出口遺體，英國也包含在買家行列中。當國內捐贈大體者數量不足時，英國機構願意捏住鼻子、掏出支票簿，向美國人購買屍體。

我來到布萊頓和薩塞克斯醫學院（Brighton and Sussex Medical School，BSMS），在一張金屬桌旁與勞拉．雅諾德（Laura Arnold）會面，桌上擺滿非常古老的腦部標本罐。布萊頓和薩塞克斯醫學院的解剖室，通常不對外開放，但克萊爾．史密斯教授（Claire Smith）在她的就職演

＊這是粗略計算出來的金額，一年賣六個週期的卵子，一個週期可以賣一萬美金，然後再賣點骨髓加上大量捐血。

說之夜，敞開大門讓公眾參觀。我們有十五分鐘的時間，來看看在這間明亮非常的實驗室當中的各個展示區域，但時間不足以仔細端詳。

這裡有個膨脹的巨大子宮標本，是在剖腹產手術中切除的。那裡有個多囊腎（俗稱泡泡腎），上面布滿了小瘤，腫大的情況很離奇，看起來像是肺臟。「這些全部都是歷史過程獲得的標本，」一站在腎臟標本展示桌後面的解剖學家認真解釋道：「現在這個時代，要找到不是偷來的病理標本，是件非常困難的事情。」在歲月與福馬林的染色之下，大多數展示的人體部位標本看起來非常不真實，直到你認出某個確實是人類特徵的地方，好比手指內彎或修剪過指甲的手指，這個發現會提醒你這真的是人體沒錯。

雅諾德是位解剖學管理員，至少她的職稱是這樣子寫的。但是她微笑地向我說道：「這不能真正說明我的工作內容。」當解剖實驗室沒有解剖學本科生或研究生使用時，當地的外科醫生或醫療器材公司可以利用這裡作為培訓場所，雅諾德就是規劃這些課程，並且找到需要的人體組織。

幾天之後的視訊通話中，雅諾德向我解釋了做這件事的過程，內容平淡到聽起來簡直像是在協調一場晚間人體寫生課。「一開始，申請者的電子郵件會寄到我這邊、或打電話到我這邊來，他們得填寫我們訂好的表格，告知他們想要進行的一切課程細節，需要哪些樣本、需要哪些設備等等。如果我們這邊願意承辦的話，我會幫他們敲定日期，然後算出初步預算，讓他們知道這大概要花多少錢。」

之後，雅諾德就會訂購需要的人體組織：需要完整遺體的情況少見，其來源可能是倫敦解剖學辦公室（London Anatomy Office）；需要完整大體或個別部位，來源可能是諾丁漢大學貯藏庫（Nottingham Repository）；只要個別身體部位，來源可能是科學關懷公司。根據英國人體組織管理局（Human Tissue Authority，HTA）的規定，英國國內的遺體捐贈過程不能有獲利行為，因此，布萊頓和薩塞克斯醫學院向科學關懷公司訂購遺體部位時也沒有獲利，醫學院只是要求課程舉辦方支付成本費用而已，因為課程舉辦方沒有人體組織管理局認證，故不能直接訂購。

雅諾德說，他們只有需要在短時間內取得大量樣本時，才會去找科學關懷公司。「他們可以從美國各地找到捐贈者，所以他們的存量比較多，就是這麼簡單。但是我們通常是在不得不的情況下，才會透過科學關懷公司這個管道。舉辦課程的人比較喜歡諾丁漢大學貯藏庫，因為這個管道便宜很多，而且我們辦起來也容易很多。連絡美國人沒那麼容易，因為你要打電話過去的時候，那邊通常是大半夜。」

當她談起從美國進口遺體的時候，語氣甚至帶有歉意。

我問她：「你對英國的大體捐贈者、還有他們為什麼願意捐贈遺體的理由，感覺比較有信心嗎？」

雅諾德沉默了好一陣子才開口道：「可能是這樣吧。在英國，大體捐贈者都是出於自願捐贈的，他必須要自己簽署文件。我知道在美國的情況有點不一樣。」

在過去一年半之間，布萊頓和薩塞克斯醫學院總共籌畫過五十四次外部課程，其中只有五次使用了來自科學關懷公司的人體組織。「我們從美國那邊進口人體組織，大約花費了七萬美元。」

雅諾德低著頭看著計算機說道，這些錢主要用來購買四肢與頭部樣本。「可能是因為受到新冠疫情的影響，我們辦了很多耳鼻喉科（ENT）的課程，這些課程需要頭顱樣本。」

「頭部、下肢和上肢的價格是多少錢？」我到現在還是不敢相信自己真的把這樣的問題說出口，尤其是對著眼前穿著條紋上衣、眉清目秀、態度親切的雅諾德。

雅諾德完全面不改色。「一顆頭顱大約在六百至六百五十美金之間，一對上肢或下肢稍微便宜，大約在四百至五百美金之間，」她從容地說道：「比方說我們需要十五顆頭顱，對方就會從全美各地取得樣本，送到同一個地方進行包裹之後，再寄送到我們這邊，從什麼地區取得樣本會影響價格高低。」

雅諾德告訴我，生活成本的增加居然也影響了死人的價格。她說她昨天剛剛收到科學關懷公司寄來的電子郵件，表示因為燃料成本上漲關係必須漲價。光是跨大西洋的運輸成本，就導致她最近一批頭顱的訂單增加兩千美金的費用。我試著想像快遞公司訊息更新在雅諾德手機跳出來的那幅景象。

「快遞送來的是一個大箱子，所有東西都包裝在箱子裡頭的冰袋裡，」雅諾德告訴我：「這應該是世界上最詭異的快遞物品了吧。」

雅諾德說，到貨日問題可能會造成很大的壓力，因為他們要安排的課程通常是要讓最頂尖的外科醫師試驗最尖端的技術，而且對方為這些樣本付了很多錢。雖然直到目前為止，還沒有任何樣本寄丟過，但她通常會確保能在課程當天前幾週就收到樣本。「這是為了預留一些緩衝時間，免得航班臨時取消、或者東西出於某些因素卡在海關。」

雅諾德認為，要是沒有美國這些營利的組織銀行存在，這些課程要麼就無法進行、要麼只能在樣本不足的狀況下勉強進行。「假如只能四五個人共用一個樣本，這樣獲得的經驗是否夠充實呢？」雅諾德自問自答道：「我可不希望自己是他們的第一個練習對象喲。」英國的解剖學家、醫學院學生、外科醫生、醫療工程師，期望能善用英國捐贈者的大體，可是他們只能依靠那些願意將自己身體捐獻給醫療研究與教育之人的無私與睿智，然而這種人的數量永遠都追不上需求。雅諾德頷首道：「理想上，我們希望英國能有更多更多的人願意捐贈大體。」

加蘭德・石里夫斯沒有打算捐贈自己的遺體來支持未來的醫學希望。

「我想要葬在我在亞利桑那州東北部的牧牛場，我有養安格斯牛，我很喜歡牛，」這番言論聽起來有些自相矛盾，石里夫斯宣告道：「所以我會捐出自己整副身體嗎？不會，我的家人就在我們的遺體捐贈公司上班，我覺得處理這件事對他們來說實在太煎熬了。」可是，他卻沒有想過可以把自己的遺體交給另一家組織公司處理。「我會捐出我的器官嗎？我會捐出我的心臟或其他可以幫助別人活下去的器官嗎？我肯定會。」

石里夫斯不再大聲嚷嚷了。他詢問我有關其他領域的人命價格問題，我告訴他，有創造一個嬰兒的金額、有僱用殺手的費用、有刑事損害賠償和健康保險的價格。他問我：「你要怎麼樣給可以挽救孩子生命的癌症療法設定價格呢？你是怎麼做的？」。

「價格是製藥公司設定的，」我說道：「英國國民保健署會決定他們要不要買單。」

「所以為什麼對我要有差別待遇呢？我希望你可以幫助人們去理解這些課題的比較。有些人就是要說：『大體捐贈者的家屬拿不到半毛錢！』這麼講固然沒有錯，但這種誘因是不健康的，確實有一些死者家屬會想要透過親人的死亡謀求利益。我不認為免費提供火葬會是鼓勵人們捐贈大體的重要因素，少數例子可能有影響、但絕大多數不是這樣子。」

我可以理解石里夫斯要表達的意思。談到涉及大體捐贈的相關課題，人們總會毛骨悚然，可是，論及科學實驗與醫學進步，人們卻又充滿敬意，問題是醫學的發展其實高度仰賴人類遺體。

在美國，醫學是營利事業，假如我們在讚揚醫療創新的同時、又在貶低為醫學提供所需材料的合法企業，這樣好像蠻偽善的。在美國這個國家，你如果可以靠治療癌症而致富，憑什麼你就不能靠販售屍體致富呢？畢竟，這兩種產業在美國都合法、都很興旺，這就只是美國人做生意的兩種方式而已。

在生命研究公司宣傳影片的結尾處，石里夫斯停下腳步，引起參觀者的注意，手指向一扇內部員工專用的門，門上的標語寫著：「致所有工作人員：生命研究公司的我們被賦予了一項非常特別的殊榮，為科學的未來獻上捐贈者的大體。我們的首要任務是且永遠都是，以最高的尊崇與敬意對待他們的遺體。」

「我希望員工每一次關上那扇門的時候，可以記得我們得到了怎樣的託付，因為有一天我也可能不在了，」石里夫斯向我解釋道：「我相信有一股更高的力量在看著我們所有人，我們如果做了壞事，那是會有報應的，我們不能背叛那樣的託付與信任。談起這件事，我就會禁不住起雞皮疙瘩。」他說這番話時是那樣情真意切，我真的願意相信他。

在石里夫斯強大的自信與來勢洶洶的氣勢當中，這番話給我的感覺竟是一絲脆弱，也許那是因為他意識到，即便他已經如此公開透明、採取保障措施、立志超越那些傷害行業聲譽的「壞人」，他總是選擇經營了一個容易讓有心人剝削濫用的行業。

我向他暗示：「也許你的動力是來自於你想要感覺自己對得起良心。」

石里夫斯縱聲長笑。「我賺錢，但我晚上也睡得很香甜，」他針鋒相對地回應道：「怎麼樣呀？」

後記

聽到有效利他主義者思考小孩子哪個年紀死掉最糟糕就讓我呼吸困難的日子過去了。從英國內政部的《99號研究報告》，到《二〇一二年刑事傷害補償計畫》附錄E，再到加蘭德．石里夫斯的遺體捐贈同意書，這些決定人命價格的價目、統計、表單、契約，已經不會再讓我心驚肉跳。尋找一條命值多少錢的歷程改變了我自己，雖然我至今依然不確定這能不能叫作「道德進步」。

如今我可以不卑也不亢、無喜亦無懼地說出以下這些話：我知道自己作為一個四十多歲的英國女性，我的性命既不值得世界上最富有的慈善家拯救、也不值得人口販子來奴役。考量到女性的平均壽命，[1]為了讓我活完我的餘生，英國國民保健署願意付出一百萬英鎊以上的醫療費用。至少在接下來的幾年之間，我的卵子和子宮會使得我的身體比男性值錢許多，但是如果我死了，我的屍體價值就會跟所有死人一模一樣。我要生出兩個孩子，大約要花六十萬英鎊，但因為我是個生育力正常的異性戀，所以我生孩子沒花到這些錢。如果我被人殺死了，我的孩子會獲得一萬一千英鎊的補償金，與所有英國受害者家庭一樣，除非我是被車撞死、或者是在美國連鎖豪華酒店被人開槍打死。假如我在錯誤的時間出現在錯誤的地點，被一個陌生人給拿刀刺死了，英國內政部會認定我被謀殺的社會成本與所有人相同，然而，因為我是個白人女性，我遭人謀殺會引起的注意與憤慨，絕對會遠高於沙昆·山米－普朗莫謀殺案。

看起來，最大的痛苦來自於你的生命被標上最低的價格、或是最高的價格，痛苦、創傷、奴役或暴力幾乎只存在價格範圍的高低兩端。不過，關於中等價格的性命，也有一些會令人感到不自在的真相。在英國，要做試管嬰兒製造一個生命的價格，跟僱用普通殺手殺一個人的價格，幾乎是相同的。我們願意花更多的錢去孕育一個新生命，但卻不願意花較少的錢去補償一條被奪走的性命、或拯救一個被賣為奴隸的人。雖然活人基本上比屍體值錢，但血淋淋的事實是，在美國買一具遺體要花的錢，可以在利比亞買十個奴隸。我總共調查了十二種人命的價格，其內容充分揭櫫人類存在的荒謬性：一個阿富汗女孩的命，對於她飢餓的父母親來說可能值五百美元，但一條阿富汗戰士的命，對美國海軍陸戰隊來說，就算不值幾十億美金、卻值得花幾百萬美金換取，他們願意用F－35B戰機投炸彈炸死他。

有時候，性命的價格會因為市場行情而有很大的落差，人體組織、生育治療、童養媳、擄人勒贖屬於此類。有時候，性命的價格反映的是政治界打擊暴力犯罪或發動戰爭的意願，或者反映殺手或綁架犯的絕望程度。但是，性命的價格又經常只是某種象徵，與任何事物的市場價值關係都很淺。英國國民保健署願意為救一條命支付的醫療費用，便屬於此類；除此之外，謀殺造成的成本也屬於這一類，雖然英國內政部是將好幾項數字加總之後才得出精準而荒謬的最終金額。當性命的價格是種象徵的時候，它應當容許比較並且更明智地分配資源；訂出性命價格的作用，是要讓政治人物願意聆聽、或者讓億萬富翁願意掏錢。可是，性命價格明明是一種粗糙的工具，卻被用來進行需要細緻思考的決定或分類。

這麼做的危險在於，人們可能會將象徵性的價格，視為人命的真實價值或金額。有效利他主義者希望我能夠領悟到，相較於個人感受，數字可以幫助我們在這個世界上做更多善事，但是他們這麼做得承擔的風險，就是將人命的價格視為事實、而不是象徵。我們不應該反而被清晰的數字所迷惑了，數字要發揮用處，必須是我們知道並接受數字不會告訴我們的東西。數字可能造成很大的危險，為人命訂定價格會讓人們相信人命確實有貴賤，生命貴賤取決於你是誰、你生在何時何地，此外，這麼做還會讓人接受不平等的現象，而此不平等導致你在面對生命最廉價的人們時，無論要幫助他、抑或要剝削他，都是輕而易舉。而且，數字還可能消弭人類經驗之間的落差，數字可以揭示、也可能蒙蔽的真相是，在人類社會中，有些人的生死就是比其他人的生死更重要。

有時候，我們可以設定自己這條命的價格，比如購買人壽保險。更多時候，我們是在設定他人的性命價格，做法是透過我們的納稅、透過我們的消費選擇、透過我們利用廉價勞力的意願、透過我們亟欲假裝對此視而不見的心思。調查人命的價格既能賦予我們揭發不公不義的能力，也給予了我們矯正錯誤的機會。

人命的價格會讓我們多了解自己一些：這裡指的不是我們的價值、而是指我們在特定時空條件中重視的價值是什麼。這件事會揭曉，當我們處在這個資源有限的世界中，我們認為什麼事情是最重要的，它還會呈現出，我們是不是表達了什麼自己原本沒打算說出口的話，那些話也許是非洲兒童的命比成人遊民更沒價值，也許是只有有錢人才應該生小孩並獲得協助。我們應該要將生命價格當成幫助我們達成公平正義的工具，它可以呈現不公不義存在於何處，但它沒辦法告訴我們如何解決問題。為此，我們需要一個大得多的工具箱，同情與仁慈必須都裝在裡頭。

即便這個問題會讓我們感到不自在，我們仍應該鼓起足夠的勇氣，追問人命價格是多少，因為我們如果不願意公開討論，那只會讓巨大的不公不義繼續猖獗。要是大家更清楚個案賠償金額的差異之大，那麼刑事傷害補償的不公平就會難以繼續自圓其說，但是把這些資訊透露出來，並不是獲得巨額民事賠償者或其律師的利益所在。同樣的道理，也適用於人口販子、協助敲定贖金的「專家」、以及為世上最昂貴武器系統設定天價的企業。透過這些安排獲利的那群人，寧願人們對其中牽涉的事情繼續保持無知。我們真的很需要好好探討這些問題。

還有，如果我們要為人命設定價格，我們應該要在數字說話的時候，有勇氣去聆聽並採取行動，無論這樣做會多麼尷尬或困難。假如數字顯示，政府在一個無法保護我們免受人類生存最大威脅的武器系統上花費好幾千億，我們必須自問，我們付出的金錢到底換來了什麼？假使數字顯示，成為親生父母只是有錢人或運氣不錯而生理正常的人可以擁有的選項，我們必須自問，我們是否想要活在這樣子的社會當中？

不過，我們也必須提升自己探討重要課題的能力，而不要馬上就把它轉變為價碼。我們得將要加以估價的人們簡化成一系列指標，才有可能對人命設定價格，意思就是說，我們必須忽略他們生而為「人」這件事。這是一項很危險的練習，而我們恐怕不會想要變成這方面的專家。

自我開始探索性命的價格以來，我改變了。讀到這裡的你，其實也改變了。你熬過新冠疫情，度過一場如何維繫生活的危機，如今你已踏入人工智慧革命的時代。如今我們生活的任何時刻都在釋放愈來愈多可用的數據，提供愈來愈多的指標給愈來愈聰明的演算法衡量我們生活的價值。我們給出愈多自己的數據，這些數字就愈能夠個性化，更能反映個人的實際價值。從前性命價格還是種粗糙的工具，但這個工具會愈來愈厲害，變得更精準、更確實、更能反映人的實際市場價值，而且更能夠被企圖使用性命價格的人善加利用。

有些數據點（data point）是否應該禁止調查呢？好比我們的遺傳密碼、我們生孩子的機率、我們去過哪裡跟誰說過話、我們在線上與線下與他人的對話等等。假如這些指標，可以使政府更正確地將資源投注於人們身上，還可以讓我們享有更便宜的保費，那我們對於讓這些數字掛在自己頭上，究竟是不為、還是何樂而不為呢？

性命價格在未來將會成為更加強大的工具，我們必須確保這項工具的使用者是理智清明的。

謝辭

你手上現在捧著的這本書之所以能誕生，是因為有很多人願意給我時間，並與我分享他們的經歷，我非常感謝他們。

我特別要向潔西卡．普朗莫，以及朱莉和馬克．華勒斯（Mark Wallace）致謝，他們擁有不可思議的勇氣，並且願意告訴我他們孩子的故事。你可以透過 sarzsanctuary.com 支持朱莉和馬克，還有透過 shaqsworld.co.uk 支持潔西卡。

我還要特別感謝史蒂芬和克莉絲．科萊特夫婦，在經歷那麼多記者令你們失望之後，感謝你們還願意信任我。謝謝梅根．威利斯，愛德華能有你這樣的母親真是太好了。

感謝我的經紀人佐伊．蘿絲（Zoe Ross）；感謝接替佐伊工作的奧莉薇亞．戴維斯（Olivia Davies）；感謝我的編輯安德莉亞．亨利（Andrea Henry），她能立即理解我想做的事情並鼓勵我用自己的方式去做。若是沒有他們的支持和點子，本書是無法出現的。

此外我還要致謝的對象有：

感謝反人口販賣和勞工剝削協會（ATLEU）的鄧肯・嘉德姆（Duncan Gardham）、阿夫薩內・奈特（Afsaneh Knight）、卡西米爾・奈特（Casimir Knight）、瑪莎・羅（Marsha Lowe），以及家務工之聲的瑪麗莎・貝戈妮亞，他們幫助我找到了適當的採訪對象。

感謝蘇珊・貝尤莉（Susan Bewley）、亞歷克・納卡穆里（Alec Nacamuli）、布萊恩・波默羅伊爵士（Sir Brian Pommeroy）、安妮・凱利（Annie Kelly），他們的想法對於我構思本書的方法非常有助益。

感謝我在《衛報》（*The Guardian*）和龜傳媒（Tortoise Media）的編輯們：這本書涵蓋的一些故事，最初是我和他們合作寫成的文章。我永遠感激《週末報》（*Weekend*）的梅麗莎・狄恩斯（Melissa Denes），以及《週六報》（*Saturday*）的露絲・路易（Ruth Lewy）、羅布・費恩（Rob Fearn）、梅洛普・米爾斯（Merope Mills），他們以專業的眼光審視了我的作品，此外也感謝龜傳媒的大衛・泰勒（David Taylor）幫助我理解何謂有效利他主義者。

感謝瑪努・克利曼（Manou Kleeman）的翻譯服務；感謝奧利・歐文（Olly Owen）提供奈及利亞的專業知識；感謝安妮・科里（Anne Cori）幫我把封城那一章內容改得簡單易懂；感謝納賽爾・圖拉比（Naser Turabi）對初期草稿提出的精湛見解；感謝妮娜・雷因戈德（Nina Raingold）給的照片和 WhatsApp 訊息。

我要特別跟妮可・克利曼（Nicole Kleeman）說聲謝謝，當我在書桌前孤立無援時，她總是願意讓我借用一下她的靈感。

感謝我的父母大衛（David）和瑪努，以及我的姐妹朱莉（Julie）、妮可和蘇珊娜（Susanna）。

感謝寇里和基絲・布蘭姆利（Corrie & Keith Bramley）的慷慨與好意，以及瑞貝卡・柏克（Rebecca Burke）出色的分散小孩注意力技巧。如果沒有你們三位，這本書絕對寫不完。

班（Ben）和貝拉（Bella）是我永恆的靈感源頭。感謝你們能體諒我有時不能陪在你們身邊，甚至是聖誕節隔天，因為那是那位親生爸爸偽造死亡的先生可以與我談話的唯一時段。

最後是史考特（Scot），你成就了我生活中所有重要的事情，我愛你。

註釋

第一章

1 Frignani, Rinaldo, 'Confessioni di un killer a pagamento "Mi vestivo da ufficiale guidiziario"', *Corriere della Sera* (23 March 2015). https://roma.corriere.it/notizie/cronaca/15_marzo_23/confessioni-un-killer-agamento-mi-vestivo-ufficiale-giudiziario-e7770342-d12b-11e4-8608-3dead25e131d.shtml

2 MacIntyre, Donal; Wilson, David; Yardley, Elizabeth; and Brolan, Liam, 'The British Hitman: 1974–2013', *The Howard Journal of Crime and Justice*, Vol. 53, Issue 4, pp. 325–40 (2014). http://dx.doi.org/10.1111/hojo.12063

3 Mouzos, Jenny and Venditto, John, 'Contract Killings in Australia', *Australian Institute of Criminology* (2003). https://www.aic.gov.au/sites/default/files/2020-05/rpp053.pdf

4 Summers, Chris, 'How schoolboy hitman Santre Gayle murdered for £200', *BBC News* (24 May 2011). https://www.bbc.co.uk/news/uk-13443358

第二章

1 'Top 100 for 2023', *Defense News* (2023). https://people.defensenews.com/top-100/

2 'Department of Defense Fiscal Year 2021 Budget Estimates', *Air Force Justification Book*, Vol. 1, p. 53 (2020). https://www.documentcloud.org/documents/7221495-FY21-Air-Force-Aircraft-Procurement-Vol-I-1.

html#document/p53/a584115
3 'F-35 Sustainment: Enhanced Attention to and Oversight of F-35 Affordability Are Needed', *GAO* (22 April 2021). https://www.gao.gov/products/gao-21-505t
4 'UK to purchase at least 74 F-35 jets', *Navy Lookout* (27 April 2022). https://www.navylookout.com/uk-to-purchase-at-least-74-f-35-jets/
5 Allison, George, 'Britain confirms plans to purchase 74 F-35B jets', *UK Defence Journal* (1 May 2022). https://ukdefencejournal.org.uk/britain-confirms-plans-to-purchase-74-f-35b-jets/
6 Ciralsky, Adam, 'Will It Fly?', *Vanity Fair* (16 September 2013). https://www.vanityfair.com/news/2013/09/joint-strike-fighter-lockheed-martin
7 'Israel says it is the first country to use U.S.-made F-35 in combat', *Reuters* (22 May 2018). https://www.reuters.com/article/us-lockheed-f35-israel/israel-says-it-is-the-first-country-to-use-u-s-made-f-35-in-combat-idUSKCN1IN0ON
8 Urban, Mark, 'UK to spend ￡2.5bn on F-35 fighters', *BBC News* (11 February 2014). https://www.bbc.co.uk/news/uk-26124894
9 Deptula, Lt Gen David A. and Birkey, Douglas A., 'Resolving America's Defense Strategy-Resource Mismatch: The Case for Cost-Per-Effect Analysis', *Mitchell Institute for Aerospace Studies* (8 July 2020). https://mitchellaerospacepower.org/resolving-americas-defense-strategy-resource-mismatch-the-case-for-cost-per-effect-analysis/
10 Capaccio, Anthony, 'F-35 Flies With 871 Flaws, Only Two Fewer Than Year Earlier' *Bloomberg* (12 January 2021). https://www.bloomberg.com/news/articles/2021-01-12/f-35-flies-with-871-flaws-only-two-fewer-than-a-year-earlier
11 Insinna, Valerie, 'The Pentagon is battling the clock to fix serious, unreported F-35 problems', *Defense News* (12 June 2019). https://www.defensenews.com/air/2019/06/12/the-pentagon-is-battling-the-clock-to-fix-serious-

unreported-f-35-problems/
12 ‘Marine Corps F-35B Conducts Combat Strikes in Afghanistan’, *U.S. Department of Defense* (28 September 2018). https://www.defense.gov/News/News-Stories/Article/Article/1647694/marine-corps-f-35b-conducts-combat-strikes-in-afghanistan/
13 ‘U.S. Air Force F-35As conduct first combat mission’, *U.S. Central Command* (30 April 2019). https://www.centcom.mil/MEDIA/NEWS-ARTICLES/News-Article-View/Article/1831452/us-air-force-f-35as-conduct-first-combat-mission/
14 Egozi, Arie, ‘Israeli F-35s shot down two drones; first confirmed air-to-air kills for JSF’, *Breaking Defense* (7 March 2022). https://breakingdefense.com/2022/03/israeli-f-35s-shot-down-two-drones-first-confirmed-air-to-air-kills-for-jsf/; and https://twitter.com/IAFsite/status/1500851354557898760?ref_src=twsrc%5Etfw%7Ctwcamp%5Etweetembed%7Ctwterm%5E1500851354557898760%7Ctwgr%5E4239a5f1d32037d0caf646e6886cd543e6d3daa0%7Ctwcon%5Es1_&ref_url=https%3A%2F%2Fbreakingdefense.com%2F2022%2F03%2Fisraeli-f-35s-shot-down-two-drones-first-confirmed-air-to-air-kills-for-jsf%2F
15 ‘Video shows explosives being dropped on IS occupied territory in Iraq’, *BBC News* (11 September 2019). https://www.bbc.co.uk/news/av/world-us-canada-49669610
16 Ioanes, Ellen, ‘US jets smashed an island ISIS was using “like a hotel” and troops found rockets and bombs stashed in caves’, *Business Insider* (11 September 2019). https://www.businessinsider.com/us-jets-smashed-island-isis-was-using-like-a-hotel-2019-9?r=US&IR=T
17 Yeo, Mike, ‘Japan blames spatial disorientation for F-35 crash’, *Defense News* (10 June 2019). https://www.defensenews.com/global/asia-pacific/2019/06/10/japan-blames-spatial-disorientation-for-f-35-crash/
18 地點在烏魯茲甘（Oruzgan），至少導致三十位平民死亡。Harding, Luke and Engel, Matthew, ‘US bomb

blunder kills 30 at Afghan wedding', *The Guardian* (2 July 2002). https://www.theguardian.com/world/2002/jul/02/afghanistan.lukeharding

19 地點在韋奇巴格圖（Wech Baghtu），導致四十位平民死亡。'Karzai says air strike kills 40 in Afghanistan', *Reuters* (5 November 2008). https://www.reuters.com/article/idUSTRE4A44EW20081105; and Haska Menya, leading to 47: 'Afghan official: U.S. strike hit wedding party', *NBC News* (11 July 2008). https://www.nbcnews.com/id/wbna25635571

20 Rajaeifar, Mohammad Ali; Belcher, Oliver; Parkinson, Stuart; Neimark, Benjamin; Weir, Doug; Ashworth, Kirsti; Larbi, Reuben; and Heidrich, Oliver, 'Decarbonize the military—mandate emissions reporting', *Nature* (2 November 2022). https://www.nature.com/articles/d41586-022-03444-7#ref-CR2. 當F－35以時速一百海里的速度飛行時，它的排放量和英國普通汽車差不多；但是以一千兩百英里的超音速飛行時，只要五分鐘就能達到普通汽車整年的排放量。

第三章

1 Heeks, Matthew; Reed, Sasha; Tafsiri, Mariam; and Prince, Stuart, *Research Report 99*, 'The Economic and Social Costs of Crime', *Home Office* (July 2018). https://assets.publishing.service.gov.uk/government/uploads/system/uploads/attachment_data/file/732110/the-economic-and-social-costs-of-crime-horr99.pdf

2 第一份英國內政部估算犯罪的經濟與社會成本報告書出版於二〇〇〇年（Brand and Price, 2000），在二〇〇五年更新（Dubourg, Hamed and Thorns, 2005），之後又根據最新犯罪數據在二〇一一年進行過一次小更新（Home Office, 2011）。

3 Brand, Sam and Price, Richard, *Home Office Research Study 217*, 'The Economic and Social Costs of Crime', *Home Office* (December 2000). https://www.researchgate.net/publication/247849478_The_Economic_and_Social_Costs_

of_Crime_-_Home_Office_Research_Study_217

4 Heaton, Paul, ‘Hidden in Plain Sight: What Cost-of-Crime Research Can Tell Us About Investing in Police’, *RAND Corporation* (2010). https://www.rand.org/pubs/occasional_papers/OP279.html

5 ‘Gender-based violence costs the EU €366 billion a year’, *EIGE* (7 July 2021). https://eige.europa.eu/news/gender-based-violence-costs-eu-eu366-billion-year

6 ‘Mexico Peace Index 2022: Identifying and Measuring the Factors that Drive Peace’, *Institute for Economics and Peace* (2022). https://www.economicsandpeace.org/wp-ontent/uploads/2022/05/ENG-MPI-2022-web.pdf

7 De La Mare, Tess, ‘Man who stabbed teenager to death after he gatecrashed house party faces life in jail’, *Mirror* (25 April 2016). https://www.mirror.co.uk/news/uk-news/man-who-stabbed-teenager-death-7831123

8 本章關於這起事件先後順序的諸多細節，取材自 Piscopo, Jamie, ‘Operation Lamesley: The investigation into the murder of Shaquan Sammy-Plummer’, *The Journal of Homicide and Major Incident Investigation*, Vol. 11, Issue 2 (November 2016). https://library.college.police.uk/docs/appref/Homicide%20Journal%2011.2%20November%20 2016.pdf

9 關於柯尼格醫師工作的細節，取材自 Lydall, Ross, ‘Mother of knife victim Shaquan Sammy-Plummer: killer took my boy’s life for nothing’, *Evening Standard* (20 September 2016). https://www.standard.co.uk/news/london/mother-of-knife-victim-shaquan-sammyplummer-killer-took-my-boy-s-life-for-nothing-a3349186.html

10 Lydall, Ross, ‘“We held the heart of a young boy in our hands and willed it to beat and to survive. We could not save him”: London surgeon pleads for knife crime to halt after yet another killing’, *Evening Standard* (2 February 2015). https://www.standard.co.uk/news/london/surgeon-plea-knife-crime-end-boy-17-stabbed-in-heart-house-party-enfield-london-ambulance-knife-deaths-10017828.html

11 Morley, Nicole, ‘Party host “stabbed gatecrasher to death to limit number of guests so his mum wouldn’t be mad”’,

Metro (19 April 2016). https://metro.co.uk/2016/04/19/party-host-stabbed-gatecrasher-to-death-to-limit-number-of-guests-so-his-mum-wouldnt-be-mad-5827931/

12 平均量刑指導原則可見於 https://www.sentencingcouncil.org.uk/wp-content/uploads/FINAL-Murder-sentencing-leaflet-for-web1.pdf

13 Knife Crime: Cherrie Ives, sister of murdered Alan Cartwright, finds out how the Met Police are fighting knife crime', *I Was There* podcast. https://www.bbc.co.uk/programmes/p034jbmd; Millard, Rosie, 'A Stabbing on My Doorstep', *Sunday Times* (8 May 2016). https://www.thetimes.co.uk/article/a-stabbing-on-my-doorstep-85xl9n9hj; Butter, Susannah, 'Alan Cartwright's sister Cherrie Smith on her family's tragic loss', *Evening Standard* (4 June 2015). https://www.standard.co.uk/lifestyle/london-life/alan-cartwright-s-sister-cherrie-smith-on-her-family-s-tragic-loss-10296606.html

14 'Woman Who Killed Teen Over Pasta Gets Life', *Sky News* (27 April 2016). https://news.sky.com/story/woman-who-killed-teen-over-pasta-gets-life-10260336

15 'Costs per place and costs per prisoner by individual prison', *Ministry of Justice* (27 January 2022). https://assets.publishing.service.gov.uk/government/uploads/system/uploads/attachment_data/file/1050046/costs-per-place-costs-per-prisoner-2020_-2021.pdf

第四章

1 'The Impact of Insurance Fraud on the U.S. Economy', *Coalition Against Insurance Fraud* (26 August 2022). https://insurancefraud.org/wp-content/uploads/The-Impact-of-Insurance-Fraud-on-the-U.S.-Economy-Report-2022-8.26.2022.pdf

2 'The Impact of Insurance Fraud', *Insurance Europe* (2013). https://insuranceeurope.eu/publications/492/the-impact-

of-insurance-fraud/
3 'UK Insurance & Long-Term Savings Key Facts', *Association of British Insurers* (February 2021). https://www.abi.org.uk/globalassets/files/publications/public/key-facts/abi_key_facts_2021.pdf
4 *The Ellen Show* (18 January 2022). https://www.youtube.com/watch?v=RaJs6FejT_c
5 這些消息都是軼聞，全數引用自《Elle》雜誌，而且相當可能完全是編造的謠言。Makan, Sunil, '13 Celebrities With Insured Body Parts That Are Worth More Than Your House', *Elle* (11 February 2019). https://www.elle.com/uk/life-and-culture/articles/a30167/mariah-carey-jennifer-lopez-doly-parton-celebrities-insured-body-parts/
6 'Chocolate scientist has taste buds insured for ￡1m', *BBC News* (6 September 2016). https://www.bbc.co.uk/news/av/uk-england-birmingham-37287937
7 Sayid, Ruki, 'Coffee taster Gennaro Pelliccia insures tongue for ￡10m', *Mirror* (9 March 2009). https://www.mirror.co.uk/news/uk-news/coffee-taster-gennaro-pelliccia-insures-381336
8 'Payouts for bereavement, illness, and injury claims top ￡18.6 million a day' *Association of British Insurers* (21 May 2022). https://www.abi.org.uk/news/news-articles/2022/05/payouts-for-bereavement-illness-and-injury-claims/
9 'Employees Benefit as Group Risk Industry Pays Out Record Amount in Claims During 2021' *Group Risk Development* (12 May 2022). https://grouprisk.org.uk/2022/05/12/employees-benefit-as-group-risk-industry-pays-out-record-amount-in-claims-during-2021
10 'Men in Ireland Value Themselves 64% More than Women', *Royal London* (June 2021). https://www.royallondon.ie/siteassets/site-docs/press/2021/why_are_men_in_ireland_valued_more_than_women.pdf
11 Francis-Devine, Brigid, 'The gender pay gap', *House of Commons Library* (1 December 2022). https://commonslibrary.parliament.uk/research-briefings/sn07068/
12 'Code on Genetic Testing and Insurance', *Department of Health and Social Care* (23 October 2018). https://www.

gov.uk/government/publications/code-on-genetic-testing-and-insurance

第五章

1 這一章提及所有時間點，均來自於針對二〇一七年倫敦橋襲擊事件的死因調查，收錄於 Siddique, Haroon, 'London Bridge attacks: how atrocity unfolded', *The Guardian* (28 June 2019). https://www.theguardian.com/uk-news/2019/jun/28/london-bridge-attacks-how-atrocity-unfolded

2 Anderson Q.C., David, 'Attacks in London and Manchester March–June 2017: Independent Assessment of MI5 and Police Internal Reviews', *Home Office* (December 2017). https://assets.publishing.service.gov.uk/government/uploads/system/uploads/attachment_data/file/664682/Attacks_in_London_and_Manchester_Open_Report.pdf

3 Dodd, Vikram, 'Family had reported London Bridge attacker to police, inquest hears', *The Guardian* (28 May 2019). https://www.theguardian.com/uk-news/2019/may/28/london-bridge-attacker-job-carrying-out-security-checks-london-underground

4 Jackson, Marie, 'Chaos and killings: 10 minutes at London Bridge', *BBC News* (28 June 2019). https://www.bbc.co.uk/news/uk-48619714

5 Dodd, Vikram, 'London Bridge: more arrests as police tell how terrorists wanted to use truck', *Guardian* (10 June 2017). https://www.theguardian.com/uk-news/2017/jun/10/worse-terror-attack-on-london-bridge-foiled-by-chance-police-say

6 相關調查與報導取材自 Gibbons, Katie, 'Survivor tells of premonition of London Bridge terror attack', *The Times* (10 May 2019). https://www.thetimes.co.uk/article/survivor-tells-of-premonition-of-london-bridge-terror-attack-3h3ns7npq

7 Weaver, Matthew, 'London Bridge attack trio "had taken large quantities of steroids"', *The Guardian* (9 February

2018). https://www.theguardian.com/uk-news/2018/feb/09/london-bridge-attack-trio-had-taken-large-quantities-of-steroids-inquest

8 Jackson, Marie, 'Chaos and killings: 10 minutes at London Bridge', *BBC News* (28 June 2019). https://www.bbc.co.uk/news/uk-48619714

9 相關調查與報導取材自 Siddique, Haroon, 'London Bridge attacks: how atrocity unfolded', *The Guardian* (28 June 2019). https://www.theguardian.com/uk-news/2019/jun/28/london-bridge-attacks-how-atrocity-unfolded

10 'London Bridge attack inquest: Court hears of victims' final moments', *BBC News* (7 May 2019). https://www.bbc.co.uk/news/uk-48185656

11 'London Bridge attack inquest: Sara Zelenak "slipped" before attack', *BBC News* (13 May 2019). https://www.bbc.co.uk/news/uk-48252390

12 相關調查與報導取材自 McLaughlin, Chelsea, '"I didn't know where she was." Sara Zelenak's last moments before she was killed in the London Bridge terror attack', *Mamamia* (13 May 2019). https://www.mamamia.com.au/sara-zelenak/

13 相關調查與報導取材自 'London Bridge attack inquest: Sara Zelenak "slipped" before attack', *BBC News* (13 May 2019). https://www.bbc.co.uk/news/uk-48252390

14 Topping, Alexandra; Malkin, Bonnie; and Doherty, Ben, '"It was a rampage": witnesses describe horror of London terrorist attacks', *The Guardian* (4 June 2017). https://www.theguardian.com/uk-news/2017/jun/04/it-was-a-rampage-witnesses-describe-horror-of-london-terrorist-attacks

15 Chief Coroner, 'Inquests Arising from the Deaths in the London Bridge and Borough Market Terror Attack: Regulation 28 Report on Action to Prevent Future Deaths', *Courts and Tribunals Judiciary* (2019). https://www.judiciary.uk/wp-content/uploads/2019/11/London-Bridge-Borough-Market-Terror-Attack-2019-0332.pdf

16 相關調查與報導取材自 De Miguel, Rafa, 'Inquest reveals how Spain's "skateboard hero" rushed to protect victims', *El País* (22 May 2019). https://english.elpais.com/elpais/2019/05/22/inenglish/1558518214_666396.html

17 Siddique, Haroon and agency, 'Policeman tells how he fought London Bridge attackers with baton', *The Guardian* (28 June 2017). https://www.theguardian.com/uk-news/2017/jun/28/policeman-fought-london-bridge-attackers-baton-wayne-marques

18 'London Bridge terror attack heroes on Civilian Gallantry List', *BBC News* (19 July 2018). https://www.bbc.co.uk/news/uk-england-44872988

19 Mann, Tanveer, '"They're not alive, I am" says Lion of London Bridge who fought off attacker', *Metro* (7 June 2017). https://metro.co.uk/2017/06/07/theyre-not-alive-i-am-says-lion-of-london-bridge-who-fought-off-attackers-6691048/

20 相關調查與報導取材自 Dodd, Vikram, 'London Bridge attack: police lawfully killed terrorists, inquest finds', *The Guardian* (16 July 2019). https://www.theguardian.com/uk-news/2019/jul/16/london-bridge-attack-police-lawfully-killed-terrorists-inquest-finds

21 Chief Coroner, 'Inquests Arising from the Deaths in the London Bridge and Borough Market Terror Attack: Regulation 28 Report on Action to Prevent Future Deaths', *Courts and Tribunals Judiciary* (2019). https://www.judiciary.uk/wp-content/uploads/2019/11/London-Bridge-Borough-Market-Terror-Attack-2019-0332.pdf

22 'Manchester Arena Inquiry, Day 44, December 7, 2020', *Opus 2* (7 December 2020). https://files.manchesterarenainquiry.org.uk/live/uploads/2020/12/07182655/MAI-Day-44.pdf

23 'Criminal injuries compensation: a guide', *Criminal Injuries Compensation Authority* and *Ministry of Justice* (26 March 2014). https://www.gov.uk/guidance/criminal-injuries-compensation-a-guide

24 'The Criminal Injuries Compensation Scheme 2012', *Ministry of Justice* (2012). https://assets.publishing.service.gov.

uk/government/uploads/system/uploads/attachment_data/file/808343/criminal-injuries-compensation-scheme-2012.pdf

25 Jones, Murray, ‘Life Values: How the British Military Calculated the Cost of an Afghan Life’, *Byline Times* (24 September 2021). https://bylinetimes.com/2021/09/24/life-values-how-the-british-military-calculated-the-cost-of-an-afghan-life/

26 Gadher, Dipesh, ‘London Bridge attack: stabbed Millwall fan Roy Larner is different kind of hero’, *The Times* (12 May 2019). https://www.thetimes.co.uk/article/london-bridge-attack-stabbed-millwall-fan-roy-larner-is-different-kind-of-hero-86b0r2bjc

27 Teich, Sarah, ‘Developing a modernized federal response plan for Canadians victimized abroad in acts of mass violence: How Canada can address the needs of cross-border victims based on international best practices’, *Government of Canada* (March 2021). https://www.victimsfirst.gc.ca/res/cor/CCAT-CCAT/indexCCAT1.html#_Toc67662020

28 ‘Ley 29/2011, de 22 de septiembre, de Reconocimiento y Protección Integral a las Víctimas del Terrorismo’, *Gobierno de España* (23 September 2011). https://www.boe.es/eli/es/l/2011/09/22/29/con–Annex1–250,000euros

29 ‘Guide de L’Indemnisation des Victimes d’actes de Terrorisme’, *Fonds de Garantie des Victimes des Actes de Terrorisme et d’autres Infractions* (September 2020). https://www.fondsdegarantie.fr/wp-content/uploads/2017/07/Guide-pour-lindemnisation-des-victimes-des-actes-terrorisme_SEPT2020.pdf

30 ‘Australian Victim of Terrorism Overseas Payment Scheme’, *Australian Government Department of Home Affairs*. https://www.disasterassist.gov.au/disaster-arrangements/australian-victim-of-terrorism-overseas-payment

31 Muir-Wood, Robert, ‘Viewpoint: Crossing the terrorism casualty protection gap’, *Insurance Day* (29 October 2019). https://insuranceday. maritimeintelligence.informa.com/ID1129467/Viewpoint-Crossing-the-terrorism-casualty-

protection-gap? 該文章內容可以在RMS網站上免費閱讀：https://www.rms.com/blog/2019/11/19/crossing-the-terrorism-casualty-protection-gap

32 'Cash payouts for victims of London Bridge attack ahead of third anniversary', *ITV News* (24 May 2020). https://www.itv.com/news/2020-05-24/cash-payouts-for-victims-of-london-bridge-attack-ahead-of-third-anniversary

33 'Use of hire vans in terror attacks may result in rental price increase', *Fleet News* (20 January 2018). https://www.fleetnews.co.uk/news/fleet-industry-news/2018/01/30/use-of-hire-vans-in-terror-attacks-may-result-in-rental-price-increase

34 'FBI finds no motive for Las Vegas shooting, closes probe', *Reuters* (29 January 2019). https://www.reuters.com/article/us-lasvegas-shooting-idUSKCN1PN31N

35 'onePULSE Foundation Founder Barbara Poma', *onePULSE Foundation*. https://onepulsefoundation.org/task-members/barbara-poma/

36 Miller, Shari, 'London Bridge terror attack survivors and victims' families secure insurance payouts after killers hired van to commit atrocity', *Daily Mail* (24 May 2020). https://www.dailymail.co.uk/news/article-8352567/London-Bridge-terror-attack-survivors-victims-families-secure-insurance-payouts.html

37 Symonds, Tom, 'London attack: Men "planned to use 7.5 tonne lorry"', *BBC News* (10 June 2017). https://www.bbc.co.uk/news/uk-40228756

38 'London Bridge attack: Who were the victims?', *BBC News* (22 May 2019). https://www.bbc.co.uk/news/uk-40153090

39 「**JustGiving 就有五個不同的捐款頁面**」：https://www.justgiving.com/crowdfunding/chloe-long-2; https://www.justgiving.com/crowdfunding/chris-gardner-2; https://www.justgiving.com/crowdfunding/alexklis; https://www.justgiving.com/crowdfunding/tescocliftonmoor; https://www.justgiving.com/crowdfunding/angelikamarcin

40 Pidd, Helen, 'Manchester Arena attack: families of 22 people killed to get ￡250,000 each', *The Guardian* (15 August 2017). https://www.theguardian.com/uk-news/2017/aug/15/manchester-arena-victims-we-love-families-receive-250000-killed
41 London Bridge/Borough Market Attack', *London Emergncies Trust*. https://londonemergenciestrust.org.uk/how-we-helped/london-bridgeborough-market-attack
42 https://www.gofundme.com/f/wpgbg-london-terror-affects-local-family
43 'Fund raises $6.3 million for victims and survivors of Pittsburgh synagogue shooting', *CBS News* (5 March 2019). https://www.cbsnews.com/news/pittsburgh-synagogue-shooting-tree-of-life-victims-survivors-families-fund/
44 Associated Press in Charleston, South Carolina, 'Emanuel AME church to give half of donations to Charleston victims', *The Guardian* (26 November 2015). https://www.theguardian.com/us-news/2015/nov/26/charleston-shooting-emanuel-ame-church-donations
45 'New compensation scheme for victims of terrorism', *WiredGov* (17 July 2020). https://www.wired-gov.net/wg/news.nsf/articles/New+compensation+scheme+for+victims+of+ terrorism+17072020101500?open
46 'London Bridge attack: Sara Zelenak's parents begin charity bike ride', *BBC News* (23 June 2019). https://www.bbc.co.uk/news/uk-england-london-48736087

第六章

1 Merians, Sarah, 'Corey Briskin and Nicholas Maggipinto' (27 March 2016). https://www.nytimes.com/2016/03/27/fashion/weddings/corey-briskin-and-nicholas-maggipinto.html
2 'Financial Compensation of Oocyte Donors: An Ethics Committee Opinion (2021)', *American Society for Reproductive Medicine* (2021). https://www.asrm.org/practice-guidance/ethics-opinions/financial-

compensation-of-oocyte-donors-an-ethics-committee-opinion/?_t_tags=siteid%3A01216f06-3dc9-4ac9-96da-555740dd020c%2Clanguage%3Aen&_t_hit.id=ASRM_Models_Pages_ContentPage/_98baa829-2977-4c81-8781-b1845d7511a1_en&_t_hit.pos=9

3 ‘Financial compensation of oocyte donors’, *American Society for Reproductive Medicine* (20 April 2007). https://www.fertstert.org/article/S0015-0282(07)00235-X/fulltext

4 passed by parliament in 2013 ‘Same sex marriage becomes law’, *Department for Digital, Culture, Media & Sport, Government Equalities Office, and The Rt Hon Maria Miller MP* (17 July 2013). https://www.gov.uk/government/news/same-sex-marriage-becomes-law

5 Deahl, Jo, ‘“Surrogacy is absolutely what I want to do”’, *BBC News* (22 September 2021). https://www.bbc.co.uk/news/uk-58639955

6 Kale, Sirin, ‘“Will the babies be left in a war zone?” The terrified Ukrainian surrogates–and the parents waiting for their children’, *The Guardian* (10 March 2022). https://www.theguardian.com/lifeandstyle/2022/mar/10/will-the-babies-be-left-in-a-war-zone-the-terrified-ukrainian-surrogates-and-the-parents-waiting-for-their-children

7 ‘Your Guide to Fertility Costs for Dads-to-Be’ *Gay Parents To Be*, https://www.gayparentstobe. com/for-gay-men/financial-packages/

8 ‘Surrogacy Budgeting Guide’, *Men Having Babies* (2020). https://menhavingbabies.org/cms-data/depot/docs/Budgeting-Guide-USA_2020_MHB-Handout.pdf

9 ‘The Gay Parenting Assistance Program (GPAP) of Men Having Babies’, *Men Having Babies*. https://www.menhavingbabies.org/assistance/

10 ‘Infertility Prevalence Estimates, 1990–2021’, *World Health Organisation* (3 April 2023). https://www.who.int/publications/i/item/978920068315

11 Levine, Hagai; Jørgensen, Niels; Martino-Andrade, Anderson; Mendiola, Jaime; Weksler-Derri, Dan; Mindlis, Irina; Pinotti, Rachel; and Swan, Shanna H, 'Temporal trends in sperm count: a systematic review and meta-regression analysis', *OUP Academic*, Vol. 23, Issue 6 (November–December 2017). https://academic.oup.com/humupd/article/23/6/646/4035689?login=false

12 'Childbearing for women born in different years, England and Wales: 2020', *Office for National Statistics* (27 January 2022). https://www.ons.gov.uk/peoplepopulationandcommunity/birthsdeathsandmarriages/conceptionandfertilityrates/bulletins/childbearingforwomenbornindifferentyearsenglandandwales/2020

13 'Global Fertility Services Market–Industry Trends and Forecast to 2029', *Data Bridge Market Research* (September 2022). https://www.databridgemarketresearch. com/reports/global-fertility-services-market

14 'Fertility problems: assessment and treatment', *National Institute for Health and Care Excellence* (20 February 2013). https://www.nice.org.uk/guidance/cg156/ifp/chapter/in-vitro-fertilisation

15 'Availability: IVF', *NHS*. https://www.nhs.uk/conditions/ivf/availability/

16 'The far-reaching trauma of infertility: Fertility Network UK survey' *Fertility Network UK* (2022). https://fertilitynetworkuk.org/the-far-reaching-trauma-of-infertility-fertility-network-uk-survey/

17 'Older women exploited by IVF clinics, says fertility watchdog', *BBC News* (22 April 2019). https://www.bbc.co.uk/news/uk-48008635

18 Richter M.D., Michael A.; Haning Jr M.D., Ray V.; and Shapiro M.D., Sander S., 'Artificial donor insemination: fresh versus frozen semen; the patient as her own control', *Fertility and Sterility*, Vol. 41, Issue 2 (February 1984), pp. 277–280. https://www.sciencedirect.com/science/article/pii/S0015028216476041?via%3Dihub

19 Robinson, K.; Galloway, K.; Bewley, S.; and Meads, C., 'Lesbian and bisexual women's gynaecological conditions: a systematic review and exploratory meta-analysis', *BJOG: An International Journal of Obstetrics and Gynaecology*

(2017). https://obgyn.onlinelibrary.wiley.com/doi/full/10.1111/1471-0528.14414

20 Gaia+London Women's Clinic (12 August 2022). https://www.youtube.com/watch?v=0iEclgB7hIU

21 Meads, Catherine; Thorogood, Laura-Rose; Lindemann, Katy; and Bewley, Susan, 'Why Are the Proportions of In-Vitro Fertilisation Interventions for Same Sex Female Couples Increasing?', *National Library of Medicine* (30 November 2021). https://pubmed.ncbi.nlm.nih.gov/34946383/Table 1

22 'New Federal Bill Could Allow Tax Deduction for Surrogacy Expenses, Remove Discrimination Against LGBTQ Tax Payers', *Men Having Babies*. https://menhavingbabies.org/news/user-view/post.php?permalink=bill-surrogacy-expense-tax-dedication-legislation-tax-deduction-for-reproductive-treatments-in-lgbtq-community

23 'The Cost of a Child in 2022: Summary and Recommendations', *Child Poverty Action Group* (November 2022). https://cpag.org.uk/sites/default/files/files/policypost/COAC_summary_recommendations.pdf

24 Sawhill, Isabel V.; Welch, Morgan; and Miller, Chris, 'It's getting more expensive to raise children. And government isn't doing much to help', *Brookings* (30 August 2022). https://www.brookings.edu/blog/up-front/2022/08/30/its-getting-more-expensive-to-raise-children-and-government-isnt-doing-much-to-help/

25 *NHS* (January 2023). https://resolution.nhs.uk/wp-content/uploads/2023/01/FOI_5735_Obstetrics-and-wrongful-birth.pdf

26 Associated Press, 'Father loses damages claim over forged IVF signature', *The Guardian* (17 December 2018). https://www.theguardian.com/law/2018/dec/17/father-loses-damages-claim-over-forged-ivf-signature

27 ARB v. IVF Hammersmith, *Royal Courts of Justice* (17 December 2018). https://www.judiciary.uk/wp-content/uploads/2018/12/arb-v-ivf-hammersmith-final.pdf

28 'Schrödinger's consent: ARB v IVF Hammersmith Limited & R', *Hempsons* (13 November 2017). https://www.hempsons.co.uk/news-articles/schrodingers-consent-arb-v-ivf-hammersmith-limited-r/

29 Associated Press, 'Father loses damages claim over forged IVF signature', *The Guardian* (17 December 2018). https://www.theguardian.com/law/2018/dec/17/father-loses-damages-claim-over-forged-ivf-signature

30 Urwin, Jenny, '£19.5m for wrongful birth of boy with spina bifida and chromosome 9 abnormality', *Fieldfisher*. https://www.fieldfisher.com/en/injury-claims/case-studies/19m-for-wrongful-birth-of-boy-with-spina-bifida

31 'Mother wins ruling over Royal Berkshire NHS Down's syndrome test failure', *BBC News* (8 October 2019). https://www.bbc.co.uk/news/uk-england-berkshire-49980157

32 Bagot, Martin, 'Mum who would have aborted baby with Down's syndrome gets NHS payout', *Mirror* (8 October 2019). https://www.mirror.co.uk/news/uk-news/mum-who-would-aborted-baby-20541139

33 收錄於案件判決書 Edyta Ewelina Mordel v Royal Berkshire NHS Foundation Trust (8 October 2019). https://vlex.co.uk/vid/edyta-ewelina-mordel-v-818736401

34 'Mother wins ruling over Royal Berkshire NHS Down's syndrome test failure', *BBC News* (8 October 2019). https://www.bbc.co.uk/news/uk-england-berkshire-49980157

第七章

1 McEvoy, Jemima, 'Where The Richest Live: The Cities With The Most Billionaires 2022', *Forbes* (5 April 2022). https://www.forbes.com/sites/jemimamcevoy/2022/04/05/where-the-richest-live-the-cities-with-the-most-billionaires-2022/?sh=1e557ffb4e09

2 The Chronicle of Philanthropy, 'A list of America's top 50 donors of 2020', *AP News* (10 February 2021). https://apnews.com/article/technology-amazoncom-inc-michael-bloomberg-jeff-bezos-philanthropy-43ff7817a0c8b7babfd2ab9bb67d3b5e

3 'We aim to cost-effectively direct around $1 billion annually by 2025', *GiveWell* (22 November 2021). https://blog.

givewell.org/2021/11/22/we-aim-to-cost-effectively-direct-around-1-billion-annually-by-2025/
4 你可以從這裡看到他們的計算：https://docs.google.com/spreadsheets/d/1CuIwrlmOchJMRojhKLiuitDXTnT0XJQVs0qAdX6Hi4E/edit#gid=1350747058
5 Fortson, Danny, 'American nightmare: the homelessness crisis in San Francisco', *The Times* (29 August 2021). https://www.thetimes.co.uk/article/san-francisco-homelessness-crisis-tent-cities-bclgk20s5
6 Hepler, Lauren and Knight, Heather, 'S.F. homeless deaths more than doubled during the pandemic's first year–but not because of COVID', *San Francisco Chronicle* (10 March 2022). https://www.sfchronicle. com/sf/article/San-Francisco-homeless-deaths-more-than-doubled-16990683.php
7 'We seek to reduce the harms caused by excessively restrictive local land use regulations', *Open Philanthropy*. https://www.openphilanthropy.org/focus/land-use-reform/
8 'Sam Bankman-Fried', *Forbes*. https://www.forbes.com/profile/sam-bankman-fried/?sh=455ed2984449
9 Lewis-Kraus, Gideon, 'The Reluctant Prophet of Effective Altruism', *The New Yorker* (8 August 2022). https://www.newyorker.com/magazine/2022/08/15/the-reluctant-prophet-of-effective-altruism
10 'Why Is It So Expensive to Save Lives?', *GiveWell* (December 2021). https://www.givewell.org/cost-to-save-a-life
11 'Sam Bankman-Fried found guilty on all seven criminal fraud counts', CNBC, 2 November 2023. https://www.cnbc.com/2023/11/02/sam-bankman-fried-found-guilty-on-all-seven-criminal-fraud-counts.html
12 有一系列推特解釋這件事：https://twitter.com/willmacaskill/status/1591218014707671040?s=43&t=PojMJra02nB-2Ax9Lg5tHA

第八章

1 'NHS treats first patient with the "world's most expensive drug"', *NHS England* (1 June 2021). https://www.england.

nhs.uk/2021/06/nhs-treats-first-patient-with-the-worlds-most-expensive-drug/
2 Tisdale, Sarah and Pellizzoni, Livio, 'Disease Mechanisms and Therapeutic Approaches in Spinal Muscular Atrophy', *National Library of Medicine* (10 June 2015). https://www.ncbi.nlm.nih.gov/pmc/articles/PMC 4461682/
3 'Spinal Muscular Atrophy–A Brief Summary', *Spinal Muscular Atrophy UK*. https://smauk.org.uk/sma-summary-info
4 Verhaart, Ingrid E. C.; Robertson, Agata; Wilson, Ian J.; Aartsma-Rus, Annemieke; Cameron, Shona; Jones, Cynthia C.; Cook, Suzanne F.; and Lochmüller, Hans, 'Prevalence, incidence and carrier frequency of 5q-linked spinal muscular atrophy–a literature review', *National Library of Medicine* (4 July 2017). https://pubmed.ncbi.nlm.nih.gov/28676062/
5 Grant, Charley, 'Surprise Drug Approval is Holiday Gift for Biogen', *Wall Street Journal* (27 December 2016). https://www.wsj.com/articles/surprise-drug-approval-is-holiday-gift-for-biogen-1482856447
6 'EPAR summary for the public: Spinraza (Nusinersen)', *European Medicines Agency* (2017). https://www.ema.europa.eu/en/documents/overview/spinraza-epar-summary-public_en.pdf
7 Erman, Michael, 'NHS England, Biogen reach deal on pricey drug for deadly disorder', *Reuters* (15 May 2019). https://www.reuters.com/article/uk-biogen-england-idUKKCN1SK2QH
8 'NHS England to fund first ever treatment for children with rare muscle-wasting condition', *NHS England* (15 May 2019). https://www.england.nhs.uk/2019/05/nhs-england-to-fund-first-ever-treatment-for-children-with-rare-muscle-wasting-condition/
9 Kuchler, Hannah, 'Novartis wins approval for world's most expensive drug', *Financial Times* (24 May 2019). https://www.ft.com/content/10086870-7e50-11e9-81d2-f785092ab560
10 'NHS England strikes deal on life-saving gene-therapy drug that can help babies with rare genetic disease move and

walk', *NHS England* (8 March 2021). https://www.england.nhs.uk/2021/03/nhs-england-strikes-deal-on-life-saving-gene-therapy-drug-that-can-help-babies-with-rare-genetic-disease-move-and-walk/

11 Frost, Charlie, 'Essex family's desperate plea for life-saving treatment for 8-month-old Edward', *ITV News* (3 June 2021). https://www.itv.com/news/anglia/2021-06-01/essex-familys-desperate-plea-for-life-saving-treatment-for-8-month-old-edward

12 Jones, Charlie, 'Colchester baby's parents feel "abandoned" over ￡1.7m drug', *BBC News* (24 May 2021). https://www.bbc.co.uk/news/uk-england-essex-57171722

13 Rawlins, Michael D., 'National Institute for Clinical Excellence: NICE works', *Journal of the Royal Society of Medicine*, Vol. 108, Issue 6 (2015). https://journals.sagepub.com/doi/10.1177/0141076815587658

14 'Technology appraisal data: appraisal recommendations', *National Institute for Health and Care Excellence*. https://www.nice.org.uk/about/what-we-do/our-programmes/nice-guidance/nice-technology-appraisal-guidance/data/appraisal-recommendations

15 QALYs are calculated Glossary, *National Institute for Health and Care Excellence*. https://www.nice.org.uk/glossary? letter=q

16 McDougall, Jean A.; Furnback, Wesley E., Wang, Bruce C. M.; and Mahlich, Jörg, 'Understanding the global measurement of willingness to pay in health', *National Library of Medicine* (2020). https://www.ncbi.nlm.nih.gov/pmc/articles/PMC7048225/

17 'Public Law 111–148: The Patient Protection and Affordable Care Act', 111th Congress (23 March 2010). https://www.congress.gov/111/plaws/publ148/PLAW-111publ148.pdf

18 '2020–2023 Value Assessment Frame-work', *Institute for Clinical and Economic Review* (31 January 2020). https://icer.org/wp-content/uploads/2020/10/ICER_2020_2023_VAF_102220.pdf

19 Whipple, Tom, 'Lifesaving drug Spinraza, rejected for NHS, wins $3m prize', *The Times* (18 October 2018). https://www.thetimes.co.uk/article/lifesaving-drug-spinraza-rejected-for-nhs-wins-3m-prize-qlflw5h6t
20 'NHS to roll out life-saving gene therapy for rare disease affecting babies', *NHS England* (4 February 2022). https://www.england.nhs.uk/2022/02/nhs-to-roll-out-life-saving-gene-therapy-for-rare-disease-affecting-babies/
21 'Orchard Therapeutics Receives EC Approval for Libmeldy™ for the Treatment of Early-Onset Metachromatic Leukodystrophy (MLD)', *Orchard Therapeutics*. https://ir.orchard-tx.com/news-releases/news-release-details/orchard-therapeutics-receives-ec-approval-libmeldytm-treatment
22 'Abortion statistics, England and Wales: 2020', *Department of Health and Social Care* (2020). https://www.gov.uk/government/statistics/abortion-statistics-for-england-and-wales-2020/abortion-statistics-england-and-wales-2020#key-points-in-2020
23 'NHS deal on spinal muscular atrophy at home treatment', *NHS England* (19 November 2021). https://www.england.nhs.uk/2021/11/nhs-deal-on-spinal-muscular-atrophy-at-home-treatment/
24 'When a lottery "wins" sick babies life-saving drugs', BBC News, 30 January 2020. https://www.bbc. co.uk/news/world-us-canada-51181840
25 Jani-Friend, Isabelle, 'Zolgensma Lottery: A Real Life Hunger Games', *Just Treatment* (3 February 2020). https://justtreatment.org/news/2020/1/29/zolgensma-lottery-a-real-life-hunger-games

第九章

1 'Number of COVID-19 patients in hospital', *Our World in Data*. https://ourworldindata.org/grapher/current-covid-patients-hospital?country=GBR
2 https://github.com/CSSEGISandData/COVID-19

3 Gayle, Damien and Busby, Mattha, 'Police arrest 155 anti-lockdown protesters in London', *The Guardian* (28 November 2020). https://www.theguardian.com/world/2020/nov/28/met-police-anti-lockdown-protest-london

4 Doherty-Cove, Jody, 'Lockdown protest leader was on Labour's Executive Committee', *The Argus* (22 May 2020). https://www.theargus.co.uk/news/18467876.lockdown-protest-leader-labours-executive-committee/

5 'The pandemic's true death toll', *Economist* (25 October 2022). https://www.economist.com/graphic-detail/coronavirus-excess-deaths-estimates?fsrc=core-app-economist?utm_medium=social-media.content.np&utm_source=twitter&utm_campaign=editorial-social&utm_content=discovery.content

6 Sandford, Alasdair, 'Coronavirus: Half of humanity now on lockdown as 90 countries call for confinement', *Euronews* (2 April 2020). https://www.euronews.com/2020/04/02/coronavirus-in-europe-spain-s-death-toll-hits-10-000-after-record-950-new-deaths-in-24-hou

7 'COVID-19 to Add as Many as 150 Million Extreme Poor by 2021', *World Bank* (7 October 2020). https://www.worldbank.org/en/news/press-release/2020/10/07/covid-19-to-add-as-many-as-150-million-extreme-poor-by-2021

8 Yakusheva, Olga; van den Broek-Altenburg, Eline; Brekke, Gayle; and Atherly, Adam, 'Lives saved and lost in the first six month of the US COVID-19 pandemic: A retrospective cost-benefit analysis', *Plos One* (21 January 2022). https://journals.plos.org/plosone/article?id=10.1371/journal.pone.0261759

9 'Alcohol-specific deaths in the UK: registered in 2020', *Office for National Statistics* (7 December 2021). https://www.ons.gov.uk/peoplepopulationand community/healthandsocialcare/causesofdeath/bulletins/alcoholrelateddeathsintheunitedkingdom/registeredin2020

10 'Shifts in alcohol consumption during the pandemic could lead to thousands of extra deaths in England', *University of Sheffield* (26 July 2022). https://www.sheffield.ac. uk/news/shifts-alcohol-consumption-during-pandemic-could-lead-thousands-extra-deaths-england

11 ‘A year of lockdown: Refuge releases new figures showing dramatic increase in activity’, *Refuge* (23 March 2021). https://www.refuge.org.uk/a-year-of-lockdown/

12 Smith, Karen Ingala, ‘Coronavirus Doesn’t Cause Men’s Violence Against Women’ (15 April 2020). https://kareningalasmith.com/2020/04/15/coronavirus-doesnt-cause-mens-violence-against-women/

13 ‘Serious incident notifications’, *Gov.uk* (15 January 2021). https://explore-education-statistics.service.gov.uk/find-statistics/serious-incident-notifications/2020-21-part-1-apr-to-sep

14 The televised address where Cuomo says this can be viewed at ‘“How much is a human life worth?” Cuomo questions the costs of reopening’, *ABC7 New York* (5 May 2020). https://www.yahoo.com/entertainment/much-human-life-worth-cuomo-175254762.html

15 ‘Speech: Chancellor of the Exchequer, Rishi Sunak on COVID19 response’, *HM Treasury and The Rt Hon Rishi Sunak MP* (17 March 2020). https://www.gov.uk/government/speeches/chancellor-of-the-exchequer-rishi-sunak-on-covid19-response

16 Wood, Simon, ‘Covid, lockdown and the economics of valuing lives’, *The Spectator* (3 October 2020). https://www.spectator.co.uk/article/how-much-does-it-cost-to-save-lives-from-covid

17 https://obr.uk//docs/dlm_uploads/CCS1021486854-001_OBR-EFO-October-2021_CS_Web-Accessible_v2.pdf–Table 3.30

18 ‘Direct and Indirect Impacts of COVID-19 on Excess Deaths and Morbidity: Executive Summary’, Table 5, *Department of Health and Social Care*, *Office for National Statistics*, *Government Actuary’s Department* and *Home Office* (15 July 2020). https://assets.publishing.service.gov.uk/government/uploads/system/uploads/attachment_data/file/907616/s0650-direct-indirect-impacts-covid-19-excess-deaths-morbidity-sage-48.pdf

19 Marmot, Professor Sir Michael; Allen, Jessica; Boyce, Tammy; Goldblatt, Peter; and Morrison, Joana, ‘Health Equity

in England: The Marmot Review 10 Years On', *Health Foundation* (February 2020). https://www.health.org.uk/publications/reports/the-marmot-review-10-years-on

20 Spiegelhalter, David and Masters, Anthony, *Covid by Numbers: Making Sense of the Pandemic with Data* (London: Pelican Books, 2021)

21 Wood, Simon N. and Wit, Ernst C., 'Was R < 1 before the English lockdowns? On modelling mechanistic detail, causality and inference about Covid-19', *Plos One* (22 September 2021). https://www.maths.ed.ac.uk/~swood34/rep41-plos.pdf

第十章

1 **「每年被綁架的人數以萬計」**：'Kidnapping', *United Nations Office on Drugs and Crime* (2017). https://dataunodc.un.org/data/crime/kidnapping

2 'Kidnap for Ransom in 2022', *Control Risks* (19 April 2022). https://www.controlrisks.com/our-thinking/insights/kidnap-for-ransom-in-2022

3 本次對話的內容，以及保羅、瑞秋和史蒂芬的所有對話，都記錄在錢德勒夫婦對綁架經歷的回憶錄中，Chandler, Paul and Chandler, Rachel with Edworthy, Sarah, *Hostage: A Year at Gunpoint with Somali Gangsters* (Edinburgh: Mainstream, 2012)

4 'Piracy around the world: all the attacks by pirates in 2009', *The Guardian DataBlog*. https://www.theguardian.com/news/datablog/2009/oct/27/piracy-attacks-somalia-2009

5 Ibrahim, Mohamed and Bowley, Graham, 'Pirates Say They Freed Saudi Tanker for $3 Million', *New York Times* (9 January 2009). https://www.nytimes.com/2009/01/10/world/africa/10somalia.html#:~:text=MOGADISHU%2C%20Somalia%20%E2%80%94%20A%20Saudi%2D,the%20tanker%20was%20being%20held

6 'Footage of Couple Kidnapped by Somali Pirates', On Demand News (20 November 2009). https://www.youtube.com/watch?v=Rbfl9yjTWjI
7 估計數字取自 Chandler, Paul and Chandler, Rachel with Edworthy, Sarah, *Hostage: A Year at Gunpoint with Somali Gangsters* (Edinburgh: Mainstream, 2012)
8 'Former cabbie who helped to broker ransom deal is a hero, says his family', *Evening Standard* (12 April 2012). https://www.standard.co.uk/hp/front/former-cabbie-who-helped-to-broker-ransom-deal-is-a-hero-says-his-family-6536054.html
9 Shortland, Anja, 'Inside the ransom business–why kidnapping rarely pays', *The Conversation* (8 February 2019). https://theconversation.com/inside-the-ransom-business-why-kidnapping-rarely-pays-110678
10 'Kidnap for Ransom in 2022', *Control Risks* (19 April 2022). https://www.controlrisks.com/our-thinking/insights/kidnap-for-ransom-in-2022
11 Simon, Joel, 'The business of kidnapping: inside the secret world of hostage negotiation', *The Guardian* (25 January 2019). https://www.theguardian.com/news/2019/jan/25/business-of-kidnapping-inside-the-secret-world-of-hostage-negotiation-ransom-insurance
12 Shortland, Anja, *Kidnap: Inside the Ransom Business* (Oxford: Oxford University Press, 2019)｜書既易於閱讀又能啟發思考，是關於綁架勒贖市場經濟學的優良讀物。
13 'Vingt ans pour Afweyne, le "roi des pirates somaliens"', *La Libre* (15 March 2016). https://www.lalibre.be/belgique/2016/03/15/vingt-ans-pour-afweyne-le-roi-des-pirates-somaliens-RGWZWBGCRBHMFFISNQ6UPLYDPQ/
14 Johnson, Angella, 'Kidnapped by pirates: Tortured and held hostage in a desert hell for 388 days, so why IS this couple setting sail again?', *Daily Mail* (28 October 2012). https://www.dailymail.co.uk/news/article-2223979/Paul-

Rachel-Chandler-Kidnapped-pirates-Tortured-held-hostage-desert-hell-388-days-IS-couple-setting-sail-again.html

15 http://blog.mailasail.com/lynnrival/posts/2010/11/15/117-free

16 Johnson, Angella, 'Kidnapped by pirates: Tortured and held hostage in a desert hell for 388 days, so why IS this couple setting sail again?', *Daily Mail* (28 October 2012). https://www.dailymail.co.uk/news/article-2223979/Paul-Rachel-Chandler-Kidnapped-pirates-Tortured-held-hostage-desert-hell-388-days-IS-couple-setting-sail-again.html

17 http://blog.mailasail.com/lynnrival/posts/2021/12/26/443-a-time-for-new-thinking

第十一章

1 https://www.facebook.com/watch/?ref=search&v=324967686058553&external_log_id=284a9b9b-288d-4f1a-aae9-19657819731a&q=aliyu%20na%20idris

2 https://www.exchangerates.org.uk/NGN-GBP-02_10_2021-exchange-rate-history.html

3 **「依然套著那兩面牌子」**：'"Dangote, Bua Can Buy Me", Man Who Put Self For Sale Speaks', *Trust TV News* (26 October 2021). https://www.youtube.com/watch?v=sBEk4c9Hdrs

4 Abubakar, Mansur, 'Man in Nigeria who put himself up for sale arrested', *BBC News* (27 October 2021). https://www.bbc.co.uk/news/live/world-africa-47639452?ns_mchannel=social&ns_source=twitter&ns_campaign=bbc_live&ns_linkname=617920ac17cef931bb3d2a59%26Man+in+Nigeria+who+put+himself+up+for+sale+arrested%262021-10-27T10%3A53%3A10.861Z&ns_fee=0&pinned_post_locator=urn%3Aasset%3A05c4a963-08c8-4907-9ef4-9dd4e7733324&pinned_post_asset_id=617920ac17cef931bb3d2a59&pinned_post_type=share&at_medium=custom7&at_custom1=%5Bpost+type%5D&at_custom2=twitter&at_campaign=64&at_custom3=BBC+Africa&at_custom4=F9CE943C-372D-11EC-9C8C-4F7F96E8478F 或者見 'Aliyu Na Idris put himself up for sale for N20M, Kano Hisbah arrest am–See why', *BBC News* (27 October 2021). https://www.bbc.

com/pidgin/world-59034461 但這篇報導使用的是混語（Pidgin）。
5 https://humancost.carlo.im/. 這是由 Kantar Information is Beautiful 獎項提供的精美圖表。該圖表的數據細節來自這份試算表：https://docs.google.com/spreadsheets/d/1Wekpe3ZY1lqKHgTbmEdJlv5Y9IUWeUK9bUbwGAPm2sM/edit#gid=1
6 Evans, Robert Jr., 'The Economics of American Negro Slavery 1830–1860', *Aspects of Labor Economics* (Princeton: Princeton University Press, 1962), pp. 185–256. Out of print. https://www.nber.org/system/files/chapters/c0606/c0606.pdf: 當時的一千美金，等於今天的四萬美金，引用自 https://www.in2013dollars.com/us/inflation/1860?endYear=2024&amount=1100&future_pct=0.03，然後再換算成英鎊（August 2023）。
7 'Universal Declaration of Human Rights', *United Nations*. https://www.un.org/en/about-us/universal-declaration-of-human-rights
8 Elbagir, Nima; Razek, Raja; Platt, Alex; and Jones, Bryony, 'People for sale: Where lives are auctioned for $400', *CNN* (15 November 2017). https://edition.cnn.com/2017/11/14/africa/libya-migrant-auctions/index.html
9 Anderson, Imogen, 'Afghan baby girl sold for $500 by starving family', *BBC News* (25 October 2021). https://www.bbc.co.uk/news/av/world-asia-59034650
10 'In the grip of hunger: only 5 percent of Afghan families have enough to eat', *World Food Programme* (23 September 2021). https://www.wfp.org/stories/grip-hunger-only-5-percent-afghan-families-have-enough-eat
11 'Afghanistan: Poor families sell underage daughters into marriage', Sky News (3 February 2022). https://www.youtube.com/watch?v=27tK0XQooXY
12 'Modern Slavery: National Referral Mechanism and Duty to Notify statistics UK, end of year summary 2022', *Home Office* (2 March 2023). https://www.gov.uk/government/statistics/modern-slavery-national-referral-mechanism-and-duty-to-notify-statistics-uk-end-of-year-summary-2022/modern-slavery-national-referral-mechanism-and-duty-to-

notify-statistics-uk-end-of-year-summary-2022

13 'Global Estimates of Modern Slavery: Forced Labour and Forced Marriage,' *International Labour Organization*, *Walk Free* and *International Organization for Migration* (September 2022). https://www.ilo.org/wcmsp5/groups/public/---ed_norm/---ipec/documents/publication/wcms_854733.pdf

14 'Global Report on Trafficking in Persons 2022', *United Nations Office on Drugs and Crime* (2022). https://www.unodc.org/documents/data-and-analysis/glotip/2022/GLOTiP_2022_web.pdf

15 Webb, Sarah and Burrows, John, 'Research Report 15: Organised immigration crime: a post-conviction study', *Home Office* (July 2009). https://webarchive.nationalarchives.gov.uk/ukgwa/20110314171826/http://rds.home office.gov.uk/rds/pdfs09/horr15c.pdf

16 Boffey, Daniel, 'Vietnamese people smuggler jailed for 15 years over deaths of 39 people', *The Guardian* (19 January 2022). https://www.theguardian.com/uk-news/2022/jan/19/vietnamese-people-smuggler-jailed-for-15-years-over-deaths-of-39-people

17 Waterfield, Bruno, 'Couple suffocated in each other's arms, trial over Vietnamese migrant lorry deaths told', *The Times* (16 December 2021). https://www.thetimes.co.uk/article/couple-suffocated-in-each-others-arms-trial-over-vietnamese-migrant-lorry-deaths-told-rn8772r6s

18 'Essex lorry deaths: Vietnamese families fear relatives among dead', *BBC News* (25 October 2019). https://www.bbc.co.uk/news/uk-england-50185788

19 'The Perilous Journey That Left 39 Dead', *Sky News*. https://news.sky.com/story/essex-lorry-deaths-the-perilous-journey-that-left-39-people-dead-12169421

20 Thompson, Paul, '"What sort of people can put others into a container and let them die?": Family of "youngest death truck victim", 19, beg for her body to be returned home after they clubbed together to pay smugglers ￡8,000 for

her new life in Britain', *Daily Mail* (28 October 2019). https://www.dailymail.co.uk/news/article-7618377/Family-youngest-death-truck-victim-19-beg-body-returned-home.html

21 'Modern Slavery: National Referral Mechanism and Duty to Notify statistics UK, end of year summary 2022', *Home Office* (2 March 2023). https://www.gov.uk/government/statistics/modern-slavery-national-referral-mechanism-and-duty-to-notify-statistics-uk-end-of-year-summary-2022/modern-slavery-national-referral-mechanism-and-duty-to-notify-statistics-uk-end-of-year-summary-2022#annex; 'Combating modern slavery experienced by Vietnamese nationals en route to, and within, the UK', *Independent Anti-Slavery Commissioner* (2017). https://www.antislaverycommissioner.co.uk/media/1159/iasc-report-combating-modern-slavery-experience-by-vietname-nationals-en-route-to-and-within-the-uk.pdf

22 'Precarious Journeys: Mapping Vulnerabilities of Victims of Trafficking from Vietnam to Europe', *Anti-Slavery International*, *Every Child Protected Against Trafficking (ECPAT) UK*, *Pacific Links Foundation* and *Home Office* (2019). https://www.antislavery.org/wp-content/uploads/2019/03/Precarious-Journeys-full-report.pdf

23 'The newly National Hair & Beauty Federation releases key industry statistics for 2019', *ProHair* (26 November 2019). https://professionalhairdresser.co.uk/news/the-newly-national-hair-beauty-federation-releases-key-industry-statistics-for-2019/

24 https://twitter.com/pritipatel/status/1186931323514097665

25 'Industry Profiles–Nail Bars–2020', *Gangmasters and Labour Abuse Authority* (2020). https://www.gla.gov.uk/who-we-are/modern-slavery/industry-profiles-nail-bars-2020/

26 'Spot the Signs: Nail Salons', *Stop the Traffik*. https://www.stopthetraffik.org/what-is-human-trafficking/spot-the-signs/nail-salons/

27 Beauty Editor, 'The dark side of nail bars', *British Beauty Council* (27 January 2020). https://britishbeautycouncil.

com/the-dark-side-of-nail-bars/

28 Qureshi, Sophie, 'Nail salons are used for modern slavery. Here's how to spot an ethical one', *Stylist* (2019). https://www.stylist.co.uk/beauty/ethical-nail-salons-issues-exploitation-workers/201334

29 'Nails: United Kingdom', *Statista* (2023). https://www.statista.com/outlook/cmo/beauty-personal-care/cosmetics/nails/united-kingdom

30 'Philippines: Remittances, percent of GDP', *The Gobal Economy* (2021). https://www.theglobaleconomy.com/Philippines/remittances_percent_GDP/

第十二章

1 Shreves, Garland, 'Research For Life Tour', Research for Life (12 August 2020). https://www.youtube.com/watch?v=1Kiuc3KNnxk

2 https://www.researchforlife.org/about-us/

3 https://www.aatb.org/accredited-bank-search?title=&sort_by=title&sort_order=ASC&field_geo%5Bvalue%5D=arizona&field_geo%5Bdistance%5D%5Bfrom%5D=40000&q=https%3A//www.aatb.org/accredited-bank-search%3Ftitle%3D%26sort_by%3Dtitle%26sort_order%3DASC%26field_geo%255Bvalue%255D%3Darizona%26field_vvfgeo%255Bdistance%255D%255Bfrom%255D%3D40000&f%5B0%5D=tissue%3ANon-Transplant%20Anatomical%20Material%20%28NAM%29

4 Innes, Stephanie, 'Arizona is a hotbed for the cadaver industry, and potential donors have plenty of options', *AZ Central* (10 June 2019). https://eu.azcentral.com/in-depth/news/local/arizona-health/2019/06/10/arizona-has-thriving-business-based-whole-body-donations-donate-body-to-science/3579828002/

5 Grow, Brian and Shiffman, John, 'The Body Trade: Cashing in on the donated dead: A Reuters Series', Part 1,

Reuters Investigates (24 October 2017). https://www.reuters.com/investigates/special-report/usa-bodies-brokers/

6 Innes, Stephanie, 'For-profit body donation executive wants to be an Arizona legislator', *AZ Central* (2020). https://eu.azcentral.com/story/news/politics/elections/2020/08/21/phoenix-body-donation-executive-garland-shreves-seeking-seat-arizona-legislature-district-27/5610068002/

7 'Colorado funeral home owner accused of selling body parts and giving clients fake ashes is sentenced to 20 years in prison', *CBS News* (4 January 2023). https://www.cbsnews.com/news/megan-hess-sentenced-colorado-funeral-home-owner-accused-selling-body-parts/

8 'U.S. v. Rathburn et al: Court Docket #16-CR-20043', United States Attorney's Office: Eastern District of Michigan (updated 1 April 2022). https://www.justice.gov/usao-edmi/us-v-rathburn-et-al-court-docket-16-cr-20043

9 Grow, Brian and Shiffman, John, 'The Body Trade: Cashing in on the donated dead: A Reuters Series', Part 4, *Reuters Investigates* (31 October 2017). https://www.reuters. com/investigates/special-report/usa-bodies-rathburn/

10 Grow, Brian and Shiffman, John, 'The Body Trade: Cashing in on the donated dead: A Reuters Series', Part 1, *Reuters Investigates* (24 October 2017). https://www.reuters.com/investigates/special-report/usa-bodies-brokers/

11 Innes, Stephanie, '"Cooler filled with male genitalia" found in raid of Phoenix body-donation company', *AZ Central* (2019). https://eu.azcentral.com/story/news/local/arizona-health/2019/07/19/cooler-penises-frankenstein-head-found-phoenix-body-donation-company/1720254001/

12 'Protect the Dignity of Those Who Donate Their Bodies for Medical Research and Give Peace of Mind to Families', *National Funeral Directors Association*. https://nfda.org/advocacy/current-legislation/body-broker-bill

13 Osborne, John, 'Sullivan County ends pauper burial service', *Chattanooga Times Free Press* (27 November 2011). https://www.timesfreepress.com/news/2011/nov/27/sullivan-ends-pauper-burial-service/

14 https://d27322ujth7jn8.cloudfront.net/wp-content/uploads/Arizona-Donor-Self-Registration-Packet-rev-102422.pdf

15 https://global-uploads.webflow.com/5df3d56e20b6d37f8de5e660/62e84f25c4483c6f11b63bb9_science-care-self-consent-form-packet-2022v2.pdf

16 'The Resurrection Men', BBC World Service (9 June 2015). https://www.bbc.co.uk/programmes/p02sr293

17 報導見於 Innes, Stephanie, '"Cooler filled with male genitalia" found in raid of Phoenix body-donation company', *AZ Central* (2019). https://eu.azcentral.com/story/news/local/arizona-health/2019/07/19/cooler-penises-frankenstein-head-found-phoenix-body-donation-company/1720254001/

18 Grow, Brian and Shiffman, John, 'The Body Trade: Cashing in on the donated dead: A Reuters Series', Part 3, *Reuters Investigates* (26 October 2017). https://www.reuters.com/investigates/special-report/usa-bodies-science/#slideshow-slideshow-pricelist

19 Bengali, Shashank and Mostaghim, Ramin, '"Kidney for sale": Iran has a legal market for the organs, but the system doesn't always work', *LA Times* (15 October 2017). https://www.latimes.com/world/middleeast/la-fg-iran-kidney-20171015-story.html

20 Salehi, Nasir Ahmad, 'Poor and Displaced Fall Victim to Herat's Illegal Kidney Trade', *Tolo News* (7 February 2021). https://tolonews.com/afghanistan-169833

21 Mavrellis, Channing, 'Transnational Crime and the Developing World', *Global Financial Integrity* (27 March 2017). https://gfintegrity.org/report/transnational-crime-and-the-developing-world/

22 'High-Level Launch Event: UNODC Toolkit on the Investigation and Prosecution of Trafficking in Persons for Organ Removal', *United Nations Office on Drugs and Crime* (25 October 2022). https://media.un.org/en/asset/k1p/k1p9jd6kx5

23 Williams, Carol J., 'Pay ban on donor organs doesn't include bone marrow, court says', *LA Times* (2 December 2011). https://www.latimes.com/local/la-xpm-2011-dec-02-la-me-bone-marrow-20111202-story.html

24 https://www.onlythebreast.com/

25 Greenberg, Zoe, 'What Is the Blood of a Poor Person Worth?' *New York Times* (1 February 2019). https://www.nytimes.com/2019/02/01/sunday-review/blood-plasma-industry.html

26 'The contaminated blood scandal', *The Haemophilia Society*. https://haemophilia.org.uk/public-inquiry/the-infected-blood-inquiry/the-contaminated-blood-scandal/

27 'FAQ: Medical researchers & educators', *Science Care*. https://www.sciencecare.com/resources/faq-medical-researchers-educators

後記

1 'National life tables–life expectancy in the UK: 2018 to 2020', *Office for National Statistics* (23 September 2021). https://www.ons.gov.uk/peoplepopulationandcommunity/birthsdeathsandmarriages/lifeexpectancies/bulletins/nationallifetablesunitedkingdom/2018to2020

作者簡介 珍妮．克利曼（Jenny Kleeman）

珍妮．克利曼是一名記者、廣播員和紀錄片製作人。她為《衛報》、《星期日泰晤士報》和《新政治家》撰稿，並為 BBC Radio 4 製作紀錄片。

譯者簡介 韓翔中

國立臺灣大學歷史系學士、碩士。翻譯範疇涵蓋歷史、哲學、宗教、藝術等人文領域。譯有《東南亞史：關鍵的十字路口》、《流動的疆域：全球視野下的雲南與中國》、《榮格論心理學與宗教》、《客家之魂：記憶、遷徙與飲食》、《歷史獵人：追尋失落的世界寶藏》、《英倫視野下的歐洲史》、《東方迷戀史：從物產、文化到靈性，西方世界對亞洲的發現與探求》等書。

NEXT 329

一條命值多少：人命的價值誰能決定

THE PRICE OF LIFE: IN SEARCH OF WHAT WE'RE WORTH AND WHO DECIDES

作者　珍妮・克利曼（Jenny Kleeman）
譯者　韓翔中
主編　王育涵
責任企畫　林欣梅
美術設計　江孟達工作室
內頁排版　張靜怡

總編輯　胡金倫
董事長　趙政岷
出版者　時報文化出版企業股份有限公司
108019 臺北市和平西路三段 240 號 7 樓
發行專線｜ 02-2306-6842
讀者服務專線｜ 0800-231-705 ｜ 02-2304-7103
讀者服務傳真｜ 02-2302-7844
郵撥｜ 1934-4724 時報文化出版公司
信箱｜ 10899 臺北華江橋郵政第 99 信箱
時報悅讀網　www.readingtimes.com.tw
人文科學線臉書　http://www.facebook.com/humanities.science
法律顧問　理律法律事務所｜陳長文律師、李念祖律師
印刷　勁達印刷有限公司
初版一刷　2025 年 5 月 2 日
定價　新臺幣 580 元

ISBN 978-626-419-411-2 ｜ Printed in Taiwan

時報文化出版公司成立於一九七五年，並於一九九九年股票上櫃公開發行，於二〇〇八年脫離中時集團非屬旺中，以「尊重智慧與創意的文化事業」為信念。

一條命值多少：人命的價值誰能決定／珍妮・克利曼（Jenny Kleeman）著；韓翔中譯 .
-- 初版 . -- 臺北市：時報文化出版企業股份有限公司｜ 2025.05 ｜ 400 面；14.8×21 公分 .
譯自：The price of life: in search of what we're worth and who decides. ｜ ISBN 978-626-419-411-2（平裝）
1. CST：價值哲學 2. CST：價值標準 3. CST：價值論｜ 165 ｜ 114004109